U0456434

编委会

主　编：杨玉华

副主编：罗文军

编辑部主任：刘晓萍

编　委（按姓氏拼音顺序）

文明互鉴与文学研究

（第一辑）

主编◎杨玉华

四川大学出版社
SICHUAN UNIVERSITY PRESS

图书在版编目（CIP）数据

文明互鉴与文学研究．第一辑／杨玉华主编．--成都：四川大学出版社，2024.6
ISBN 978-7-5690-6891-7

Ⅰ．①文… Ⅱ．①杨… Ⅲ．①中华文化－文集②巴蜀文化－文集 Ⅳ．① K203-53 ② K871.34-53

中国国家版本馆 CIP 数据核字（2024）第 096252 号

书　　名：文明互鉴与文学研究（第一辑）
　　　　　Wenming Hujian yu Wenxue Yanjiu (Di-yi Ji)
主　　编：杨玉华

选题策划：陈　纯
责任编辑：陈　纯
封面题字：刘　石
责任校对：孙滨蓉
装帧设计：裴菊红
责任印制：李金兰

出版发行：四川大学出版社有限责任公司
　　　　　地址：成都市一环路南一段 24 号（610065）
　　　　　电话：（028）85408311（发行部）、85400276（总编室）
　　　　　电子邮箱：scupress@vip.163.com
　　　　　网址：https://press.scu.edu.cn
印前制作：四川胜翔数码印务设计有限公司
印刷装订：成都市川侨印务有限公司

成品尺寸：170mm×240mm
印　　张：17.25
插　　页：2
字　　数：354 千字

版　　次：2024 年 9 月　第 1 版
印　　次：2024 年 9 月　第 1 次印刷
定　　价：88.00 元

扫码获取数字资源

四川大学出版社
微信公众号

《文明互鉴与文学研究》发刊词

习近平总书记指出："文明因交流而多彩，文明因互鉴而丰富。""文明互鉴"是构建人类命运共同体的人文基础，是增进各国人民友谊的桥梁，是维护世界和平与推动人类社会进步的动力。"文明互鉴"又是文化自信的体现，五色不同，交织成章，五音各异，交响成乐，中华文明的内部经验与外部经验都揭示出多元文明互鉴的必要性与必然性。"和羹之美，在于合异。""各美其美，美美与共。"文明串联着历史，连接着过去、现在与未来，体现了人类社会的多样性特征。文明互鉴是解决人类发展问题、构建人类命运共同体的钥匙。

文学在整个人类文明体系中占有极其重要的地位和作用，它是世界文明对话与互鉴的纽带与桥梁，是文化凝聚、传承与传播的重要路径，是文明交流互鉴的先遣队、生力军和主渠道。刘勰在《文心雕龙》中说："文之为德也大矣，与天地并生者。何哉？夫玄黄色杂，方圆体分；日月叠璧，以垂丽天之象；山川焕绮，以铺理地之形。"又说文学"为五行之秀，实天地之心。心生而言立，言立而文明，自然之道也"，这充分说明了就像天上的日月、地上的山川为天文地理之极一样，文学（文）乃人文之极，深刻阐述了"言"（文学）与"文明"的相互依存及文学在整个文明体系中的重要作用。随着中国逐渐走进世界舞台的中心，中华文明及文学的传承、传播必将进入新的发展阶段，在世界文明交流互鉴共融的历史大势中发挥愈来愈重要的作用。

文明生生不息，思想与时俱进。成都是一座具有4500年文明史、2300多年建城史的城市，是中国首批24座历史文化名城之一，有着悠久厚重的历史文化积淀，创造过丰富灿烂的文明成就，形成了"创新创造、优雅时尚、乐观包容、友善公益"的天府文化精神。成都又是"南方丝绸之路"的起点，从古蜀时代开始，就形成了文化交流互鉴的优良传统，留下了文明互鉴互通的千古佳话。作为"一带一路"节点城市、"南方丝绸之路"起点城市，成都在新时代建构人类命运共同体的文明互鉴与"一带一路"倡议中占有重要地位，扮演着重要角色。成都必当大有作为，再铸新的辉煌。

　　成都大学作为一所人文底蕴深厚、以文科特色见长的高校，站在新的历史起点上，在其实现高水平快速可持续发展的进程中，理应紧密对接"一带一路""文明互鉴"等国家战略机遇，理应为铸牢中华民族共同体意识、保护传承巴蜀文化遗产、赓续厚植天府文脉提供理论支持和智力支撑，理应为学校强力实施"振兴文科"战略、提高人文社科整体水平、促进学校高质量发展搭建平台、开辟道路。有鉴于此，学校决定创办《文明互鉴与文学研究》集刊。

　　《文明互鉴与文学研究》集刊以"互鉴共进""共融共赢"为原则，立足前沿、着眼实践、注重创新，坚持学术性、原创性和地域性特色，推动中华优秀文化及巴蜀文化传承、发展与传播。集刊将聚焦重塑文明观和重写文明史、构建中国特色哲学社会科学"三大体系"、中国文学自主知识体系建构、"蜀学"复兴与"学术川军"、巴蜀文化及其数字化工程、巴蜀文学地理学研究、"一带一路"文学艺术研究、交叉学科与新文科建设、区域与国别研究等问题的研究，寻找文明新形态的中国答案与文学路径，旨在以跨国别、跨地域、跨文明、跨文化等诸多特征考察多元文明互鉴背景下的文学研究新路径，致力于传承天府文脉和蜀学传统，增强文明互鉴意识与地方文化自信，助力国家文化发展战略。

　　我们相信，通过集刊这个平台，通过学者们的深入研讨、观点交锋、思想碰撞和互鉴交流，一定能在文明互鉴与文学研究方面形成许多新见解、新共识、新思想，一定能取得丰硕的学术成果，一定能为成都大学学术交流与科研合作积累更多宝贵经验，一定能为成都大学人文社科发展贡献更多智慧和力量。

　　凯风自南，育此新苗。茎寸凌云，功赖培浇。希望《文明互鉴与文学研究》这株学术新苗，在广大同仁的精心浇灌呵护下，假以时日，逐渐成长为参天大树！

杨玉华

2024 年元月吉旦于濯锦江畔之澡雪斋

　　（作者系成都大学原党委常委、副校长，成都大学文明互鉴与"一带一路"研究分中心主任、学术委员会主席，成都大学"一带一路"与巴蜀文化研究数字化工程重点实验室主任，文新学院教授，本刊主编；四川大学中华多民族文化凝聚与全球传播省部共建协同创新中心学术委员会委员，四川大学、四川师范大学文新学院客座教授、博士生导师。兼任四川省社科联常务理事、中国艺术学理论学会比较艺术学专业委员会副会长、四川省比较文学学会副会长）

目　录

▶文明互鉴与中国特色哲学社会科学"三大体系"建构

诗歌灵魂论与印度文论话语体系研究

◎曹顺庆　王梦如

【摘　要】　"诗的灵魂是风格"是印度古典文艺理论重要的话语体系之一。文章首先介绍了诗歌灵魂论层层递进的发展过程，接着说明了诗魂论的形成原因与印度宗教有直接关系，论述了诗魂论在戏剧、音乐、舞蹈、雕塑、电影、建筑等各个学科的表现，最后将诗魂论背后所体现的文论拟人化与西方、中国和日本的文论进行比对，以期对梵语诗学有更进一步的认识。

【关键词】　梵语诗学；诗的灵魂；话语体系；原人；拟人化

众所周知，印度古典诗学在人类文明发展进程中具有独一无二的历史地位，与中国古代诗学、古希腊诗学并称为世界三大古典诗学，三者分别形成了迥然不同的诗学形态与理论建构。值得注意的是，梵语诗学是印度古典诗学的标志性阶段，代表了印度文论最突出的成就，而最终支撑起梵语诗学理论的正是一个个相互作用的诗学范畴与命题。其中"诗的灵魂是风格"是印度古典诗学中十分显著却又较少被国内学者讨论的命题，体现了印度学者"依神演绎"的话语阐释方式。下文将对该命题进行系统的介绍与梳理，以期进一步增进读者对印度文论内部体系及其外延的认知与了解。

一、"诗歌灵魂论"的发展历史

"诗歌灵魂论"，简称"诗魂论"或"诗魂说"，是梵语诗学中重要的诗学命题之一，有着区别于其他各国诗学命题的特殊价值。在梵语中存在多个表示"诗"的词语，包括 kāvya，kavitā，padya，kāvyaprabandha，kāvyabandha 等等，与古希腊类似，古印度时期的"诗"的概念大致等同于文学。在不同诗学家眼中，"诗的灵魂"指涉不同的对象，下文将详细探究每一时期诗魂论的演变与进化。

纵观梵语诗学的历史长河，第一位提出"诗魂论"的学者是伐摩那（Vāmana），他说："风格是诗的灵魂。所谓风格是指诗的灵魂。风格之于诗，恰如灵魂之于身体。什么是风格？风格是指特殊方式的词语组合。"① 具体来说，就是把诗比作人的身体，把风格比作其灵魂，诗歌的灵魂其实就是诗歌的本质，这是一种十分特别的修辞方法，背后传递出了伐摩那将概念"人物化"的思维逻辑。此外，伐摩那还进一步完善了檀丁（Dantin）自 7 世纪下半叶以来搭建起的风格论体系，也将"风格"进行了定义："风格是词的特殊组合。这种特殊性是诗德的灵魂。"② 概括地讲，诗的灵魂是风格，风格的灵魂是诗德。如果说檀丁是风格论的奠基人，那么伐摩那则大大推动了风格论的发展，使其成为梵语诗学史上不可或缺的一座理论高峰。对此，黄宝生评价："从总体上看，伐摩那所谓的风格主要是指诗的语言风格。而将诗的语言风格视为'诗的灵魂'，显然难以成立……他对文学审美因素的认识，依然像庄严论派一样，停留在语言形式层次。尽管如此，伐摩那首次提出'诗的灵魂'这一概念，却能启迪后来的梵语诗学家探索语言艺术中更深层次的审美因素。"③ 自此以后，越来越多的学者加入了诗魂论的研究队伍，相继提出了许多富有创见的论点，使得印度古典诗学的命题更加完备与丰富。

另一位对"诗魂论"做出巨大贡献的梵语诗学家是韵论派的代表人物欢增（Ānandavardhana）。"韵"是印度古典诗学的重要范畴，同"味"与"庄严"一起构建出了梵语诗学的核心理念。欢增在《韵光》中对"韵"加以定义："若诗中的词义或词音将自己的意义作为附属而暗示那种暗含义，智者称这一类诗为韵。"④ 不同于传统的梵语语言学研究思路，欢增找到了除表示义（abhidha）和转示义（laksana）以外的第三种功能义，即暗示义（vyanjana），认为只有具有暗示义的词才可以呈现出不同于其他表达形式的魅力，才有资格

① Vāmana，*Kāvyālaṅkāra－sūtra* ［C］//尹锡南. 印度诗学导论. 上海：上海古籍出版社，2017：122.

② 黄宝生. 印度古典诗学［M］. 北京：线装书局，2020：352.

③ 黄宝生. 印度古典诗学［M］. 北京：线装书局，2020：358.

④ 黄宝生. 梵语诗学论著汇编（上册）［C］. 北京：中国社会科学出版社，2019：437.

达到"韵"的境界。真正的大诗人的语言中就存在这样的暗示义,"韵"是使优秀的文学作品获得成功的关键。欢增的突出贡献不仅在于将梵语戏剧学中的"味论"纳入韵论体系,也在于将"诗魂论"与"味论"绝妙地联系在一起:"智者们通晓诗的真谛,认为诗的灵魂是韵。这种说法辗转相传,广为人知"①,由此可以看到,他把"韵"视作诗的灵魂,进而指出"知诗者所称赞的意义被确定为诗的灵魂。相传它有两类,名为字面义和领会义"②。这里的领会义就是前文提到的暗示义。欢增又将领会义分为本事韵、庄严韵和味韵三类,可见诗的灵魂再一次演化,成为表示情味体验的领会义。也就是说,从这一刻起,诗的灵魂与审美情味产生了关联,诗学家着力从文学作品内部视角出发来审视作品的灵魂。这一创举突破了此前伐摩那仅于作品外部观望的局限,反映出梵语诗学家开始进行文学内部批评的研究转向。欢增的诗魂论启发了其后的诗学家维迪亚达罗、维底亚那特等人,他们继承了"诗的灵魂是韵"这一观点并在此基础上加以衍生,促进了"诗魂论"与"韵论"的共同发展。

恭多迦(Kuntaka)的《曲语生命论》也间接地呼应了"诗魂论",虽然并未直接点明,但从书名即可看出,他认为诗的灵魂应该是曲语。曲语的梵语是 vakrokti,由表示"弯曲"和"曲折"的 vakra 和表示"语言"的 ukti 组合而成,是指一种使诗歌语言产生了曲折效果的表达方式。恭多迦力图突破"庄严论"的局限,将原先的"庄严"扩展到覆盖面更广的"曲语",用"曲语"来解释其他所有的诗学要素,一切庄严都不过是曲语的不同表现形式,具体可分为音素曲折、词干曲折、词缀曲折、句子曲折、章节曲折和作品曲折。曲语就是诗的生命。谈及风格时,他说:"绚丽风格以曲语的奇妙性为生命,其中展现夸张的表达方式。"③谈及"合适性"时,他说:"词的合适也就是曲折性,分成多种。以清晰的方式突出事物的本性,这是曲折性的至高奥秘。因为句子以合适的表达为生命,其中任何一处出现不合适,都无法令知音喜悦。"④而安主(Kṣemendra)则将"合适性"提升到"诗的生命"的高度,从侧面论述了"诗魂说",与恭多迦的立场有相似之处。恭多迦强调曲语是文学作品魅力的源泉,而诗人这一创作主体则是曲语成功与否的关键,体现出其对创作主体重要性的独到认知。这也是恭多迦对梵语诗学的重要贡献之一,可是后世学者没有对曲语论给予足够的关注。韵论和味论始终都是梵语诗学的主流与

---

① 黄宝生. 梵语诗学论著汇编(上册)[C]. 北京:中国社会科学出版社,2019:431.
② 金克木. 韵光[A]. 曹顺庆主编. 东方文论选[C]. 成都:四川人民出版社,1996:207.
③ 黄宝生. 梵语诗学论著汇编(下册)[C]. 北京:中国社会科学出版社,2019:835.
④ 黄宝生. 梵语诗学论著汇编(上册)[C]. 北京:中国社会科学出版社,2019:851.

热点。

不过，上述的"曲语论"与"合适论"都还没有触及到"诗魂论"最本质的内核。前者主要停留在对于文学作品外部形式的讨论，后者则将重心放在词、句、诗德、庄严、味、词格、词性、词缀、词数、文义、句义、时态等文学因素合适与否上，实际上仍是诗歌因素的关系论，不足以推动诗魂论自身取得更大的进展。在此进程中，还出现了崇尚魅力论的诗学家维希呋希婆罗·格维旃陀罗（Viśveśvara Kavicandra），其代表作《魅力月光》里描绘了七种不同的魅力，它们配合起来便可以为文学作品提供审美效应，其中便包含了味，他认为味是诗的灵魂和生命活力，"只有诗中语言充满情味方可诱人"[①]。可惜的是，这本著作对后世影响不大，在他们之后，亦即 14 世纪，出现了影响更加深远的梵语诗学家毗首那特（Visvanatha），他以味论为核心写就的诗学论著《文镜》在诗魂论的发展史上留下了浓墨重彩的一笔，把梵语诗学中何为"诗的灵魂"的议题正式引向文论的范畴。

想要更全面地理解毗首那特的《文镜》，就必须对新护（Abhinavagupta）的味论观有一定了解，因为毗首那特是在新护的基础上构筑起自己的理论殿堂的，后者的观点主要记录在《舞论注》中。婆罗多（Bharata）在《舞论》中探讨了情（bhāva）与味（rasa）的关系，认为情产生味，而味不会产生情，无情则无味，无味则无法表达诗意，并第一次对"味"进行定义："情由（vibhāva）、情态（anubhāva）和不定情（vyabhicāribhāva）的结合产生味。"[②] 若按照婆罗多的阐述来理解，情由是审美认知能力或心理活动得以顺利进行的前提；情态是剧中人物情感的外在表现，如语言、肢体动作、表演技巧等；不定情与常情（sthāyibhāva）相对，前者是指瞬息万变的情绪，后者是指八种人类的基本情感，如笑、悲、怒等。新护将婆罗多的定义称为"味经"，通过解读与反思婆罗多的"味经"及其衍生论点来引出自己对于味论的态度，其味论注重艺术与情感之间的关系，认为情实质上是艺术的灵魂，而味是艺术作品的意义，一个优秀的读者在阅读中可以形成超越文字本身的艺术感知，这种情感可以普遍化，味正是在这种感知的一致性中孕育而成的。他进一步指出，情由、情态和不定情是超俗的，三者结合产生品尝，这里的品尝具体指品尝读者心中有关常情的潜意识，常情的普遍化也需依靠它们才能发生。新

---

① Vāmana, *Kāvyālaṅkāra-sūtra* [C] // 尹锡南. 印度诗学导论. 上海：上海古籍出版社，2017：95.

② 婆罗多. 舞论 [M]. 尹锡南译. 成都：巴蜀书社，2021：98.

护代表了印度古典诗学味论的巅峰成就，正是在新护之后，味才得以成为梵语诗学家普遍采纳的美学概念与艺术批评原则。如《火神往世书》中提道："即使是以语言技巧为主，味仍是诗的生命"①，摩西摩跋吒（Mahimabhaṭṭa）在《诗辨》中也说："味等形式与诗的灵魂相联系，没有人对此持有异议。"②

在《文镜》第一章中，毗首那特——列举了伐摩那、欢增、恭多迦等人的诗魂论观点并加以辩驳，可以视作对诗魂论此前发展历程的总结，之后提出了自己的理解："什么是诗的特征呢？诗是以味为灵魂的句子。我们将会讲述味的特征。味是灵魂，是精华，赋予诗以生命，缺少了它，也就被认为没有特性。"③ 其中"诗是以味为灵魂的句子"一句被用来简括文学的本质，这一观点的提出无疑是对传统诗魂论的一次革新，而且从文学内部来思索文学的特性，摒弃了前人信奉的"诗是音和义的结合"的初步形式思考，将视线投向作品本身而非接受者，更是对文学作品本质问题的一次全新探索，彰显了客观味论拥护者的态度。毗首那特对味的界定是："读者心中的爱等等常情凭借情由、情态和不定情得到显示，达到味性。"④ 也就是说，产生普遍化的三者结合唤醒读者心中潜伏的常情，常情在这个过程中转化为味，味就是品尝本身。如张法（2019）所说："这味，就有了印度哲学高度的存在意义，同时又具有境外之境、象外之象、言外之意的审美境界。"⑤ 毗首那特的诗魂论启发了16世纪的虔诚味论家格维·格尔纳布罗（Kavi Karṇapura），他的论著《庄严宝》中便有针对诗魂问题的探讨："音和义是身体，韵是生命，味的确是灵魂。"⑥ 不难看出毗首那特的影响痕迹。

综上，我们厘清了诗魂说在6个世纪中的演变进程，可以直观地了解不同时期梵语诗学家对诗魂说的各异诠释，从8世纪由伐摩那提出的"风格是诗的灵魂"，到9世纪欢增提出的"诗的灵魂是韵"，再经过维迪亚达罗、维底亚那特、恭多迦、安主、格维㡾陀罗等人的补充和继承，最后落脚在毗首那特的"诗是以味为灵魂的句子"，这一历程不是简单地由外部向内部的转型，而是杂糅了深刻的诗学审美旨趣与历史文化变迁等复杂的因素。同时以印度古典味论的发展阶段为线索，可以串联起梵语诗学的一系列起伏轨迹，从《舞论》中的

① 黄宝生. 梵语诗学论著汇编（下册）[C]. 北京：中国社会科学出版社，2019：1271.
② 黄宝生. 梵语诗学论著汇编（下册）[C]. 北京：中国社会科学出版社，2019：1271.
③ 黄宝生. 梵语诗学论著汇编（下册）[C]. 北京：中国社会科学出版社，2019：1272.
④ 黄宝生. 印度古典诗学 [M]. 北京：线装书局，2020：394.
⑤ 张法. 美学：以中西印类型为基础的世界建构 [J]. 当代文坛，2019（02）：11.
⑥ Kavi Karṇapura, Alaṅkārakaustubha [C] //尹锡南. 印度诗学导论. 上海：上海古籍出版社，2017：124.

戏剧情味论，转变为庄严论和风格论的附庸，再到成为诗的灵魂，每一步都反映了文学发展的一般规律，即无论怎样万般变幻，语言修辞最终都是为剧作情感服务的。下面将进一步讨论诗魂说的生成动因，分析印度的宗教哲学背景及语言神圣观对诗学产生的影响。

二、诗歌灵魂论的成因

古代印度的经典具有浓厚的宗教意味，梵语诗学显然受其影响颇深。毋庸讳言，诗魂说的出现也与印度宗教文化关系密切，只有把灵魂问题放在宗教的哲学背景下来观察，才能更加透彻地理解诗魂说的本质。

印度自古以来便是宗教大国，宗教在印度河文明时期（公元前 2500 年到公元前 1750 年）就已存在，且渗透到印度的政治、经济、社会文化的方方面面，吠陀时期（公元前 1500 年到公元前 800 年），对印度影响最大的婆罗门教也已经产生。印度诗学与宗教的关系，尹锡南（2011）在讨论虔诚味论时曾这样论述："具有客观含义的味逐渐演变为主观色彩浓厚的味，最初带有审美意味的文学味论不断地宗教化，进而在中世纪演变为彻底的宗教美学即虔诚味论……这就把文学审美的味与宗教体验水乳交融地结合起来。"[1] 由此可见，梵语诗学中掺杂了厚重的宗教因素，这种现象在印度上古神话中便已成型，"在印度诗学家的心目中，一切艺术都是神的赐予，诗学亦不例外。所以，几乎所有的诗学家都会在自己的著作中向神表示尊崇、敬仰，乞求神赐予智慧和勇气。不少印度诗学家认为自己的印度著作是神的旨意的表述，有的诗学家则称自己是神的后代或奴仆。"[2] 语言女神婆罗私婆蒂就是许多梵语诗学家争相歌颂的对象，如恭多迦在《曲语生命论》中写道："向化身语言的婆罗私婆蒂女神致敬。她执掌文艺，如此可爱迷人。这是诗美的成因，本书的论题。"[3] 又如曼摩吒（Mammaṭa）在《诗光》开篇所述："在写作开始时，为排除障碍，作者默默赞颂心爱的神：诗人的语言（女神）胜过一切，她的创造摆脱命运束缚，唯独由愉悦构成，无须依靠其他，含有九味而甜蜜。"[4] 再如毗首那特的《文镜》开篇提到的"在写作开始之时，为排除障碍，如愿完成工作，作者向主管文学的语言女神求告：但愿美似秋月的语言女神驱除我心中的黑暗，

---

① 尹锡南. 梵语诗学中的虔诚味论［J］. 南亚研究季刊，2011（03）：84.
② 郁龙余. 印度诗学阐释方法［J］. 深圳大学学报（人文社会科学版），2003（05）：46.
③ 黄宝生. 梵语诗学论著汇编（下册）［C］. 北京：中国社会科学出版社，2019：792.
④ 黄宝生. 梵语诗学论著汇编（下册）［C］. 北京：中国社会科学出版社，2019：1043.

始终照亮一切事义"①。另外，还有一些神祇也是诗学家们致敬的对象，这充分说明印度诗学具有尊神的传统，诗学与宗教已经密不可分。

印度的哲学同样源远流长，作家的哲学观往往在自己的作品中有所体现，因此一个国家的文学和诗学也必然与哲学息息相关。有学者指出，古印度的宗教与哲学有着千丝万缕的联系，"印度的宗教具有很强的思辨性，而印度的哲学大多带有宗教色彩。"②印度的宗教哲学资源丰富，是梵语诗学家取之不尽的思想宝库，以《舞论》为例，婆罗多用洋洋洒洒的三十六章建构了一个宏大的戏剧学理论体系，把戏剧的每一个版块条分缕析地加以拆解，从戏剧起源、剧场特征、表演规则、语音语调、情节关节等各方面全方位地加以展示，这一分析模式也在后辈诗学家中得到了延续，"婆摩诃与檀丁的庄严论体系、伐摩那的风格论体系、恭多迦的曲语论体系、安主的合适论体系、欢增的韵论体系等无不取法婆罗多的体系建构和形式分析，实际上就是取法于印度古代宗教哲学传统。"③许多梵语诗学家同时也是宗教哲学家，比如味论的代表性人物新护，就是在写完哲学方面的论著以后才开始诗学创作的。

而参与到讨论诗的风格的一众诗学家中，无一例外都有自己先验的宗教立场，也因为婆罗门教和佛教对灵魂的不同态度而分为两大类：以婆摩诃、檀丁为代表的学者属于佛教一派，而伐摩那、欢增、安主等人属于婆罗门教一派。古印度的佛教是在反对婆罗门教的主张中形成的，两教的主要区别在于佛教否认婆罗门教所崇尚的神明，排斥形而上的灵魂问题，更强调"缘"与无神，讲究众生平等而非等级秩序。后经过几个世纪的演化，婆罗门教逐渐确立为现今的印度教，认为身体与灵魂是可以二分的，二者分属不同的状态，同时盛行万物有灵观，相信动物、植物、器物甚至整个宇宙都有灵魂。因此受到佛教影响的婆摩诃与檀丁只将味视为一种庄严，而不是诗歌的灵魂，从伐摩那开始，诗的灵魂才得到重视，此后欢增、安主、曼摩吒等人都认可诗魂说，即使他们对于何为诗歌的灵魂有着不同的考察。

除此之外，印度的语言神圣观对诗魂说的发展也起到了助推作用。文学是一种语言艺术，语言本就是研究文艺作品和文学理论时至关重要的一个要素，梵语语言学与梵语诗学的联系尤其紧密。作为印欧语系最古老的语言之一，梵语是印度、巴基斯坦、孟加拉国等亚洲国家及欧洲各国众多现代语言的起源，

---

① 黄宝生. 梵语诗学论著汇编（下册）［C］. 北京：中国社会科学出版社，2019：1267.
② 姚卫群. 印度宗教哲学概论［M］. 北京：北京大学出版社，2006：8.
③ 尹锡南. 印度比较文学发展史［M］. 成都：巴蜀书社，2011：60—61.

在世界语言谱系中的重要性不言而喻。古印度有五明,即声明、工巧明、医方明、因明与内明。其中声明为五明之首,是研究梵文语言文字的学问,又称语文学,被誉为"学问之源",不仅大量语言学家专精于此,许多重要的诗学家也是出于对梵语的深入探究才逐渐确立起自己的诗学理论风格。

梵语是一种高度曲折的古典语言,理论上仅一个名词便有阴性、阳性、中性三性,有单数、双数、复数三数,有体格、业格、具格、为格、从格、属格、依格、呼格八格,更遑论繁复无比的连读音变等语法规则。依照现代认知语言学的语言相对论观点,一个人所讲的语言决定了其认识世界与思考问题的模式,这一假说是否严谨暂且不表,但一个人自幼所接触的语言体系,对思维方式产生的影响显然是巨大的。梵语语言的复杂精深直接决定了其研究难度之大,古印度人能够充分欣赏本民族语言的美,大量梵语文献得到了悉心的保护与传承,进而激发出在世界古代文明史上别具一格的语言学研究,此后西方语言学的崛起离不开对梵语的研究。梵语语法学对梵语诗学理论体系的建构也产生了巨大的影响,梵语诗学家将语言学理论融入对文艺作品的解剖中,语法学成为诗学的基础。婆摩诃就曾说:"一个人如果不能渡过深不可测的语法之海,他就无法自由地运用词宝。想要写诗,就应该努力学习语法。依傍他人写诗,有什么乐趣?"[①] 约公元前 4 世纪,印度古代语法学家波你尼(Panini)在其文法著作《波你尼经》(又称《八章书》)中规定了词根、词格、词性、词数、复合词、各类词缀以及连声规则,堪称印度语法学的集大成者,这些语法概念奠定了梵语语法学的基础,也反映在许多梵语诗学著述中。黄宝生先生认为,欢增正是利用语言学观点创立了韵论:"总之,欢增发现了词的暗示功能是一种有别于表示和转示的独立功能。他借鉴梵语语法学中的'常声说',将这种暗示功能命名为'韵',并确认其为'诗的灵魂',创立了梵语诗学中的韵论体系。"[②] 可见诗学中处处都有语言学的痕迹,二者相辅相成,共同推进印度古典文明向前发展。

梵语的语言神圣观始自印度婆罗门教,据创世传说所言,梵文是由印度教的创造之神梵天创制的,而"梵"(Brahman)之一字,是由神学家从梵天(Brahama)一词提炼出来的,并将其视为宇宙的主宰,最高阶的存在。相关史料可追溯至《吠陀》,即古印度已知最早的宗教经典,同时也是最古老的文学作品,采用古典梵语口头诵读流传而成,包含了大量的上古神话、哲学思

---

① 黄宝生. 梵语诗学论著汇编(上册)[C]. 北京:中国社会科学出版社,2019:325.
② 黄宝生. 印度古典诗学 [M]. 北京:线装书局,2020:411.

辨、梵语诗歌、宗教祭祀与巫术，保留了许多印度宗教的原始样貌，千百年来一直被印度人奉为至高无上的神圣宝典。受到《吠陀》的影响，7 世纪时期，印度古代诗人、哲学家伐致诃利（Bhartrhari）在《句词论》中崇尚语言，把语言的本质与"梵"联系在一起，如《句词论》开篇写道："词（sabda，语音或语言）在本质上乃是无始无终的不灭的梵。它转化为各种事物（artha，意义），世界因此得以创造。""语言是说话者的最高自我，人们叫它伟大的如意神牛。精通语言的人可以亲证至高的梵。认识语言活动的本质，就可以享有梵甘露。"① 檀丁更是在《诗镜》中把语言推向了不可或缺的崇高地位："完全是蒙受学者们规范的和其他语言的恩惠，世上的一切交往得以存在。如果不是称之为词的光芒始终照耀，这三界将完全陷入盲目的黑暗。"②

另外，古印度人还将"梵"与表示灵魂的词阿特曼（Ātman）结合在一起，因此形成了奥义书中所提倡的"梵我合一"（也称"梵我一如"）"宇宙即梵，梵即自我"的理念。具体来说，阿特曼一词"既指称宇宙自我，也指称人的个体自我，即人的本质或灵魂。梵是宇宙的本原，自然也是人的个体自我的本原"③。奥义书思索梵与自我的关系，乃至宇宙和人的关系，许多真知灼见散落在《歌者奥义书》《大森林奥义书》《泰帝利耶奥义书》等梵书中，用拟人和譬喻的方式来描摹对于梵的认知。在奥义书以后，灵魂问题成为各家关注的重点，不同派别的哲人对灵魂进行了不同角度的阐释。在这个基础上，"诗的灵魂"说的诞生也就有迹可循了。

诗魂问题在当代印度的梵语诗学著作中还可以一窥其面貌。勒沃普拉萨德·德维威迪于 1977 年出版《诗庄严颂》，梵语诗学被分解为韵论和庄严论两个派别，庄严占据文学的灵魂，提出"庄严是诗的灵魂"，可见印度文明从始至终并未断裂。

三、诗歌灵魂论的跨学科表现

梵语诗学与宗教、哲学有着深刻的联系，这已经可以视作古印度跨学科研究的雏形，梵语诗学缜密的逻辑结构与完备的批评体系为其跨门类、跨学科的运用提供了天然的先决条件。诗歌灵魂论由伐摩那率先提出，继而不断发展，

① Bhartrhari, Vakyapadiya [C] // 尹锡南. 印度比较文学发展史 [M]. 成都：巴蜀书社，2011：46.
② 黄宝生. 梵语诗学论著汇编（上册）[C]. 北京：中国社会科学出版社，2019：153.
③ 黄宝生. 印度古代文学 [M]. 北京：中国社会科学出版社，2020：61.

蔓延到各个艺术门类中，各门类相互映照，互为补充，大大拓宽了印度文论的美学广度，形成了璀璨的印度古典文明。

广义的印度古典文艺理论同时包含梵语文学理论和梵语艺术学理论，前者囊括了梵语诗学与戏剧学理论，后者蕴含了音乐、舞蹈、美术等艺术门类的理论。原本属于梵语诗学的诗魂论首先由 śilpa 一词作为突破口，对梵语艺术理论产生了一定的启示。śilpa 含义丰富，有时可与表示艺术或技艺的词 kalā 互换使用，学界通常将之译为"工巧"，梵语经典《爱多雷耶梵书》中这样写道："他们赞美工巧（śilpa）。这些是天神的工巧，世间的工巧被视为对天神工巧的一种模仿。给大象披上金色的布，或给一辆车套上母驴，便是工巧。世间有智慧者如此理解工巧。这些工巧以包含韵律的颂诗装饰灵魂，祭司据此赋予行祭者灵魂。"① 在这里，艺术的灵魂是神赐的，工巧泛指世间所有的艺术，覆盖了各种需要匠心制成的工艺产物，在《印度爱经》中，这样的技艺便被细分成了六十四类，如祭司、器乐、舞蹈、绘画、雕塑、建筑等。有印度学者表示："味不仅是诗歌与戏剧的灵魂，也是音乐、舞蹈与绘画的灵魂。"② 味论对各学科的影响不可谓不大。在《舞论》的第八章《次要部位表演规则》中，婆罗多详细列举了形体表演的种种可能性，其中面部表演里的眼神、眼珠、眼睑、眉毛的表演均有各种情和味产生，"结合脸色的表演，眼睛的表演方可表达种种情味，戏剧表演正是立足于此。为表达情味，应该结合眼睛、嘴唇、眉毛和眼神而运用脸色表演。以上便是与情味相关的脸色表演。"③ 舞蹈表演也与情味有所关联，如喜主（Nandikesvara）所书的舞蹈学著作《表演镜》中就有所描述："婆罗多牟尼（仙人）等认为，与四类表演相联系的舞蹈（natana）有三种：传奇舞（natya）、纯舞（nrtta）和情味舞（nrtya）。传奇舞和情味舞可以在特殊的节日进行表演……暗示情味等的表演，便是情味舞。情味舞常常在王宫中表演。"④ 音乐与情味的关系可以参考 13 世纪出现的沙楞伽提婆（Sarangadeva）所写《乐舞渊海》（又译《乐艺渊海》）的相关论述："具六和神仙用于英勇味、奇异味和暴戾味，明意用于厌恶味和恐惧味，持地和近闻用于悲悯味，中令和第五用于滑稽味和艳情味。"⑤《毗湿奴往世书》第四十三章

---

① S. Jain，ed. Aitareya Brāhmaṇam［C］//尹锡南. 舞论研究［M］. 成都：巴蜀书社，2021：6.

② R. L. Singal，Aristotle & Bharata，A Comparative Study of Their Theories of Drama［C］//尹锡南. 印度古典文艺理论话语建构的基本特征. 东方丛刊，2018（01）：95.

③ 婆罗多. 舞论［M］. 尹锡南译. 成都：巴蜀书社，2021：143－144.

④ 喜主. 印度著名的梵语舞蹈学著作——表演镜［J］. 尹锡南译. 东南亚南亚研究，2015（04）：90.

⑤ Sarngadeva，Sangitaratnakara. Varanasi：Chaukhamba Surbharati Prakashan［C］//尹锡南. 印度古典文艺理论话语建构的基本特征. 东方丛刊，2018（01）：95.

出现了关于绘画表现情味的表述:"艳情味、滑稽味、悲悯味、英勇味、暴戾味、恐惧味、厌恶味、奇异味和平静味,这些被称为九种画味(nava citrarasa)。在艳情味中,应该用柔和而优美的线条描摹人物精致的服装和妆饰,显示其美丽可爱,风情万种。"①

除了研究情味带来的启发,还可以通过实例具体考察各学科的灵魂所在。古代印度的音乐十分发达,可以回溯到印度河流域文明时期。音乐与文学具有亲缘关系,音乐理论与诗学理论也有重叠的部分。印度最古老的诗歌集《梨俱吠陀》中的颂歌同时可以看作是最早的歌词,仅《娑摩吠陀》一部便收入1875首颂歌,"娑摩"本身的意思就是曲调。《舞论》虽然重点论述的是戏剧理论,但也涉及了部分音乐理论,特别论述了印度音乐中特有的乐音"斯瓦拉""什鲁蒂""格拉玛"等,是印度可考证的最早的乐理文献,《乐舞渊海》则进一步发展其观点,成为当时的印度音乐集大成之作。婆罗多制定的音乐规则仍在被现代印度音乐家所遵循。著名诗人泰戈尔也是一位杰出的作曲家,创制过2000多首曲目。印度两大史诗《罗摩衍那》和《摩诃婆罗多》至今依然是印度音乐时常表达的主题……上述举例从侧面说明,印度音乐理论必然吸收了部分诗学理论,印度学者阿拉蒂指出,"印度古典音乐是灵魂之美的表达,它不仅仅是一种表达,而是灵魂自我实现和解脱的一种方式。印度音乐既为世俗、也为超俗。"② 在印度古典音乐体系中,这一灵魂通常指拉格(rāga),这个词源于梵语词根 ranj,本义是颜色,马坦加首次在技术意义上为拉格下定义,即"由旋律运动构成的那种声音成分,它的效果能使人们的心多姿多彩"③,拉格可以唤起人们心中的情感。简单来说,"拉格是印度音乐独一无二的特点,在印度古典音乐中特指具有调式意味的曲调框架。每个基本拉格配有5个拉吉尼,总计36个曲调。特定的拉格和拉吉尼只能在特定的季节或一天中的某个时段演唱,表现某种特定的情感或情绪,即表现印度传统美学的9种味。"④ 也就是说,一个拉格对应一种情感,不同的音乐家用同样的拉格进行即兴创作也能产生截然不同的音乐,印度音乐的结构旋律是层层累加、不可预知的,拉格的选择要依照当时的表演情况而定。印度南北两大音乐体系分别产

---

① Parul Dave Mukherji, ed. & tr., The Citrasutra of Visnudharmottarapurana [C] //尹锡南. 印度古典文艺理论话语建构的基本特征. 东方丛刊, 2018(01):95—96.

② Arati Chakravarty, An Introduction to Hindustani Music [C] //尹锡南. 舞论研究. 成都:巴蜀书社, 2021:13.

③ D. P. 辛加尔. 印度与世界文明·上卷 [M]. 北京:商务印书馆, 2017:301.

④ 中印联合编审委员会. 中印文化交流百科全书 [M]. 北京:中国大百科全书出版社, 2014:324.

生了不同的拉格，正是由于拉格的鲜明特征，使印度音乐与西方音乐明显区别开来，并在调式、旋律及节奏上表现出独一无二的审美品格。

印度"诗"的特殊性在于其是舞剧的一部分，"舞"又可称为戏剧，梵学家金克木亦曾将"舞"译为戏曲，三者一体同源，在实际研究中往往交织并行，难分你我。更进一步地说，印度文艺体系以舞为中心，舞最能体现印度的宇宙观。与文学、音乐、雕塑等艺术样态不同，印度舞蹈的灵魂是神明湿婆（Nataraja）。湿婆是印度教的毁灭神，他的另一个身份是舞神，被视为舞蹈的化身，据传说，湿婆在快乐和悲伤时喜欢跳舞，因而创造了两种截然不同的舞蹈风格。无论是绘画作品还是雕塑作品，湿婆最常见的形象之一是四手上抬，左腿右倾微曲，这种形态又被称作"傩陀罗伽"，有着强烈象征性的意象，"湿婆神那向外散开的头发梢是系在星星上的——它表示大千宇宙中业已被固定了的节奏形式；湿婆神的两只眼睛就是世界的两只眼睛：太阳和月亮；同其他众神不同的是，湿婆神在前额中央还拥有一个可怕的第三只眼，它能喷出毁灭性的火焰，把一切烧成灰烬；同时，这三只眼睛还用来表示过去、现在和未来，以构成在时间上的无限广阔；装饰在他身上各个部位的蛇，表示他已经驯化制服了各种各样的邪恶势力，成为世间的主宰；双耳男女耳环各戴一只，证明他同时兼备男女两性的各种能力；他的头发是印度的圣河——恒河的象征，河流沿着他的发端不断地向外涌动，表示不死的魂灵；而那个在他的脚下缩成一团、不安地扭动着丑陋的身躯的侏儒，则表示湿婆神的神圣威力，在这个世界上他能够战胜一切敌对力量。"① 可见，能与一位宗教主神产生联系，就注定了舞蹈这一艺术形式能够得到普遍的重视与信仰，在印度的发展可谓得天独厚，"有湿婆神为后盾，印度古典舞获得了所向披靡的力度。无论是这种神化艺术的演者还是观者，都视舞蹈为神的代言人。这是舞蹈获得了极强的精神向心力和威慑力的根本原因，也是一个艺术品种谋求长期发展的一个不可缺少的社会条件。"②

在奥里萨邦首府布巴内斯瓦尔附近发现了公元前1世纪的浅浮雕，上面雕刻着印度最古老的舞蹈奥迪西舞（Odissi），《舞论》中曾有所提及，舞者以三曲式姿势著称。古印度的雕刻技艺享有极高的声誉，在众多雕刻作品中，多姿多彩的舞蹈雕塑占据了重要地位，可以说舞蹈已经融入印度社会的方方面面。此外，印度电影也离不开舞蹈，毋庸置疑的是，舞蹈就是印度电影的灵魂。印

① 江东. "傩陀罗伽"精神——印度教舞蹈神湿婆 [J]. 舞蹈, 1995（06）：45.
② 江东. 印度舞蹈与宗教背景的文化阐释 [J]. 文艺研究, 1996（02）：78.

度独特的歌舞文化始自吠陀时期，前身是宗教仪式的表演，之后分化成古典舞、民间舞、流行舞等多种艺术形态。宝莱坞电影是电影与舞蹈跨学科结合的最成功的范例，几乎每一部电影都会设置不止一处歌舞场景，舞蹈彰显了主人公感情最本真的释放，是一种兼具观赏力与情趣性的表达方式，极大地提升了电影的审美内蕴，形成了世界电影史上一道独特的风景线。

不仅如此，印度的建筑也有灵魂，这源于印度古典文艺理论的"建筑原人"（"庙原人"）范畴，这种观点可见于宗教神话《阿芨摩经》，众神将邪恶的原人扔在地上，产生了脸朝下、头朝东北、足位西南的建筑原人，王镛分析："印度教神庙通常是印度教哲学的宇宙图式……一座印度教神庙就是一个微型宇宙，亦即按比例缩小的宇宙结构的复制。在中世纪印度教建筑学经典中，北方式神庙的亚种之一奥里萨式神庙的玉米状悉卡罗的塔座、塔身、塔顶等各部分结构，按照人体各部位被分别命名为'足''小腿''躯干''颈''头''颅'等等，说明印度教神庙的宇宙图式已经被人格化了，变成了宇宙生命的象征。"① 因而神庙"体现出印度文化中的生命崇拜意识。另外，神庙建造复现了神创宇宙的过程，在这一过程中，人类之创造被赋予宇宙的最高精神，特定空间的神圣性得以彰显"。② 以此为原型的图案又称原人曼陀罗（Purusa–mandala），"两类图形，构成曼陀罗主神图的基形，原人斜坐图强调流转之'动'，以及强调动中方位的始与终和尊与卑的要点。主神中心图彰显宇宙在流围中的动中之静的稳定一面。这两类神在其中的基本图与前面点、十字、方圆、三角构成的抽象图，共汇成曼陀罗的原型结构，千种万种曼陀罗图形皆由之而生。"③

四、诗魂说与各国文论的比较

将印度诗的灵魂问题放置在世界文论中与不同的对象进行对比，挖掘其共性所在，可以更好地理解诗魂说的旨归，具备一定的比较诗学研究价值。各国的诗学家不约而同地将抽象的文论具象化乃至拟人化，是世界文论史上一个奇特的现象。

首先把目光对焦至西方文论。亚里士多德在《诗学》第六章论悲剧时明确

① 王镛. 印度美术 [M]. 北京：中国人民大学出版社，2010：249-250.
② 黄潇. 印度古典文艺理论的"原人"范畴与话语衍生 [J]. 中外文化与文论，2021（01）：178.
③ 张法. 曼陀罗：印度宗教美学的原型以及基本内容 [J]. 宗教学研究，2020（03）：156.

指出："情节是悲剧的根本，用形象的话来说，是悲剧的灵魂。"① 由事件组合而成的情节是第一性的，是悲剧的目的，也是悲剧最重要的、最打动人心的部分，性格、思想、言语则分列第二位至第四位。这一论述影响了西方后世的戏剧理论家，如德国剧作家贝托尔特·布莱希特（Bertolt Brecht），虽然他"不是亚氏戏剧理论的信徒，但仍在某种程度上同意情节是悲剧之灵魂的观点。"② 此外，亚里士多德还提出了著名的美学理论净化说（Katharsis），悲剧可以带来"情感的激发（如怜悯、恐惧、愤怒等）"③，使情感得以净化，从而达到洗涤灵魂的目的。这就与婆罗多的味论形成了某种相似的功能，梵语戏剧也能唤起各种情味，二者都是为了审美快感服务的，"都从心灵净化开始，而以灵魂欢悦为终"。④ 另外值得特别一提的是英国文艺批评家塞缪尔·泰勒·柯尔律治（Samuel Taylor Coleridge）在专著《文学传记》中提出的想象理论，他在论述诗的特点时指出："诗的天才以良知为躯体，幻想为服饰，行动为生命，想象为灵魂，这灵魂无所不在，它存在于万物之中，把一切形成一个优美而智慧的整体。"⑤ 柯尔律治并未明确解释何为"良知""灵魂"，但结合其生平经历，我们可以窥探到柯尔律治曾吸收康德形而上的哲学思想，且这一思想与他本身的宗教信仰合而为一，产生了"同一性"的诗学立场，"在柯尔律治的'同一'思想中，万事万物皆以'灵'而彼此联系、互相影响，又通过'灵'形成有机整体，就如诗歌是'良知''幻想''运动'和'想象力'的有机结合"。⑥ 在柯尔律治的笔下，诗具有人格的形象，诗的灵魂是想象力，这一论证拓宽了诗魂说的边界，证明了印度古典诗学的世界意义。

从另一个角度看，梵语诗学中的诗魂说体现了印度的尊神传统，继而从对神的膜拜自然过渡到对神的模拟，如有些学者所说："尊神，就是对神灵的尊崇；重析，就是对分析、解释的注重。印度诗学阐释方法有三个基本形式，一是神谕天启，二是析例相随，三是拟人喻义。"⑦ 其中的"拟人喻义"，便与印

① 亚里士多德. 诗学 [M]. 陈中梅，译. 北京：商务印书馆，2002：65.

② 亚里士多德. 诗学 [M]. 陈中梅，译. 北京：商务印书馆，2002：71—72.

③ 亚里士多德. 诗学 [M]. 陈中梅，译. 北京：商务印书馆，2002：140.

④ Bharat Gupta, Dramatic Concepts：Greek& Indian, *A Study of the Poetics and the Nā？债 Tya？陳 āstra*，Delhi：D. K. Printworld，1994，pp. 272—273. 转引自尹锡南. 印度诗学导论 [M]. 上海：上海古籍出版社，2017：44.

⑤ 柯尔律治. 文学生涯 [C] // 刘若端，译. 十九世纪英国诗人论诗. 北京：人民文学出版社，1984：70.

⑥ 姜原. 哲学与信仰的有机结合——谈柯尔律治对康德思想的折衷吸收 [J]. 外国文学研究，2019（01）：94.

⑦ 郁龙余，等. 中国印度诗学比较 [M]. 北京：昆仑出版社，2006：94.

度古典文艺理论的"原人"（purusa）这一范畴有关，它的内涵十分丰富，"是一种有机结构，也是内在的灵魂。在超验意义上说，'至高原人'（purusottama）是神灵的显形；从世俗意义出发，它是人的理想化。"① 9—10世纪的印度诗人、戏剧家王顶（Rājaśekhara）在其著作《诗探》中讲述了诗原人（kavyapurusa）诞生的神话，反映其诗歌神授观。其中，语言之母娑罗私婆蒂生下了诗原人，并对他说："音和义是你的身体，梵语是你的嘴，俗语是你的双臂，阿波布朗舍语是你的双股，毕舍遮语是你的双脚，混合语是你的胸脯。你有同一、清晰、甜蜜、崇高和壮丽的品质（'诗德'）。你的语言富有表现力，以味为灵魂，以韵律为汗毛，以问答、隐语等为游戏，以谐音、比喻等为装饰（'庄严'）。"② 同时，诗原人的妻子名唤文论新娘，这是诗学家赋予文论的一种拟人化表达，众多神话形象都有对应的理论概念，达成了诗学理论的神圣化。王顶将诗学具象化为诗原人，将诗原人的身体拆分成诗学的各个要素，并由此为起点辐射到音乐与建筑空间领域，相继产生了"曲原人""庙原人""建筑原人"等衍生概念，从而构建起一个在印度文论中自成体系的原人意象宇宙。由沙楞伽提婆所著的《乐舞渊海》中对"曲原人"（prabandhapurusa）有所论及："音乐作品由两个、三个或四个乐段构成，它包括音调、颂辞、歌词、吉称、鼓语和节奏等六种要素。如同人的肢体，这些要素是曲原人的组成部分。在这些要素中，表达吉祥和意义的吉称和歌词宛如曲原人（作品）的双眼。鼓语和颂辞如同其双手，因为它们源自双手，此处的原因被尊为业果。节奏和音调如同其双脚，因为它们是作品被吟唱的动因。"③ 所谓庙原人，就是神庙的形状和寓意皆参考原人意象，是神庙的象征和基本形式。17世纪的梵语建筑艺术论著《工艺宝库》就完美地吸纳了庙原人的概念："从底座至旗杆，神庙形似原人。神庙的建筑依次仿效闇（tamas）、忧（rajas）、喜（sattva）的三德模式。流线型神庙由十四个部分构成。身体包括十四个部位，塔庙也是如此……神庙的十四个部位应如此建造。"① 并且还将众多庙宇分作男神庙和女神庙，男神庙的代表是湿婆庙，而摩诃钵多罗对女神庙则如此描述："两层神龛和穹窿之上是两个天宫塔，两个神龛安放两位女神的像。这种吉祥庙自有

---

① 尹锡南. 印度古典文艺理论话语建构的基本特征［J］. 东方丛刊，2018（01）：83.

② 黄宝生. 梵语诗学论著汇编（上册）［C］. 北京：中国社会科学出版社，2019：564—565.

③ Sarngadeva, *Sangitaratnakara*, New Delhi: Munshiram Manoharlal Publishers, 2007：215—216. 转引自尹锡南.《工艺宝库》：一部重要的梵语建筑艺术论著［J］. 东南亚南亚研究，2017（04）：73.

④ Sthapaka Niranjana Mahapatra, *Silparatnakosa*, New Delhi: Indira Gandhhi International Centre for the Arts, 1994：31—35. 转引自尹锡南.《工艺宝库》：一部重要的梵语建筑艺术论著［J］. 东南亚南亚研究，2017（04）：73.

迷人之处。在穹窿塔的顶冠上，神庙以七个支脉（saptaratha）为造型基础……一个圆形的天宫塔占据整个中部的位置。这二十四个庙塔代表二十四位次要的女神（upasakti）……棱线庙形似'原人'，而吉祥庙是一种魔法庙。"① 《画经》对绘画起源的叙述也暗合了拟人的意象："从前，为了造福世界，仙人那罗延创造了优哩婆湿。为了迷惑（前来引诱的）众天神之妻，仙人以芒果汁在地上画了一个美女，天女中的这位绝色佳丽因此成了一幅画（citra）。看见她，所有天神之妻自愧弗如，纷纷走开。这样，大仙创造了一幅具有各种特征的画，让不朽的工巧天学会了绘画。"② 这些现象都与印度教的泛神论紧密相关。

这种拟人化表达在中国与日本文论中也可以找到例证。"艺术形式的拟人化批评，是在文学批评兴盛的魏晋南北朝时期形成的。"③ 可以说，中国古代文学批评中的"生命之喻"与梵语诗学的概念人物化有异曲同工之妙。最具代表性的是清朝乾嘉时期的诗人袁枚所倡导的"性灵说"。关于"性灵"的具体所指，各家学者之间虽一直有分歧，但其核心思想是明确的，即诗歌的灵魂是性情，是情感的自然流露。袁枚如此言说："性情得其真，各诗乃雍雍"④ "诗难其真也，有性情而后真；否则敷衍成文矣。"⑤ 这一思想的种子在魏晋南北朝时期便已萌发，刘勰在《文心雕龙》中写道："惟人参之，性灵所钟，是谓三才"⑥ "岁月飘忽，性灵不居。"⑦ 刘勰所言的性灵主要是指人的灵性或心灵，袁枚将之映射为诗歌的本质特征，以诗的真情来触发读者的情感，这不仅在当时产生了巨大的反响，也是现当代衡量文学作品的一个重要标准。此外，较为耳熟能详的文论范畴如"神思""风骨""形神"等。以"风骨"为例，其为《文心雕龙》理论体系的重要组成部分，直到今天还在为人日常所用，这在中国古代文论中是较为罕见的。关于"风骨"的定义也是百家争鸣，牟世金形容这种论争为"十人十说，百人百解"。"风骨"本身是一种比喻，"风"和"骨"

---

① Sthapaka Niranjana Mahapatra，*Silparatnakosa*，[C] //尹锡南. 《工艺宝库》：一部重要的梵语建筑艺术论著. 东南亚南亚研究，2017（04）：74—75.

② Parul Dave Mukherji，*The Citrasutra of Visnudharmottarapurana* [C] //尹锡南. 《工艺宝库》：一部重要的梵语建筑艺术论著 [J]. 东南亚南亚研究，2017（04）：76.

③ 吴承学. 中国古代文体学研究 [M]. 北京：人民出版社，2011：48.

④ 袁枚. 袁枚全集新编（第一册）[M]. 杭州：浙江古籍出版社，2015：45.

⑤ 袁枚. 袁枚全集新编（第八册）[M]. 杭州：浙江古籍出版社，2015：255.

⑥ 刘勰. 增订文心雕龙校注 [M]. 黄叔琳注，李详补注，杨明照校注拾遗，北京：中华书局，2000：1.

⑦ 刘勰. 增订文心雕龙校注 [M]. 黄叔琳注，李详补注，杨明照校注拾遗，北京：中华书局，2000：610.

这两个喻体都已经脱离了原本的概念，是形式与内容的结合。日本文论中本居宣长提出的"物哀"也基于同样的原理，指物能引起人的哀，"哀"主要表示有感而发的感叹和感慨，是主体和客体的共同作用。"物哀"的美学思想也早已不仅仅局限于文论领域，而是扩展到日本社会文化生活的方方面面，成为一个民族的精神象征。另外，日本古典文艺美学中还有一个"寂"的范畴，是对俳谐创作的概括，其中又包含了"雅与俗""老与少"等下位范畴。在讨论雅俗论时，还需提及另一个概念"风雅"，"'风者'，风俗也、世俗也、大众也、民间也、底层也、俚俗也；在'风雅之寂'的审美理念中，'雅'者，高尚也、个性也、高贵也、纯粹也、美好也。'风雅'的实质就是变'风'为'雅'，就是将大众的、底层的、卑俗的东西予以提炼与提升，把最日常、最通行、最民众、最俚俗的事物加以审美化，就是从世俗之'风'中见出美，也就是通常所说的'俗'与'雅'的对立统一。"① 老少论也与人有直接的关系，"老"是蕴含了时间积淀的"古旧"，"少"代表了年轻、外表的光鲜，与中国文学对"老"的推崇不同，日本文学对"少"更加青睐，有时甚至会刻意回避对老丑的描摹。但其实有没有"寂"，与年龄大小无关，而与心态有关，"换言之，老年只有'忘老少'，即忘掉自己的老龄，'不知老之将至'，'不失其赤子之心'，才能真正达到'乐'的境界，也就是'寂'的境界。"②

综上所述，世界各国文论都存在"拟人化"的表达，值得一提的是，20世纪以来，西方现代文学批评领域还掀起了"身体"理论的研究热潮，这些例证纷纷说明了，从古至今人们从未放弃过对"人"本身的探索，以自身的实际感知来印证诗学理论，给原本条目式、概念化的理性表达平添了感性色彩，丰富了文艺评论的阐释视角，闪耀着人文主义的理想光辉。

（曹顺庆为四川大学文科杰出教授，欧洲科学与艺术院院士；王梦如为四川大学文学与新闻学院博士生。本文为国家社科基金重大项目"东方古代文艺理论重要范畴、话语体系研究与资料整理"阶段性成果，项目编号：19ZDA289。）

---

① 王向远. 论"寂"之美——日本古典文艺美学关键词"寂"的内涵与构造［J］. 清华大学学报（哲学社会科学版），2012（02）：70.

② 王向远. 论"寂"之美——日本古典文艺美学关键词"寂"的内涵与构造［J］. 清华大学学报（哲学社会科学版），2012（02）：72.

文明互鉴与一个文论体系的建立

——解说"情采—通变"体系的中西文化背景

◎黄维樑

【摘　要】　20世纪初叶以来西方的文学理论，名目繁多，都先后输入中国。20世纪中叶以后，海峡两岸更是让文论的西潮汹涌流入；众多中华的文学研究者崇洋趋新，以西方的马首是瞻。现代西方文论内容丰富，有助于文学析论，却也有故作艰深或故弄玄虚的。中华学者对这些文论苦苦追求，成为"后学"，有所得益；却也有不分青红皂白照单全收，而贻笑大方。至于西方，汉学家研究中国文论虽见成果，但难免有偏差；一般学术界、文化界对中国文论则几乎没有任何"接受"，甚至有持轻视态度的。在文学理论方面，中国多输入而几乎没有输出，出现严重的文化赤字。中华学者应该从比较文学出发，通过文明互鉴，对中国古代文论加以诠释，并斟酌应用于实际批评；进而考虑向西方输出，让西方文论界认识到中国古代文论的价值，作为借鉴、采用的参考。《文心雕龙》体大虑周，理论高明而中庸，应该是输出的首选。本文以《文心雕龙》内容为基础，建构了一个中西合璧的"情采—通变"文论体系。本文除了概述此体系之外，还对形成此体系的中西文化背景，加以解析：中西文化（包括文论）有相同的核心理念，所谓心同理同；刘勰博识睿智，所论具普遍性恒久性，可为今用；此体系是个泱泱大体系，有大亮点；今之西论，为古之《文心雕龙》所欠缺者，可获纳入，可获兼容。这体系的构成是文明互鉴的一个成果。

【关键词】　文明互鉴；文论体系；中西文化；文化自信；《文心雕龙》；"情采—通变"体系

一、文学理论：中华学者只取西经

晚清以来中国很多读书人对本国文化失去信心：要打倒孔家店，要把线装书扔进茅坑，因为线装书里面藏的是吃人的礼教；要废掉落后的方块字；认为旧体诗词决不能表达复杂的感情思想；认为中国人的思维重直觉，乏分析力，乏体系性；提倡文学革命，搬演从西方引进的"文明戏"，引进"德先生""赛先生"；如此等等。

中华学者深受西方文化影响，取西经，西化成风。以西方文学理论而言，19 世纪之末，即已开始传入中国，20 世纪 50 年代起，先是台湾与香港，20 世纪 80 年代起，进而大陆，各地中华文论界先后引入、接受西方的马克思主义、精神分析学、英美新批评、女性主义、现象学、神话与原型批评、结构主义、诠释学、接受美学、解构主义、后现代主义、新历史主义、后殖民主义等批评理论。西潮如钱塘江大潮，把某些崇洋趋新的弄潮儿都卷走了；甚至要汹涌至西湖，把湖水连白堤、苏堤都淹没。

"西经"当然值得取，西方文论有很多精彩之处，"西化"绝对不能一刀切否定。然而，很多中华学者实在过度"西化"了。这些中华"后学"勇往直前，只取"西经"，对中华的"经"仿佛视而不见，提也不提；不论"西经"有理无理，唯"西经"是尚，如对后现代主义亦步亦趋；即使"西经"艰深难念，仍爱"西经"，如对德里达（Jacques Derrida）艰涩理论的推崇。

批评西方文论的中华学者有夏志清、钱钟书等；西方学者如德格拉斯·布殊（Douglas Bush）、维恩·布扶（Wayne Booth），戴维·洛奇（David Lodge）等，也对他们某些同行某些"主义"，表示反对与痛心。举例而言，20 世纪 70 年代夏志清指责中华的一些诗人崇奉艰深晦涩的诗学。20 世纪 80 年代，钱钟书讽刺不少批评家只会搬弄术语："Technical terms are pushed to and from，but the investigation stands still"（术语搬来搬去，研究原地不动）。哈佛大学的德格拉斯·布殊 20 世纪 60 年代在现代语言学会（Modern Language Association）的大会上斥骂某些文论家用佶屈聱牙的伪科学术语欺世盗名。20 世纪 70 年，戴维·洛奇在其小说《换位》（Changing Places）中讽刺同行嗜好时髦理论，而其研究成果对我们理解和欣赏作品并无帮助。1996 年，有恶名昭彰的"Sokal Hoax"事件（"骚哥恶作剧"）。同一年代，希尔顿·柯来马（Hilton Kramer）在《纽约时报》撰文，炮轰"耶鲁四人帮"（The Yale Gang‑of‑four），说他们玩弄华而不实、胡闹（pompous and nonsensical）的理论。虽然如此，很多中华学者仍然崇拜"西经"，仍然甘心做"后学"，拜西方诸"大师"为师，根据其教诲来做"作业"。

反观 20 世纪西方的重要批评家或文论家，如艾略特（T. S. Eliot）、弗莱（Northrop Frye）、韦勒克（Rene Wellek）、艾布拉姆斯（M. H.

Abrams)、布斯（Wayne Booth）、伊格尔顿（Terry Eagleton）等，或名气较逊的文论学者如霍洛步（Robert C. Holub），其著作全不见中国古今文论的片言只字：古代的刘勰或金圣叹，20世纪的朱光潜或钱钟书，完全无踪无影；没有"赋比兴""兴观群怨"，更无"神思""知音""情采""通变"。①

个别西方文论家不识或忽视中国古今文论，西方学者集体编写的文论辞典一类书籍，则若非同样忽视，就是予以冷处理，或不当的处理。近年（2018年）出版的《诺顿文学理论与批评选集》（The Norton Anthology of Theory and Criticism），终于选入当代一位中华学者的文章，此事引起一位华人同道的额手称庆。

西方文化包括西方现代的文学理论，自然有诸多精彩的、我们可借鉴的地方；中华学者如果在取西经之际，回顾传统，发现传统的丰美之处，就不用事事瞻仰西方、依赖西方了，更不会认为中国传统理论贫乏、落后、无用了。

二、以《文心雕龙》为基础建立"情采—通变"（"Hati－Colt"）文论体系

《文心雕龙》体大虑周，高明而中庸，而且理论极具恒久性、普遍性，有巨大的现代价值。20世纪80年代笔者开始运用《文心雕龙》的理论于文学批评，曾先后撰文说明刘勰评析作品的原则和欧美"新批评"相近；说明《史传》篇提出的修史策略，今天可采用；指出《时序》篇简直就是一部中国古代文学史纲；建议《论说》篇和《序志》篇作为现代学位论文写作的指引；指出学识偏差者谓中国古代文论缺乏体系，而刘勰仿佛预知此歪论，写成的《文心雕龙》就是一本驳斥歪论的"预案"。②

《文心雕龙》本身有体系，刘勰在《序志》篇说得相当清楚，虽然还有不够周全之处（以致引起诸多龙学家的诠释和辩论）。我们大可通过中西文明的互鉴，为《文心雕龙》建设一个现代化的架构，作为一个"大同诗学"

---

① 就此议题举些例子，如在 T. S. Eliot，*The Use of Poetry and the Use of Criticism*（London，Faber and Faber，1933）；Paul Hernadi，*What Is Criticism?*（Bloomington，Indiana University Press，1981）；Robert C. Holub，*Reception Theory：A Critical Introduction*（New York，Methuen，1984）诸书里，中国古今文论全部缺席，哑然"失语"，因为他们完全没有征引。

② 参阅拙著《文心雕龙：体系与应用》（香港：文思出版社，2016）及此书的《增订版》（新北市：花木兰文化事业有限公司，2023），以及2023年5月12—14日安徽芜湖安徽师范大学"马克思主义中国化时代化"视域下高校文艺学课程建设高峰论坛的拙作论文《试论〈文心雕龙〉为文艺学专业必修课程》等论著。

（common poetics）的雏形。经过长时间的构思、酝酿、规划、修订，笔者建立了一个以《文心雕龙》内容为本的文论新体系；它兼及中国传统的一些重要理论，又旁及西方古今的一些重要理论。这个名为"情采—通变"文论体系的纲领如下。

（一）情采（内容与形式［技巧］content and form）

（1）情：人禀七情，感物吟志 圣贤书辞，郁然有采。

（2）采：日月山川、圣贤书辞，郁然有采。

（3）情经辞纬，为情造文（内容与形式的关系）。

［在"情"方面，"蚌病成珠"说兼容西方 tragedy 悲剧理论和 psycho－analysis 心理分析；由"情"到"采"，中间涉及"神思"，这和西方的"想象"imagination 可相提并论］

（二）情采、风格（style）、文体（genre）

（1）物色时序、才气学习（影响作品情采、风格的因素）。

（2）风格的分类。

（3）文体的分类。

［《物色》相容西方基型论 archetypal criticism；《谐隐》相容西方通俗剧（melodrama）理论］

（三）剖情析采（实际批评 practical criticism）

（1）文情难鉴，知音难逢。

　　（A）披文入情的困难。

　　（B）读者反应仁智不同。

（相容西方读者反应论 reader's response 及接受美学 reception aesthetics）

（2）平理若衡，照辞如镜（理想的批评态度）。

（3）"六观"中的"四观"。

　　（A）观位体。

　　（B）观事义。

　　（C）观置辞。

　　（D）观宫商。

［（A）"位体"可与亚里士多德结构 structure 说相提并论；（C）"置辞"和（D）"宫商"相容西方修辞学 rhetoric 及新批评 The New Criticism；西方叙事学 narratology 可寄存于（A）"位体"；西方女性主义

feminism 及后殖民主义 post－colonialism 等可寄存于（B）"事义"]

（四）通变（比较不同作家作品的表现）

（1）"六观"中的"二观"。

　　（A）观奇正。

　　（B）观通变（tradition and innovation）。

（2）通变·文学史·文学经典·比较文学。

　　（A）时运交移，质文代变（文学史 literary history）

　　（B）文学经典（literary canon）

　　（C）比较文学（comparative literature）

［《史传》《时序》相容西方文学史理论］

（五）文之为德也大矣（文学的功用）

（1）光采玄圣，炳耀仁孝（文学对国家社会的贡献）。

（兼容西方马克思主义 Marxism 等理论）

（2）腾声飞实，制作而已（文学的个人价值）。

　　为了向西方的比较文学学术界介绍这个体系，我把"情采—通变"长文改写为英文，以"Hati－Colt：A Chinese－oriented Literary Theory"为题，于 2016 年 7 月在四川大学的一个国际比较文学研讨会上宣读，后来在一本名为 *Comparative Literature & World Literature* 的学报上发表（在其第一卷第二期，2016 年）。对应于中文写成的原来体系，它的五个部分如下：

①"Heart－art"（content and form）；［情采（内容与形式技巧）］

②"Heart－art，""style" and "genre"；（情采、风格、文体）

③"Analysis of heart－art"（practical criticism）；［剖情析采（实际批评）］

④"Tradition－innovation"（evaluation through comparison of various works/authors）；

［通变（比较不同作家作品的表现）］

⑤"Values and functions of literature"［文之为德也大矣（文学的功用）］。

　　此英文题目名称的"Hati－Colt"里，"Hati"是"Heart－art"（心—艺术；情—采）和"Tradition－innovation"（传统—创新；通—变）的头字母缩写；"Colt"是英文"Chinese－oriented literary theory"（中国为本的文学理论）的头字母缩写。Hati 有两个音节，声音容易读出来（不像 NBC、CBS、

CNN那类简写要一个个字母读出来）；Colt亦然，而且有意义，意为"小马"或"新手"，寓意是这个体系虽来自古典，却是个新的尝试。拟定这个英文名称，可说是"用心良苦"。整个"情采通变"体系的具体内容，说来话长，有兴趣的读者，请自行找拙著来阅读。（"Hati－Colt：A Chinese－oriented Literary Theory"一文的摘要，作为本文的附录一）

三、中西对应：文论关键词和核心价值观

以下要说明此体系的中西互鉴、汇通、合璧之处。

第一，体系的内容以中国文论为主，关键词汇来自中国文论的"龙头"《文心雕龙》：

（一）"情采"（来自《情采》篇）。中的"人禀七情""感物吟志"（《明诗》篇）、"圣贤书辞"（《情采》篇）、"郁然有采"（《原道》篇）、"情词经纬""为情造文"（《情采》篇）、"神思"（《神思》篇）。

（二）"情采·风格·文体"中的"风格"（《议对》篇）、"物色"（《物色》篇）、"时序"（《时序》篇）、"才气学习"（《体性》篇）。

（三）"剖情析采"（《原道》篇）、"文情难鉴""知音难逢""披文入情""平理若衡，照辞如镜""六观""位体""事义""置辞""宫商""奇正""通变"（《知音》篇）。

（四）"通变"（《通变》篇）中的"经典"（《正纬》篇）、"时运交移，质文代变"（《时序》篇）。

（五）"文之为德也大矣"中的"光采玄圣，炳耀仁孝"（《原道》篇）、"腾声飞实，制作而已"（《序志》篇）。

第二，来自《文心雕龙》的关键词，基本上可找到英文词语为之对应。上面列出的"纲领"，关键词都是中英对照的，如"情采〔内容与形式（技巧）content and form〕"，如"风格（style）"；其他不一一列举，大家回顾一下前面的"纲领"就清楚。中英对照，不表示中文和英文的语词，两者的意思都一样或两者对等，如"时运交移，质文代变（文学史 literary history）"，这里只表示《文心雕龙》原文的"时运交移，质文代变"涉及文学发展的观念，而可以使人理解到它的理念与 literary history（文学史）相关。

有这样的对照是因为笔者认为不同国家不同民族有相同或相近的人类核心

理念和核心价值。

举例而言，中国文化有"仁义礼智信"五种美德——所谓"五常"的说法；不同国家不同民族的人们，应该也会认同这"五常"，这里试加阐述。俄乌战争和巴以冲突持续很久了，在大破坏、大灾难之际，各国政要和民众都呼吁"停火"，都呼吁对战火中的平民予以"人道主义"救助；此即"仁"也，benevolent，compassionate，kind-hearted，humanitarian 也。

有政府立法禁止妇女堕胎，这合理吗？合宜吗（"义者宜也"）？公义吗？认为此法是"恶法"者，都抗议之、谴责之；此"义"也，just，righteous，appropriate 也。一国的君王"薨"了，成为全球大新闻；看官，从宣布噩耗到举行葬礼，其间有繁文缛节大大小小多少的礼仪；此"礼"也，ceremonial，ritual，courteous 也。

某国豪掷几百亿美金研发电子科技智能产品，某国制定法例保护知识产权，某国呼吁凭智慧解决外交难题；此"智"也，intelligent，intellectual，learned，wise 也。［知识不足的翻译者，把 Mencius（孟子）翻译成门修斯；把 Chiang Kai-shek（蒋介石）翻译成常凯申；把赤脚大仙翻译成"red-footed immortal"］现代社会信用卡流行，人人讲"信用"，国与国交往重诚信（国而无信不知其可也）；此"信"也，honest，faithful，credible，trustworthy，trustful 也。仁义礼智信是个人行为的准则，也是国家行为的准则。

以文学为例。莎士比亚辞世后七年，文友姜森（Ben Jonson）写诗称颂故友（诗题是《莎士比亚戏剧集题词》），开宗明义竟然先谈嫉妒：

> 莎士比亚，不是想给你的名字招嫉妒，
> 我这样竭力赞扬你的人和书。

我们读《文心雕龙·知音》，刘勰不是也谈嫉妒吗？刘勰历引班固、曹植等嫉妒同文的例子，结论说："故魏文称文人相轻，非虚谈也。"魏文指曹丕，他在《典论·论文》说的"文人相轻，自古而然"，其有效性已有一千多年，相信还会延续，此说在中国有效，在西方亦然。

人类有核心的理念，有核心的价值观，正如钱钟书说的"东海西海心理攸同"。当然也有因为语言不同或其他因素而"对应"不起来的。最佳例子之一应是《文心雕龙》的"风骨"一词。风骨如何与英文的一个文学批评概念对应？显然不会是"the wind and the bone"，因为我们查遍英文的文学理论批评辞典，都不见这样一个"the wind and the bone"或"wind and bone"或

"wind-bone"的术语（term）。①

除掉"风骨"的例外，对应的文论概念还有很多很多，譬如结构（structure）。《文心雕龙》"六观"的第一观是"位体"，位体的一个意义是主题，另一个意义是结构。古今中外的文学，无论什么体裁（文体、文类）的作品，都应该有主题；极端的现代主义、先锋派作品可能例外。主题就是《镕裁》篇"设情以位体"的"情"；《附会》篇"附辞会义，务总纲领，驱万涂于同归，贞百虑于一致"的"一致"；《论说》篇"弥纶群言，而研精一理"的"一理"；在西方，就是 theme 或是 thesis。

至于结构，刘勰论文对此非常重视。《章句》篇云："章句在篇，如茧之抽绪，原始要终，体必鳞次。启行之辞，逆萌中篇之意；绝笔之言，追媵前句之旨；故能外文绮交，内义脉注，跗萼相衔，首尾一体。"指出作品要有秩序井然的组织（"体必鳞次"）。关于作品的开头与结尾很受重视，《附会》篇乃有"统首尾""首尾周密"，《章句》篇乃有"首尾一体"之说。《附会》篇曰："总文理，统首尾，定与夺，合涯际，弥纶一篇，使杂而不越者也，若筑室之须基构，裁衣之待缝缉矣。"

在西方，结构的重要，自亚里士多德至柯立基（Samuel Coleridge）至新批评学派至芝加哥学派（又称新亚里士多德学派），莫不强调。上面所引《文心雕龙》关于结构的言论，最能与西方（包括这里所举诸人）的"统一有机体"（organic unity）理论相应。刘勰还从反面说明"统一有机体"的重要，《镕裁》篇云："规范本体谓之镕，剪截浮词谓之裁；裁则芜秽不生，熔则纲领昭畅。""浮词""芜秽"就是不能为作品主题服务的字句，非作品"有机"的部分。（请参考本文附录二对结构的进一步议论。）

四、"情采—通变"体系兼容西方文论话语

"兼容"。"兼容"指这个"情采—通变"体系可以容纳西方古今的文论话语，使"体大虑周"的《文心雕龙》体格更大，涵盖更广阔，而可以成为一个现代的理论体系，一个"大同诗学"。《文心雕龙》体大虑周，且有很多"远见"，甚至可说是先知之见。然而，文明日进，世事日繁，20、21 世纪是科学

---

① 我们找不到与"风骨"相应的英文术语，要责怪的应该是刘勰，因为《风骨》篇根本没有把"风骨"到底是什么说清楚：对此词的解释，近百年来，龙学者统计出有六十多个。笔者有一个大刀阔斧的做法，或者说是一个"刮骨疗伤"的做法：《风骨》篇的内容，只取其"风清骨峻"和"藻耀而高翔，固文笔之鸣凤也"两个语词，其余可删。一定要找个对应的英译吗？大而化之来个 sublime！

称霸的时代，科学主义引来了人文学亦步亦趋的"创新"思维和术语，乃有西方文论界众多新主义、新理论的产生。

刘勰虽然博识睿智，作为先知的"特异功能"仍然有限；他若面对现代西方文论形形色色的话语，如马克思主义、心理分析学说、新批评、女性主义、神话原型论、诠释学、读者反应论、文化研究论、后殖民主义、离散论、新历史主义等，岂不感到"惭愧"？不会的，刘勰可能会说："这些林林总总的理论，泰半可由我'六观'中的'事义'吸纳；因为这些西方现代理论，关注的都是作品的内容，关注其思想义理。"刘勰也会补充道："还有，像新批评、神话原型论、读者反应论这些，拙著里多有与它们可以互相印证互相发明的观点，这方面黄维樑已多有解说。"诸位回看前面"情采—通变"体系的纲领，看到那些附有英文的词汇，就知道可以"兼容"的文论有多少了。

英国诗人吉卜林（Rudyard Kipling）有"东方是东方，西方是西方，两者永远不会相遇"（East is East，and West is West，and never the twain shall meet）的"名言"；而钱钟书的"东海西海心理攸同"说把吉卜林的说法颠覆了，东方和西方相遇了，而且可以相容、兼容。

五、"情采—通变"体系一大亮点：实际批评的"六观"法

"情采—通变"体系的内容源于《文心雕龙》，此书"剖情析采"，对"析采"非常重视，而"析采"这部分可补现代西方诸种流行理论的不足。现代西方文论探讨的焦点都放在心理活动、神话原型、性别行为、语言模式（而不是语言艺术）、社会形态、政治意识、读者反应、诠释效能等方面；对作品艺术性的关切，几乎就只有新批评学派（The New Criticism）。宣称"圣人书辞，总称文章，非采而何"的《文心雕龙》，对作品的修辞（语言的艺术性）有周详而精当的论述；龙学者所说的"文术论"自《定势》《情采》《熔裁》起，一共有十多篇。

现代西方文论对作品有多角度的分析，有时甚至有钻牛角尖的繁琐；对作品的艺术性表现，则通常"不予置评"。《文心雕龙》不然，它既析且评，要指出作品是否"衔华佩实"，是否"自铸伟辞"，是否开拓创新；刘勰还提出"六观"法，具体周延地从六个方面来审视作品内容和形式的表现，评价其成就。

钟嵘《诗品序》批评谈诗者，谓其"喧议竞起，准的无依"；刘勰有同样的不满，因而呼吁建立客观的批评标准，希望批评者如《知音》篇说的"无私于轻重，不偏于憎爱，然后能平理若衡，照辞如镜"。文学的作用，用艾布拉姆斯（M. H. Abrams）的理论，有如镜说，有如灯说。文学批评的作用，也

有如镜说，有如灯说。关于如镜说，18世纪德国的莱辛和19世纪俄国的杜勃罗留波夫，都认为文艺批评"应当像镜子一般使作者的优点和缺点呈现出来"。刘勰的如镜说，早出现了一千多年。要"平理若衡，照辞如镜"，博观很重要，即《知音》篇所说："凡操千曲而后晓声，观千剑而后识器。故圆照之象，务先博观。阅乔岳以形培塿，酌沧波以喻畎浍。"博观是批评家的必需条件，大批评家如刘勰，如18世纪英国的约翰逊（Samuel Johnson），20世纪的如钱钟书、韦勒克、弗莱、布鲁姆（Harold Bloom），哪位非如此？虽然我们都知道，文学是个浩瀚大海洋，要博观天下的文学名著，是绝难完成的任务，更不要说要博观天下之书了。

论作品要从多方面着眼，这样才少偏颇，刘勰提出"六观"："将阅文情，先标六观：一观位体，二观置辞，三观通变，四观奇正，五观事义，六观宫商。斯术既形，则优劣见矣。"笔者认为"观"指分析、评价作品的观察点，"六观"就是分析、评价作品的六个方面。"六观"说是批评家力求客观全面而应采用的方法学。

笔者参照多位龙学者对六观的解说，加上自己的意见，尝试用现代的词汇来说明六观。为了方便讨论，且看起来更为合理，笔者大胆地把六观的先后次序予以调整，而成为：一观位体，二观事义，三观置辞，四观宫商，五观奇正，六观通变；于是形成了这样一个现代的六观说：

第一观位体，就是观作品的主题、体裁、形式、结构、整体风格。

第二观事义，就是观作品的题材，所写的人、事、物种种内容，包括用事、用典等；以及人、事、物种种内容所包含的思想、义理。

第三观置辞，就是观作品的用字修辞。

第四观宫商，就是观作品的音乐性，如声调、押韵、节奏等。

第五观奇正，就是通过与同代其他作品的比较，以观该作品的整体表现，是正统的，还是新奇的。

第六观通变，就是通过与其他作品的比较，以观该作品的整体表现，如何继承与创新。[1]

---

[1] 《知音》篇对于六观，只是举出名称，而不加解释。不过，在《文心雕龙》其他篇章里，我们可以找到很多与六观有关的论述：一、《情采》篇论及情，即主题；《镕裁》《附会》《章句》诸篇论及结构；《体性》和《定势》篇论及整体风格；此外《文心雕龙》全书有二十篇左右论及各种诗文体裁。二、《事类》篇论及用典、用事。三、《章句》《丽辞》《比兴》《夸饰》《练字》《隐秀》《指瑕》论及用字修辞。四、《声律》篇论及音乐性。五、《定势》《辨骚》篇论及正统与新奇。六、《通变》《物色》《辨骚》《时序》篇论及继承与创新。以上所举篇名，只就其重要者而言，实际上不止这些。

六观中的第二、三、四观，可合成一大项目，以与第一观比照。这个大项目就是局部、组成部分、局部肌理（local texture），以与第一观的全体、整体大观、逻辑结构（logical structure）比照；local texture 和 logical structure 是美国新批评学派用语。刘勰论文，非常重视局部细节与整体全部的有机性配合；事实上，"置辞"与"事义"息息相关，而此二者，加上"宫商"，乃构成整篇作品的"位体"，或者说这三者都为"位体"服务。我们也可以反过来说，"位体"决定了"事义""置辞"和"宫商"。第一至第四观，乃就作品本身立论。第五观"奇正"，第六观"通变"，则通过比较来评论该作品，用的是文学史的角度了。六观法是一个力求客观、力求全面、切实可用的文学批评方法。

六、"情采—通变"体系建构是中西文明互鉴的成果

西方现代文论不重视作品的艺术性分析，《文心雕龙》重视且有周全精到的论述；这本文论经典更创建了六观法，其设想周备的体系（是《文心雕龙》大体系中的一个小体系），据笔者粗陋之见，乃西方文学实际批评的理论所缺少的，因此更见其杰出不凡。[①] 我们在中西文化交流中，借镜西方有益有用〔加上有趣当会更好；古罗马的贺拉斯（Horace）用"有益与（或）有趣"说明文艺的功用〕的文论，西方自然可以借镜《文心雕龙》等中国古今文论中种种对他们有益有用有趣的理论。

"情采—通变"体系乃以《文心雕龙》为基础，借鉴西方文论，中西合璧地建构出来的。笔者曾发出"让'雕龙'化作'飞龙'"的呼声，希望"雕龙"在国际文论界成为珍宝，以至凭着东风成为"飞龙"，周游天下各国的文苑，

---

① 关于理论的实际应用。我们都认为《文心雕龙》伟大，所以要推广发扬此书，让更多人认识到它的价值。为了证明它大有价值，我们应该应用它来从事文学研究，包括文学的实际批评。数十年来我一直在尝试。1992 年我在台北参加国际比较文学研讨会，发表英文论文（题目中译是《"重新发现中国古代文化的功用"——用〈文心雕龙〉六观法析评白先勇的〈骨灰〉》）。《骨灰》是现代小说。余光中的《听听那冷雨》是现代散文，我同样对待。《文心雕龙》的理论，当然适用于析评古代的诗歌，如屈原的《离骚》，如范仲淹的《渔家傲》——这些我都写成了论文。我还用刘勰"剖情析采"之刀，对待西方的不同文体，如马丁·路德·金（Martin Luther King）的演讲词《我有一个梦》（I Have a Dream），如莎士比亚的戏剧《罗密欧与朱丽叶》；我又有论文题为《炳耀仁孝，悦豫雅丽：用〈文心雕龙〉理论析评韩剧〈大长今〉》。我甚至"请"过刘勰来评论一个褒贬任声的"汉学家"。

希望为世人所欢迎、接受和借鉴。① 以 "情采—通变" 体系为例子的 "大同诗学"，就是从互相借鉴中诞生的。

［附录一］An Abstract（内容提要）of "Hati－Colt: a Chinese－oriented Literary Theory"

In this age of literary theory and criticism, all various theories originated in the West have been imported into China; many Chinese academics have followed what the Western theorists advocate passionately and indiscriminately.

On the other hand, Western academics have virtually paid no attention to what their Oriental counterparts have written. Traditional Chinese literary criticism has even been denounced as vague, in lack of analysis and system, and unsuitable for modern－day literary discourse; it is suggested that traditional Chinese criticism should transform itself to become modernized.

The author, while being benefited from Western theory and criticism, maintains that much of the traditional Chinese criticism is very valuable for its brilliant ideas, its high analytical quality, its systematic presentation and its capability for critical application. He has thus developed a literary theory based upon China's paramount classic on literature, Wenxin Diaolong 文心雕龙. In the process of construction, he draws ancient and modern ideas from China and the West as materials for support, illumination, supplementation and East－West comparison. The theory is labeled "Hati－Colt" in which "Hati" means "Heart－art and Tradition－innovation," and "Colt" means "Chinese－oriented literary theory."

This paper is in the main an abridged version of the author's long article written in Chinese concerning "Hati－Colt." To demonstrate the applicability of "Hati－Colt," a few examples in practical criticism are given in this paper. The author maintains that "Hati－Colt" covers important elements in the study

---

① 中国文论在国际学术界患了 "失语症"（曹顺庆语），如何 "医治"，如何在医治后发声呢？我们应当提出有中国特色的文论话语，最好自成体系，成立 "中国学派"。我力量非常微薄，却愿意尝试；这个有中国特色而且是中西合璧的 "情采—通变" 体系，这个 "Hati-Colt"，就是 "自发研制" 出来的一个体系。至于 "中国学派" 这个名号，我认为目前可作为国人的内部参考，作为继续努力的方向。等到万事俱备，东风一起，国际学术界望风升旗，才绣上 "中国学派" 这个嘉名。

of literature and it aspires to be a common poetics suitable for universal discourse.

［附录二］结构论（续）

中国戏曲和小说以至散文的结构，也常常是文评家讨论的焦点。这里只举清代李渔对戏曲结构的看法，以概其余，下面是《闲情偶寄》的一段话："至于结构二字，则在引商刻羽之先，拈韵抽毫之始。如造物之赋形，当其精血初凝，胞胎未就，先为制定全角，使热血而具五官百骸之势。倘先无成局，而由顶及踵，逐段滋生，则人之一身，当有无数断续之痕，而血气为之中阻矣。"

文学作品的结构，是"统一有机体"的说法，源远流长。我们几乎可以说，人类自从有文学批评以来，就有这个概念。奥仙尼（Gian N. G. Orsini）告诉我们，在古希腊，柏拉图是"这个概念的提出者，也是它的主要形成者"。在柏拉图的《斐多篇》（Phaedrus）中，有这样一段重要的话："每篇论说都必须这样组织，使它看起来具有生命，就是说，它有头有脚，有躯干有肢体，各部分要互相配合，全体要和谐匀称。"在《诗学》中，亚里士多德指出，情节是悲剧最重要的元素；像柏拉图那样，他用了个比喻："有生命的物体，其各部分的组成，必须有秩序，这样才美丽。由部分组成全体的各种物体，也必须如此。"郎介纳斯的《论雄伟》中，作者赞扬莎孚（Sappho）的一首诗，说这位女诗人的技巧，表现于她"选择了最适当的细节，然后组织起来，形成一个有生命的个体"。后世的谈诗论文之士，对有机统一体的肯定，例证太多，不胜枚举，也许只多引柯立基（S. Coleridge）的一句话就够了。柯氏被新批评家许为现代文学批评的先锋之一，他说过："美的意识存在于一种直觉，我们一时间感觉到部分与全体间和谐妥帖，那就是美了。"

文明交流互鉴视野下的仁济历史文化

◎彭邦本

【摘　要】　清末由北美医学传教士创办于成都的仁济医院，新中国成立后成为成都市第二人民医院，是巴蜀地区最早的西医医院和这一地区现代医护教育与红十字事业的肇端，在其百余年历史进程中形成了富有特色的"仁济文化"，堪称近代中西文明交流互鉴的典型个案。在纪念该医院130周年诞辰之际，从文明互鉴的角度认真梳理总结这段十分厚重的历史文化，无论从学术还是现实与未来视角，都具有重要的意义。

【关键词】　仁济医院；仁济文化；中西文化交流；文明互鉴

诞生于1892年的成都市第二人民医院，是巴蜀地区历史最为悠久的著名医疗机构，至今已走过整整130个春秋的风雨历程。该医院原名四川仁济医院，又名成都红十字医院，诞生于近代西学东渐、中西文明交融的风云际会大潮中，由启尔德、孙绍鸿等一批北美医学传教士创办（后来他们又创建巴蜀地区系列仁济医院和著名的华西协合大学），为巴蜀地区乃至更广阔地域范围的医学和医学教育事业做出了堪称十分辉煌的贡献。该院不仅是成都第一家西医医院，是整个四川乃至中国大西南地区西医医学和西医教育的源头，亦是这一地区红十字事业的肇端。

仁济医院创办伊始，虽然条件简陋，筚路蓝缕，但一直努力扎根幅员辽阔、历史悠久、文化底蕴十分深厚而极有特色的巴蜀大地。在其百余年持续前行精进的曲折岁月中，以医者仁心始终坚持高擎人道主义旗帜，不辞辛劳，救死扶伤，其崇高的医德、精湛的医技、科学严谨而富于人文精神的运营服务，赢得了社会大众的广泛赞誉，见证和推动了巴蜀地区现代医学从星星之火到燎原之势的伟大历程，以其享有百年名院盛誉的卓越业绩，在中西文明交流和巴蜀地区现代医学事业的发展历程中具有独特重要的历史地位。时至今日，其百年历程孕育发展出的优良传统与富有特色的医学人文精神，已经融入多元一体的中华文明，为中外文明交流、中华文明的进一步发展做出了积极的贡献，并已经成为近代以来巴蜀文化、天府文化的一张极为灿烂靓丽的名片。

习近平主席指出："中华文明自古就以开放包容闻名于世，在同其他文明的交流互鉴中不断焕发新的生命力。中华文明五千多年发展史充分说明，无论是物种、技术，还是资源、人群，甚至于思想、文化，都是在不断传播、交流、互动中得以发展、得以进步的。我们要用文明交流交融破解'文明冲突论'。……我们要坚持弘扬平等、互鉴、对话、包容的文明观，以宽广胸怀理解不同文明对价值内涵的认识，尊重不同国家人民对自身发展道路的探索，以文明交流超越文明隔阂，以文明互鉴超越文明冲突，以文明共存超越文明优越，弘扬中华文明蕴含的全人类共同价值。"① 从"仁济医院"到"成都市第二人民医院"，该医院以典型个案的方式，经历了近代中、西文明交流互鉴的曲折历程，其百年历史不仅铸就了耀眼辉煌，而且形成了富有特色的"仁济医学文化"，其中特别是以"仁爱济民""勤慎服务"为核心的医学人文精神和优良传统，可谓博大精深，影响深远。

抚今思昔，瞻望未来，本文谨从文明交流互鉴的角度，对仁济文化兼具的深远历史意义、重要现实意义和人类医学事业可持续发展的未来意义，作一初步的探讨。

众所周知，仁济医院的创办者启尔德医生等人的另一身份是基督教传教士，他们在把先进的西方医药学传入巴蜀大地的同时，还承担着传播基督教"福音"的使命，是随着近世中华文明和西方基督教文明交流碰撞时代大潮来到东亚大陆的，并历经艰辛辗转来到地处中国内陆的成都等地，由此即关涉到中外文明关系这样的重大问题。回顾历史，基督教文化与儒家文化为主导或核心的中国文化很早就有了交流，是历史悠久的中外文化交流的组成部分。具体说来，基督教文明早在唐朝和元朝就曾两度传到中国，晚明以来则一直在努力深入古老的中国。毋庸讳言，这既是中西文明的交流过程，也有过矛盾、隔阂以至激烈的冲突。尤其是在近代，基督教通过西方列强以武力迫使中国打开大门、力图深入内地的过程，激起了不畏强暴的中国人民的反感、反抗，甚至引发过包括成都地区在内的各地激烈的反洋教运动。须要指出的是，一方面，人类文明是多元多样的，世界是普遍联系和发展的，不同文明的交流、交往、交融是人类社会发展的必然规律和客观趋势。近代以来的全球化历史进程，大大

---

① 习近平. 把中国文明历史研究引向深入 增强历史自觉坚定文化自信 [J]. 求是，2022 (14).

加速和强化了这一趋势，必然导致中华文明与基督教等外来文明的相向而行和历史性相遇。另一方面，文明也只有相互理解和包容，也才能相遇而安。值得注意的是，伴随着矛盾甚至冲突的演化，从明朝晚期的范礼安、利玛窦等以来，基督教来华传教士中也不乏主张尊重中国人尊孔敬祖等传统的开明之士，他们深知要在中国传教就不能无视、排斥中国本土文化，进而促使其自身作出过一些相应调整，主张学习了解中华文化，并把中华文化包括其经典有选择地陆续介绍到西方，让西方了解中国及其古老文明。与此同时，更为重要的是，源远流长的中华文明历来具有开放包纳的博大胸襟和雍容气度，对外来文化一贯秉持有扬有弃的主体性立场和理性选择眼光，学习吸收其先进和有益的成分，展示了将包括宗教在内的外来文化加以改造消化、融入自身文化和文明有机体的强大能力。这实际上是一种早期的和平互鉴方式，无疑十分有利于双方乃至多方的持续互动和交流深化。

新中国建立以后，我们党创造性地根据马克思主义普遍原理和中国社会的历史实际，制定了科学的宗教政策和法律法规，不仅把宗教信仰自由写进了宪法，并明确规定，必须坚持宗教的中国化方向，包括坚持推进基督教中国化，并成立了中国基督教三自爱国运动委员会和中国基督教协会，后者于 1988 年正式加入世界基督教联合会（World Council of Churches，缩写为 WCC，或译为世界基督教协进会）。中国基督教三自爱国运动委员会和中国基督教协会合称"基督教全国两会"或"中国基督教两会"，其宗旨非常明确，就是要坚持自治、自养、自传，独立自主自办教会的原则，带领全国基督徒爱国爱教、荣神益人；遵守宪法、法律、法规和国家政策，制定和完善我国教会规章制度，践行社会主义核心价值观，遵守社会道德风尚；增强教内外团结，为办好中国教会提供服务，引导全国基督徒在促进经济社会发展中发挥积极作用。以上已经成为中国共产党领导下的统一战线宏大阵营组成部分，并持续迈进于中国化方向的基督教，实际上也已经是新时代中华文化的组成部分，并在中华民族复兴的伟大历史进程中，不断凝练和续写中国基督教爱国爱教精神的美好篇章。

启尔德等先贤创办仁济医院，把西医引入中国的大西南，形式上属于文明交流传播的物质科技层面。前已指出，近世以来全球化的发展，使包括医学在内的西方文化传入中国，成为历史的必然。总体而言，西医的传入，为中国人民的健康做出了重大贡献，功不可没，而中国人民和中国文化则以包容的态度，接受了西医文化的传入。在这方面，也充分展示了中国文明作为世界上几大古老文明中唯一未曾中断过的文明的开阔气度。从远古以来，中华文明就与其他的文明发生了源远流长的交流互鉴，展示了博大的胸怀和包容精神。大量考古学材料和历史文献记载揭示，中华文明早在起源和形成之初，就通过后世称为丝绸之路的早期交通线路网络，与广义西域产生了交往交流，物质技术层面的双边交流很早就出现了。一般认为，其中冶金术以至马匹的驯养及其用于驾驭车辆的技术等，正是此期由西而至的境外舶来品。后世成为国人重要主食之一的小麦和玉米、红薯、马铃薯，以及葡萄、西瓜等果蔬品种及其种植方法，也都是从境外传入。无独有偶，历史上以指南针、火药、造纸术、印刷术等"四大发明"为杰出代表的我国诸多先进文明因素，也通过丝绸之路源源不断地传播到西方等世界各地，促进了世界其他文明的发展。而制度文化层面，中国的科举考试取士制度，也借助文化交流，被欧洲吸收，深刻地影响了西方文官制度的建立。与此相应，对于历史上大量外来的先进文化因素，我国历代先民也对之取长补短，甚至取精用宏，为我所用，进一步地促进了中华文明多元一体宏大格局的形成和发展。

在这个方面，以成都为核心的天府四川及其文化堪称典范。就在仁济医院于成都等地创办前夕，出生于成都下属的彭州的晚清名医唐宗海（1846—1897年），作为天府文化、巴蜀文化和中华文化的杰出代表，即以开放的胸襟和眼光密切关注西医，成为中国医学"中西汇通"的著名先驱者之一。唐宗海身当西学大举东进之时，他敏锐地认识到西医、中医各有所长，因而力主汇通中西，厘正医道。于是他以中国古代医学理论为基础，认真吸取西医解剖学、生理学等先进知识，最早试图以西医理论来解释祖国医学，进行中、西医理论的汇通，撰成丛书《中西汇通医经精义》二卷，并且就在仁济医院诞生的清朝光绪十八年（1892年）刊印出版了这一医学名著，行销国内外，医术蜚声巴蜀、京沪等全国各地，并且远播印度支那半岛和南洋等地。值得注意的是，唐宗海一方面被誉为中国近代第一位提出"中西医汇通"口号的医学家，另一方面又饱读中国传统经籍，科举考试一路顺畅，于光绪十四年（1888年）中三甲进士，是名副其实的"学霸"。他以当时一流的国学造诣和中医医术，热情拥抱传播伊始的西医，充分展示了其时巴蜀学人睁开眼睛看世界的敏锐见识，和中华优秀传统文化、天府文化开放包容的宏大气魄，证明仁济医院的创办可谓适逢其时，符合当时巴蜀社会之需。须要指出的是，中西医历史文化背景不同，但都在各自发生发展的历程中为人们的生命健康做出了贡献，并在近代必然地相向而行，走在了一起。在这方面，唐宗海等中国医学的先进分子表现了积极的姿态和深邃的目光。西医也在为中国人民治病疗伤的过程中体现了科学的专业精神和优势，并在一定程度上展示了自己的人文精神，积极融入中国文化，因而得以为中国人民所接受。值得注意的是，根据现存19世纪一些来华基督教医学传教士编译出版的汉语西医文献，书中已经开始采用一些中医药的术语名词和计量单位名称，中西医学交流融汇已经初露端倪。不过，正如本文后面所论，中西医真正卓有成效的正式结合，应该是在新中国建立以后。

仁济医院连同其医药服务方式等，无疑都来自西方文化，客观地说，具有那个时代举世公认的先进性，填补了巴蜀地区自古以来的一大空白，无疑是时代的进步。但值得注意的是，自创始以来，仁济先驱们为了融入中国社会，服务巴蜀民众，显然也在积极学习、汲取中华文化。他们为医院选址于成都著名的四圣祠街，这是一条富含中国文化底蕴的老街，位于当时的成都市中区，便于民众就医。这条街因四圣祠而得名。该祠堂作为文化地标，祭祀对象是中国传统文化主流——儒家创始人孔子的四大弟子：曾参、颜回、子路、子游，在历代中国人心中，他们是立志"为天地立心，为生民立命，为往圣继绝学，为万世开太平"的四位圣贤。医学的悬壶济世、救死扶伤，与圣贤之志若合符节。虽然仁济先贤选定这个地址，是否有文化上的考量，没有留下明确的记载。但他们当年积极努力地学习汉语和中国文化，启尔德甚而亲自为新来华的志愿者编写中文以至四川方言教材，以便其行医济世，却有史可证。这种从语言文字甚至服务地区方言的基础层面入手，认真学习中华文化和在地文化的态度，非常虔诚，方法也非常科学。他们用汉语言文字镌刻在医院徽章上的汉语院训是："勤慎服务，品德为先"，并以虔诚的献身精神来践行，凡来就医者，不分贵贱贫富，均一视同仁，平等相待。阅读百年以降留存下来的史料，可以真切地感知他们不仅是这样说的，也是这样想的，这样做的。用中国人的术语，可谓真正的"知行合一"，因而深受赞誉。例如，1892 年 7 月，就在医院组建之际，启尔德的新婚妻子詹尼·福勒就染上了当年四川地区正在流行的霍乱，不幸死亡。这无疑是对启尔德的巨大打击，但他不仅丝毫没有退缩，而且强忍彻骨的悲痛，冒着瘟疫随时可能再次降临的威胁，仍然坚持留在成都，为医院的创办继续奔波，终于在当年建成了巴蜀地区的第一家小型西医医院。不仅如此，他既担任院长，又兼做医生、药师甚至护士长和牧师、教师，还要到乐山、自流井、荣县等地看病、做手术，似乎决心用自己的行动，来告慰亡妻。① 这家小医院初按《圣经》取名"福音"医院，旨在传达其信仰的"医院是将爱体现在病人身上"的办院理念。此后显然是因为要融入当地社会亦即中国化的需要，遂又正式更名为"仁济医院"，这个其后长期使用的院名直接以浓缩的方式取自医院的建院使命——"仁爱济民"，言简意赅。上述院名、建

---

① 徐俊波. 百年仁济——一所医院的文化引力 [M]. 成都：四川大学出版社，2011：23.

院使命，和"勤慎服务，品德为先"的院训，在其立院初衷的基础上，既增添了厚重的中国文化底蕴，又透射出中国语言、文化的鲜明风格，清晰地显示了仁济先贤们勤慎爱民的科学精神和真诚情感，和扎根巴蜀大地、融入中华文明的明确志向。

根据这一志向，为了给社会持续培养更多的医学人才，启尔德等先贤不仅创办了仁济医院的护士学校，又积极创办华西协合大学和该校的医学院。作为华西协合大学校董会的第一任主席，他早在筹办之际的1909年，就发表了《四川成都的协合医学院》一文，明确指出："希望我们的医学院将于1911年初开始组建，……一个原则是要断然决定全部教学用中文。基督教徒学生当然是欢迎的，但非基督教徒学生也应该接受。"[①] 虽然其主要办学目的之一是培养中国的医学传教士，但其"断然决定全部教学用中文"、招收非基督徒学生的明确意向和举措，客观趋势则是源自西方文明的西医的中国化。

需要指出的是，在仁济（系）医院，除了一直亲自倡导和身体力行与中国文化交流相融的仁济医学文化的启尔德等医学传教士以外，还有许多的中国籍医护人员。在仁济医院建立以来长年的中西文明交流互鉴过程中，他们实际上构成了仁济文化、仁济精神践行和发展的主体人群。其中杰出代表人物有抗战时期任院长的戚寿南，外科主任董秉奇，外科大夫杨嘉良、吴英恺，精神病学家程玉麟等，他们一身兼受系统的中国文化教育和西医专业教育，并多曾负笈海外名校，深受中西文明的熏陶，医技非凡，被誉为"名医国手"，即使在抗战时期国难当头的艰苦条件下，仍毅然坚守在大后方的成都仁济医院岗位上，不仅以仁爱济世之心救死扶伤、勤慎服务，还创造了医学上的众多奇迹和第一。他们的加盟，大大拉近了医院与广大民众的距离，促进了仁济文化与在地文化亦即中华文化的交互融汇，进一步铸就了仁济医院及其优秀文化的辉煌。

新中国成立后，历史悠久的仁济医院，又经历了一系列重要变迁：1949年由中国人民解放军晋绥军区民众医院接管，于1950年组建为川西第二医院，1952年正式更名为成都市第二人民医院；1988年增名成都市红十字医院。医院名称虽然历经改变调整，但享誉四方的仁济精神作为传统，丝毫没有消退，反而是与时俱进，继续弘扬光大。尤为重要的是，医院由人民政府接管以来，由于有了中国共产党的领导和马克思主义的科学引领，仁济文化进入了更高的全新境界。启尔德等先贤提炼的以"仁爱济民""勤慎服务，品德为先"的院风院训为核心的仁济医学文化，又因为新中国医学界得到中国人民的伟大领袖

---

① 徐俊波.百年仁济——一所医院的文化引力［M］.成都：四川大学出版社，2011：63.

毛泽东亲笔提倡的"救死扶伤，实行革命的人道主义"精神的指导，有了新的发展、丰富和升华。虽然该医院在其后也曾遭遇过"文化大革命"期间对传统文化和外来文化的偏激，但在拨乱反正后得到了彻底纠正，走上了健康快速的发展道路。总之，新中国建立以来，医院活力焕发，引进了皮肤科泰斗翁之龙教授夫妇等一批医学精英，仁济精神在新时代社会制度下得到了进一步的弘扬发展，创造了成功抢救 90％特大面积烫伤病人霍德明等蜚声中外的一系列医学奇迹。

20 世纪 80 年代以来，成都市第二人民医院乘着举国改革开放、意气风发地建设现代化国家的浩荡东风，进入了全方位发展的新时期。进入 21 世纪，尤其是近年来，全院上下齐心合力，领导班子励精图治，提出了宏伟的发展目标，要努力建设全国一流、西南领先，人文传统深厚、学科特色鲜明、环境优美舒适的"百年仁济"知名品牌医疗联合体。为了实现这一目标，弘扬仁济医院自始以来一以贯之的优良传统，医院主动适应社会日益增长的需要，学科建设和人才队伍建设等各方面发展明显加快。统计数据显示，经过一个时期以来的建设，成都市第二人民医院综合实力已整体跃上了一个新的台阶，成为编制床位达 2600 张，享誉一方的大型三甲医院，现有庆云院区、龙潭院区、草市分部，共有临床科室 39 个、医技科室 8 个、医辅科室 2 个、党务机构 5 个、行政管理机构 15 个。人才队伍建设方面成绩尤为显著，全院现有职工近 3600人，其中高级职称近 500 人；博士 180 人，博士后 12 人，硕士近 1000 人；国务院和市政府特殊津贴 12 人，省市学术带头人 36 人次。医院荣膺"全国文明单位"、全国总工会"模范职工之家"、全国卫生系统"卫生文化建设先进单位"、全国"改革创新医院""改善服务创新医院""改善医疗服务示范医院"和"红十字模范单位"等众多表彰和光荣称号。在体现医学学术水平标志的重点学（专）科建设方面，进步同样尤其明显，全院现有国家级临床重点专科建设项目 1 个（皮肤科），四川省医学重点学（专）科 9 个，成都市医学重点学（专）科 23 个，成都市高水平临床重点专科 1 个。此外还拥有市级研究所 2 个（皮肤病性病防治研究所、烧伤研究所），国家级诊疗中心 8 个（胸痛中心、卒中中心、心衰中心、房颤中心、消化系统肿瘤多学科协作组、前列腺癌诊疗一体化中心、脂肪性肝病诊治中心、高血压达标中心），市级质控中心 6 个，多学科诊疗中心 25 个，市级康复中心 1 个，省属适宜技术（慢病类）推广基地1 个。

作为对仁济医院坚持在救死扶伤、悬壶济世的同时大力办学培养人才的优良传统的继承弘扬，新时期成都市第二人民医院在为社会持续培养各类各层次医学人才方面，也取得了长足的发展，是国家首批住院医师规范化培训基地，四川省首批专科医师培训基地和护士规范化培训基地，四川省和成都市继续教育培训基地，也是成都市全科医师转岗培训基地。同时，成都市第二人民医院与西南地区的医科高等院校长期进行校院合作，是重庆医科大学附属成都第二临床教学培训中心，遵义医科大学成都附属医院，成都医学院·成都市第二人民医院医美学院，拥有与遵义医科大学合作建立的联合培养硕士点，并于2021年成为四川省人社厅博士后创新实践基地；是包括重庆医科大学、遵义医科大学、成都医学院、成都中医药大学、川北医学院等16所医学院校在内的培养基地，承担了硕士研究生、本科生、住院医师规范化培训及省内外进修生的教学任务，年均在院各层次研究生、规培生、进修生、实习生共计1500余人次。

此外，新时期医院在硬件建设方面加大投入，快速发展，已经拥有了一系列现代化高端仪器设备，为医院整体水平上台阶提供了坚实的硬件保障。

特别需要指出的是，近年来，成都市第二人民医院在医学现代化快速发展的同时，高度重视医院文化等软件建设，尤其是立足于习近平总书记倡导的文化自信、文明互鉴的高度，努力深度挖掘自身独特的百年仁济历史文化资源，系统整理研究仁济历史。编撰出版了《百年仁济——一所医院的文化引力》等系列书、刊；与四川大学合作，开展"百年仁济历史文化弘扬传承工程"项目，力图尽可能全面地梳理总结医院极为丰富厚重的历史文化及其资源要点，归纳重点，提炼亮点，以优秀文化为医院的可持续发展深层次助力，并以之深度渗透到医院建设的方方面面，如编写出版大型院史，建立院史博物馆，将百年仁济历史中提取的优秀代表性元素精心用于庆云老院区和龙潭新院区的文化景观设计。以上工作，旨在从辉煌灿烂的百年仁济历史文化中提炼优秀的精神文化内核，以为全体医护人员培根铸魂，进而助力医院打造一支高素质、高水平的专业队伍，一张内涵丰富、名副其实的响亮品牌名片。

时至今日，作为文明互鉴交流的成果，以当初仁济先贤为杰出代表的西医早已在中国牢牢扎下根，和中医一样，已经成为现代中国医学的重要组成部分。而且在现今中国的医院中，中西医往往都已成为不可或缺的组成部分。这样的局面来之不易。尽管如前所述，早在近代中、西医不期而遇之初，双方就已经有了初步的交流，但中西医真正的互鉴融汇，是在新中国建立以后，党和政府为之提供了坚强的领导保障。

而在文明交流、交融和互鉴的这一方面，由仁济医院发展而来的成都市第二人民医院，同样堪称楷模。具体说来，新中国成立后，成都市第二人民医院在中西医并建互济方面，也走在了时代前列。该医院以在巴蜀地区最早引进西方医学著称，但同时非常重视弘扬我国古老的传统医学。其中医科室始建于1956年，且在全市综合性三甲医院中，首家建立中医科综合门诊，并以其雄厚的中医药技术实力、悠久的历史传统和优良的中医药医疗服务而享誉省市及周边地区。该科室集中医临床、教学和科研为一体，属临床一级科室，不仅是成都中医药大学教学实习基地，也是四川大学华西医学部、重庆医科大学、西南医科大学、遵义医学院、川北医学院教学实习基地。该科室拥有知名专家领头的医术力量雄厚的专业队伍，承担留学生、博士研究生、硕士研究生和本科生的带教任务，以及中医、中西医结合专业技术人员临床进修学习带教任务；承担中外学术交流、援外临床教学、指导基层临床医疗工作以及本院医疗、教学、科研等工作任务。该科室下设中医大内科（中医妇科、儿科、内科等）、针灸科、针灸理疗按摩推拿科、中医治未病科等专业。以上各科的中医优势特色突出，临床疗效显著，贯彻"治病求本、标本兼治、辨证施治"的中医临床治疗学的核心理念，运用中医的方法，治疗常见病、多发病和疑难杂症，在省市医学界产生了广泛影响，赢得广大市民和各地各界就医群众的信赖和赞誉，其中中医治未病科尤能体现中华医学文化和中华文明的特点，它运用中医的方法，调理人体免疫力、抵抗力，增强人体体质，全方位调动人体抵抗疾病的能力。其核心理念是预防为主，重在防病，从而达到人体保持身心健康的目的。此外，该院的中医和西医在主动结合、配合方面也长期进行了卓有成效的探索，如作为医院传统优势学科的皮肤科，就与中医科合作，建立了中医皮肤科，并成功地评选为成都市重点学（专）科，堪称中西医学文明交流互鉴方面的成功案例和表率。

在弘扬百年仁济历史文化，走出国门开展医学专业的文明交流互鉴以至融合方面，成都市第二人民医院同样进行了积极的探索，并取得了不俗的业绩。特别是近年来，医院主动融入国家"一带一路"建设，积极致力于开展高水平对外交流合作，与国际顶尖医疗机构或特色医疗机构开展专科合作、远程医疗协作，如与丹麦 VIA 大学、以色列阿苏塔医疗中心、日本明治药科大学等国际高水平医学院校和机构共建研究平台，高端医疗人才培养基地，医学模拟教育培训中心和研究院、所，形成国际合作网络，打造平台，为新时代中外医学文明的交流互鉴作出了积极的努力和贡献。

仁济文化130年来的曲折发展史，可谓以医学为主要载体的中西文明交流交融和互鉴互济并与时俱进的历史，其丰富的内涵和非凡的辉煌业绩，不仅是中外文明交流互鉴的典范，而且已经融入中华文明。易言之，作为中西文明互鉴交融的硕果，仁济精神实际上已经成为中国文化，尤其是中国医学文化的组成部分，也是天府文化和巴蜀文化的有机成分，是一份非常丰厚的历史文化遗产。然而需要指出的是，仁济精神和仁济医学文化既是近代中西文明交流互鉴的优秀遗产，但又不仅仅是遗产，因为她一直是成都市第二人民医院（四川仁济医院、成都红十字医院）的灵魂和鲜明风格，也一直是远远近近广大民众的活的口碑。因此，可以预言，作为灵魂，它将一直融化于仁济文化的直接传承者——成都市第二人民医院及其广大医护人员的血脉之中。而于外在形式上，作为我国医学界的一面引人瞩目的旗帜，她将永远高扬在成都这座享有世界声誉的文化名城。

当今世界，正遇百年未有之大变局，百年仁济文化的宝贵经验和精魂提示我们，应遵循世界（人类）文明进步发展规律，秉持中华文明"讲仁爱、重民本、守诚信、崇正义、尚和合、求大同"的精神特质和发展形态，"以文明交流超越文明隔阂，以文明互鉴超越文明冲突，以文明共存超越文明优越"，继续加强文明交流互鉴，以海纳百川的胸怀广泛吸取借鉴人类文明优秀成果，推动中华文明与世界文明交流互鉴，博采众长，为我所用。在深化交流与合作中砥砺前行，为人类社会的进步和发展作出应有的贡献。

综上所述，值此纪念成都市第二人民医院（四川仁济医院、成都红十字医院）130周年诞辰之际，认真总结这段厚重的历史文化，无论从学术还是现实与未来视角，显然都具有非常重要的意义。

（作者为四川大学古文字与先秦史研究中心主任，四川大学历史文化学院教授，博士生导师。）

浅谈面向东方的西方文明塑造与当代主张

◎高云庭

【摘　要】　当代的西方文明地位离不开历史上的东方贡献，西方吸取了大量的东方文明成果，东方人为西方文明进步提供了良好的全球环境。基于欧洲文明史的建构，西方人塑造了近现代西方文明。依仗着文明先进性和进步性，西方国家开始反过来贬低东方，干扰东方的正常文化生态。西方与东方的文明对抗并非不可缓和或消解，客观正视文明的问题与契机，才能更好地推进东西方文化创新发展以及文明的延续与发展。

【关键词】　西方文明；东方化；文明塑造；西方文明态度

一、西方吸收东方文明的兴变历程

在过去的人类发展史中，东方文明相较于西方文明长期以来都处于优势地位。"文明"的观念在许多东方国家早已出现或曾经出现过，如在中国最早出现在先秦时期《易经》中的"见龙在田，天下文明"。（《易·乾·文言》）而在西方国家，"文明（Civilisation）"一词出现于18世纪中期的法语中，最早由路易十六时期的法国财政部长安内－罗贝尔－雅克·杜尔哥（Anne－Robert－Jacques Turgot）使用。[①] 中国和印度长期保持着文明领跑者的角色。中国是位居全世界第一文明大国时间最长的国家，印度则偶尔位居头位，并且直到18世纪末，中国和印度都比主要的欧洲国家具有更加集约和粗放的经济力量。此外，阿拉伯国家也是一支重要的先进文明力量。以中国经济文明为例，1500年前后是一个高点，北京是当时世界上最大的城市，其人口据估达到了60～

---

① 董并生. 虚构的古希腊文明：欧洲"古典历史"辨伪 [M]. 太原：山西人民出版社，2015：1.

70万，当时中国的 GDP 大约为 1000 亿美元，是经济体量最大的国家，印度则紧随其后，法国位列第三，大约仅为 1800 万美元，巴黎作为欧洲最大的城市，其人口仅为 20 万。① 即便是到了 1930 年，在社会秩序混乱、国共两党分裂和日本帝国主义侵略等复杂社会背景之下，中国仍旧是世界第二大经济体，GDP 为美国的 1/3，几乎与德国、英国和印度的 GDP 相当。② 直到 19 世纪，东方从整体上来看都一直保持着对西方的优势，欧洲则一直处于跟随和追赶的状态中，所谓的欧洲强国在绝大多数时间里都不过是全球舞台上的一个小角色。例如 1000—1492 年间的意大利，尽管在落后的欧洲次大陆居于领先地位，但从世界范围来看，它仍然处于次要地位，相对于北非伊斯兰国家以及中东地区来说，它一直扮演着二流角色，更不用说与当时的亚洲强国相比。③

东方文明在历史上很早就对西方产生了影响，大约从 3 世纪起，一直保持着很强的影响力，并贯穿了整个中世纪，直到 13 世纪开始才略有减弱。④ 在公元 500 至 1000 年间，欧洲农业革命中的基本技术要素，封建制度中的军事和阶级因素，以及封建经济的发展动力，都能看到东方背景或来自东方的影响。由东向西的这一重要文明影响期长达 1000 年左右。在 6 世纪，形成了一条位于中东一带的线路，并在 750 年后巴格达成为伊斯兰世界主要贸易中心时，开始产生一股强大的文化输送能力，它一直持续到巴格达于 1258 年遭蒙古人劫掠时才暂时减退。⑤ 到 9 世纪时，伊斯兰商人又开辟了一条从中国到地中海、横贯大陆的连绵不绝的远距离贸易路线。⑥ 到 1100 年左右时，全球集约型经济主导力量已向东转移至中国，这种辐射势力一直维持到了 19 世纪。同时，粗放型经济也在中国发展起来，并于 15 世纪获得了支配地位，与中东等全球经济关键地区一道，影响着中世纪欧洲经济发展进程。13—14 世纪中叶，蒙古帝国开辟的贸易带极大地便利了西方吸取东方的先进文明。大约同一时期，埃及为西方通向东方打开了新的门户，在 1291—1517 年间，欧洲的海

---

① ［美］约翰·奈斯比特，［奥］多丽丝·奈斯比特. 掌控大趋势：如何正确认识、掌控这个变化的世界 ［M］. 西江月译. 北京：中信出版社，2018：110.

② ［美］约翰·奈斯比特，［奥］多丽丝·奈斯比特. 掌控大趋势：如何正确认识、掌控这个变化的世界 ［M］. 西江月译. 北京：中信出版社，2018：113.

③ ［英］约翰·霍布森. 西方文明的东方起源 ［M］. 孙建党译. 济南：山东画报出版社，2009：105.

④ ［英］李约瑟. 中国科学技术史·第 1 卷 ［M］. 北京：科学出版社，1957：3.

⑤ ［英］约翰·霍布森. 西方文明的东方起源 ［M］. 孙建党译. 济南：山东画报出版社，2009：43.

⑥ ［英］约翰·霍布森. 西方文明的东方起源 ［M］. 孙建党译. 济南：山东画报出版社，2009：37.

上贸易严重地依赖埃及，全部的海上贸易中约 80% 是由埃及人提供的。马可·波罗在 13 世纪将雕版印刷术介绍到欧洲，引起了轰动并在德国首先使用，德国人约翰·古腾堡正是在此基础上用铅、锡等合金制造成字母文字的活字印刷系统，它对整个文艺复兴起到了至关重要的作用，同时，世界印刷术也进入了一个新时代，并一直持续到 20 世纪 40 年代计算机发明之时。①

走出中世纪禁锢之后的欧洲开始主动连接东方和世界，大约在 1500 年以后，东方对西方的影响更加明显。推动意大利资本主义发展的所有重要创新，都源于更先进的东方，尤其是中东和中国，这些技术创新是通过伊斯兰世界这个桥梁向西方传播的。金融、航海技术、风车和水车新能源、纺织手工业、造纸业、铸铁业、钟表制造业的发明或部分技术，都来源于中国、中东、印度或北非，它们通过商业通道，被带到和传入意大利和欧洲。欧洲人大航海时代的很多重要科学知识及航海和船舶技术——指南针、地图、船尾舵、方形船体、多桅杆体系和斜挂三角帆——都是源自中国和中东地区。在欧洲文艺复兴时期，伊斯兰世界的数学知识和计算方法的发展、作为理性施动者的人是自由和理性的代表的思想、科学方法与工具，补充了原始的希腊知识体系。1550—1660 年间的欧洲军事革命，以火药、枪和大炮取代了刀剑、长矛、钉头锤和弓弩。几乎每一个重要技术因素都来源于中国、伊斯兰国家和奥斯曼帝国。在东方文明国家的技术、农业、制度影响下，欧洲在 1800 年前后才激活了持续约 300 年（有些地区甚至是近 600 年）未有显著增长的多项经济指标②。英国在 18 世纪才提升了约 400 年未有太大进步的、原始的、惨淡的农业技术状况③，近代的英国工业化明显是建立在某种外生性变革之上，英国人后来改进了许多来自东方的发明，这些先导成果具有绝对重要性，若没有东方国家的早期发明，英国的改进便没有基础。欧洲的工业化较少有英国味，相反，它以全球性、历史性和连续性特征表现出较多的东方味，西方各国的工业革命实际上都是一个吸收与再造的流变过程，是基于东方影响的世界文明统一体进化的一个片段。

中国在历史上的绝大部分时间里是一个具有充满活力的先进文明的国家，是西方文明发展源动力的重要提供者。中国对欧洲产生影响的最早交流可上溯至汉代，经隋唐时期的发展，到元代形成了较稳定的影响局面，至明清时期则

① 叶朗，朱良志. 中国文化读本（2 版）[M]. 北京：外语教学与研究出版社，2016：83.
② [美] 埃德蒙·费尔普斯. 大繁荣 [M]. 余江译. 北京：中信出版社，2013：76.
③ [美] 埃德蒙·费尔普斯. 大繁荣 [M]. 余江译. 北京：中信出版社，2013：4.

变成了势不可挡的中国潮流，也就是说，在新航路开辟以后，中国并没有从全球舞台中心退出，各个方面的文化输出也没有减少，中国依然扮演着推动西方文明进步的重要角色。中国古代工业奇迹的发生有 1500 多年历史，并在宋朝大变革时期达到了顶峰，这比英国进入工业化阶段早了将近 600 年，正是中国宋朝许多技术和思想上的重大成就的传播，才极大地促进了西方的兴起。在 12 世纪初至 19 世纪，钢铁革命，运输与能源革命，税收、纸张、印刷和商业化经济的兴起，农业革命，航海革命，军事（武器、战船）革命……这些欧洲集约型经济力量发展史上的最重要事件，都有来自中国的技术、制度基础。自 16 世纪以来，以西方宗教集团和人士为主体的传教士、使节、商人、旅行家来到中国之后，就系统地向欧洲介绍了中国的伦理哲学、历史、天文地理、工农技术、医药、音乐与绘画艺术、瓷器、航海技术、茶文化、园林、冶金术、治国方略等诸多领域的文化知识，并且在西方引起了极大而持久的反响。在英国 18 世纪的农业革命（18 世纪的铁制铧犁、旋转风扬机、条播机和马耕）和工业革命（蒸汽机、煤炭能源、鼓风炉、钢铁的生产、棉纺织业）中，都能看到来自中国的技术原型和直接影响。

二、东方对西方文明发展的贡献

东方国家出于自身利益考虑而开始连接世界，这客观上为西方发展创造了必要的环境条件。第一，主要的东方国家从约 500 年起逐渐共同塑造出一种全球经济，以至世界主要文明国家能保持相互联系，这种东方全球化一直持续到 1800 年前后。第二，在同一时期，一整套在当时较为合理的为贸易服务的资本主义制度被建立和付诸实施。第三，各文明地域的统治者为促进贸易，普遍倾向提供安定的环境，保持较低的过境与运输税费。第四，当时的运输技术能够满足全球贸易的效益需求。第五，尽管全球交流传播的速度时常是较为缓慢的，但全球范围的商业流动仍促使世界上大多数社会发生了根本性的变革。第六，全球经济的发展无形中完成了一个传输渠道的搭建，使得东方更加先进的思想、制度、技术、物质等可以顺利地传入西方。[①] 大量的极好的东方资源通过东方全球化而向外扩散传导，这种无处不在的扩散是如此的重要，东方主导的全球一体化为西方文明崛起提供了渠道基础和保障。历史上的东方全球化与

---

① ［英］约翰·霍布森. 西方文明的东方起源［M］. 孙建党译. 济南：山东画报出版社，2009：30—31.

近代西方推动的现代全球化在某些重要方面存在着很大的区别，但就商品物质、货币资本、技术、制度、资源、思想观念、人口流动和跨区域范围，以及它的广泛深刻影响和社会变革程度而言，东方的全球化对世界文明的意义是并不逊于西方的。例如，意大利在1000—1492年间的经济力量源于它置身于其中的一种先前已存在的全球经济，这种全球经济主要是由东方国家经年累月开创并保持下来的，并不是意大利人发现和改变了东方，而是更为先进的东方国家发现了意大利，并促进了它的兴起和发展。

自工业革命以来，西方依仗着对世界的当代贡献，有意地顺势过度夸大了西方对世界文明的影响，以至于淹没了东方文明的声音。文化交流史与人类文明发展史几乎是同步的，每个文化圈所固有的文化，归根结底也是人类文明的共同财富，是整部人类文明史上不可缺少的一环，各种文明或文化都以其独特的方式对人类文明史的发展做出了应有的贡献。唯有跳出了欧洲中心论，秉持中立立场和公允态度，对西方所建立起的全球知识和认知体系用修正的方式进行一次补充，才能把被淹没的其他文明的声音重新释放出来，进而揭示一个在西方崛起过程中的东方化的西方。正是落后的欧洲人与伟大的东方文明之间通过传播及想象等方式的碰撞，导致了西方文明的诞生、起飞和快速发展。[①] 在欧洲文明发展的每一个重大转折点，对优越的东方思想制度和技术的吸收都起了重要的作用。在欧洲的封建制度这一由技术、种族、等级、军事、政治力量组成的一种复杂混合体中，几乎每个方面都存在一种重要的东方或全球的因素，在绝大多数发展领域都能看到中国、印度、中东等文明国家的影响，或是能觉察到这些文明的影子，抑或是能发现他们的先导性成果。如果没有东方在古代时期的巨大发展成就作为基础，没有美洲、亚洲的牺牲和资源贡献，没有近代欧洲对非洲进行的破坏性开采，欧洲不可能在短时间内取得突破性的发展，并首先迈入他们自诩的所谓的现代文明。

事实上，西方现代文明中具有代表性的理性、自由、民主——被西方人自傲为西方文化自主产物的文明特质，不过是非常晚才在社会生活中完全形成的。在1500—1900年间，西方统治者并未达到理性文明的标准，很大程度上，主要国家都依赖于私人以及地方世袭的官员，这些官员把他们的公职看作祖传的私产，西方的官僚政治是以专制的世袭或传统为标准，而不是以理性合法的现代官僚体制为标准的；欧洲贸易政策中的国家干预主义水平之高令人吃惊，

---

① Thomas H. Greer & Gavin Lewis. A Brief History of the Western World [M]. New York: Harcourt, Brace Jovanovich, 1992: 45.

这种干预主义扩展到了其他许多经济领域；西方许多国家原本并不存在民主制度，大多数国家直到 20 世纪才给予男性公民政治权利，并且很多国家到了 20 世纪中叶才有了全民普选。可以推断，如果没有东方的先进技术、制度、思想等的输入，西方国家不可能有如此快速的进步和发展，东方化西方崛起的历史不能和欧洲社会结构的内在性相联系。直到约 1800 年，全球的主导力量毫无疑问存在于东方的不同地区，欧洲仅仅是到了英国工业化时期才开始逐渐成为全球集约型和粗放型经济的主导力量。西方在东方化世界格局中的崛起，得益于东方先进文明影响和一些东方历史契机两个方面因素的共同作用：在东方产生了许多思想、制度、技术等相融合的各种资源组合；世界范围内形成了亚洲人主导的全球经济；蒙古、伊斯兰等政权在强盛时期并没有试图对欧洲进行殖民，也没有进行文化同化的历史意愿；欧洲人获得了一些东方国家暂未发现或无意利用的重要资源，例如，早期征服者西班牙人在美洲偶然发现了蕴藏丰富的金银矿；西方人常常在较为恰当的时刻出现在适合攫取利益的地方，例如，欧洲人开始掠夺中国时正好是清朝最妄自尊大的时期，东印度公司的成立正好在卧莫尔王朝开始分裂之时。

中国对欧洲和西方世界的文化发展做出过自己的巨大贡献。大约在 17 世纪前后开始，中国人成了欧洲人心目中理想的人和生活在人间天堂的人，17—18 世纪的欧洲产生了中国热，19 世纪的欧洲还形成了中国学，在当今的西方文明中依然可以见到借鉴华夏古老文化的成分。中华文明的西传具有悠久而曲折的历史，通过间接和直接的、陆路和海路的、有形和无形的渠道，中国的各种优秀的人文思想、经济制度、生产技术、生活物品等源源不断地向西方传播，为西方的资本主义文明发展输入了新鲜血液：西方人对外发动战争的热武器来自对中国火药的改进，中国发明的指南针成为西方兵舰和商船对外扩张的必备向导，传播普及西方文化的印刷术源于中国，英国等欧洲国家的文官制度借鉴了中国的科举制，西方三权分立体制曾受到中国御史制和文武百官掣肘皇帝之传统的启发，伏尔泰、孟德斯鸠、卢梭、孔多塞、笛卡尔等西方近代哲学的奠基人和 18 世纪的许多哲学家都受到过中国哲学的影响，中国的瓷器、茶叶改变了欧洲人的日常生活休闲方式，中国的古老历史及史书帮助西方人摆脱《圣经》的禁锢，中国的开明政治理念成了西方理想政府模式的基础，中国的重农风尚促使西方形成了以魁奈和杜尔哥为首的重农派，中国早期的传统冶炼术成了西方最大金属工业的基础，中国式的园林和花园庭院是与欧式园林相得益彰的学习对象，中国的大量国宝文物被西方的博物馆推崇为文化珍品。①

三、寄望超越东方的西方文明塑造

文明源于历史文化的积淀，历史观是文明的显性基因，与隐性基因种族相比，是较容易形成文明变革或发展的影响要素。② 历史本应照亮过去，点亮文明，为未来指明方向，但在西方的文明意识里，历史是为今天的利益服务的。不少西方人建构历史的目的，就是要确定西方人的优势地位，为西方文明中心论找到历史和文化的基础。许多西方人在全球活动中并不在乎事实真相，只在乎是否占领道德高地和获得利益，他们对文明地位的工具价值指向是非常明显的。泼脏水是贴金效用的几十倍，谎言重复到太多次便自动变成了真理，即法国社会心理学家古斯塔夫·勒庞所说的"从众效应"，中国古人所言的"夫市之无虎明矣，然而三人言而成虎"。（《战国策·魏策二》）有野心的西方国家都会重视自己的文化建设，他们就是运用这种反复述说的方法在塑造着他们的文明史。他们的具体策略就是有则扬、弱则改、无则造：其一，有历史有文化的国家，则挖掘加宣扬；其二，有历史无文化的国家，则篡改加编造；其三，无历史无文化的国家，则排他加推新。这种用时间换空间的行动逻辑并不复杂，西方人为了夺得空间维度上的优势位置，要么割裂时间维度，要么创造时间维度。近代的欧洲国家为了确立世界中心，走的是篡改加编造的道路。明治维新以来的日本为了确立大东亚中心，走的是宣扬传统加篡改历史的道路。20 世纪的美国为了确立世界中心，走的是快速创造新文化的道路。当代印度为了确立泛南亚中心，走的是宣扬自己的深厚历史文化的道路。在整个现当代时期，西方通过"现代性"文明塑造将工业化以来新的跨文化现象及历程重构为源自西方的成就。③

从某种意识上说，西方文明历史在相当意义上仅开始于 1450 年前后向东方文明的学习，迄今不过 500 多年，开始于中国明朝中叶。④ 面对强大、先进、悠久、深厚的东方文明，西方人抓住历史做文章的现象已经被西方自己的现当代学者所披露，大量的西方文献已证明了西方历史存在虚构的成分。人为

---

① ［法］安田朴. 中国文化西传欧洲史（上册）［M］. 耿昇译. 北京：商务印书馆，2013：2-3.
② 边芹. 被颠覆的文明：我们怎么会落到这一步［M］. 北京：东方出版社，2016：19.
③ 包华石. 现代性：被文化政治重构的跨文化现象［N］. 中国社会科学报，2010-10-12
(003).
④ 边芹. 谁在导演世界［M］. 北京：中央编译出版社，2017：6.

成伪的历史生成确有其适应的客观条件：第一，古代欧洲没有平民教育，文字与书本对百姓而言是禁物，只有僧侣阶层才有识字读书和受教育的权利，文艺复兴前文化就集中于一本《圣经》，且只有教士有解释权；第二，就像今天的西方无心了解东方，历史上的东方人并不关注西方，也不了解西方。所以西方的这种带有编造倾向的做法具有操作的空间。西方历史至少在七个方面值得怀疑：记录文献的纸、笔、墨；古希腊文字的来源；古希腊文字的统一性及发音的标准性；比较语言学历史研究方法的适用域；材料解读者的古文破译能力；文献材料来源的有效性及记录的真实性；文献资料的传承能力。因为上述问题在许多方面得不到证明。第一，在考古学上得不到证明。第二，历史事件的时间概念过于模糊，例如，古希腊人只知冬、夏与冷、暖，没有春、秋的概念，更难以见到某月某日的概念①，公元前 776—公元前 393 年（或公元前 426 年），他们只是采用了四年一轮回的奥林比亚纪。② 第三，很多文献资料缺乏客观依据。第四，很多历史事件记录与当时的社会状况不相符。第五，历史文献中出现了后世才有的词语和观念，例如，亚里士多德在《政治学》中，用"希腊各族""欧洲各族""亚细亚居民"这三个概念进行对照，但这三个概念都是后世才出现的；进步论出现在 18 世纪中期，但在《伯罗奔尼撒战争史》中居然出现了"进步"观点③。

求"真"的西方人在历史问题上丢失了他们基本的科学态度，反而从了中国的为着人的伦理之"善"。就西方的历史记载可做三点论断。第一，虚构故事是西方历史科学的基本方法，例如，《马可·波罗游记》有马可·波罗吹牛的成分，某些地名的时间有错误，对长城的描述也是错误的，他还自称在扬州做过三年官，受到元朝的重用，但在地方志里面查不到他的名字，茶叶、汉字、印刷术、中医、筷子、缠足等西方人从未见过的奇特事物，书中却只字未提。第二，大量地选择性取材、夸大事实、篡改历史、编造故事，最后就形成了很多前后矛盾、牵强附会的内容。例如，荷马的《荷马史诗》，希罗多德的《历史》，修昔底德的《伯罗奔尼撒战争》这三部非常著名的历史著作，很多学者认为其部分内容是后世炮制、虚构和杜撰的。第三，欧洲在编造历史的过程中学习和参照了东方的历史和文明现象，欧洲的很多文明其实是来源中国。就像中国人非常忠实于历史事实，西方人是非常忠实于编制历史。虽然我们的历

---

① 董并生. 虚构的古希腊文明：欧洲"古典历史"辨伪［M］. 太原：山西人民出版社，2015：117.

② ［美］J. W. 汤普森. 历史著作史（上卷）［M］. 谢德风译. 北京：商务印书馆，1988：72—73.

③ ［美］马丁·贝尔纳. 黑色雅典娜［M］. 郝田虎，程英译. 长春：吉林出版集团，2011：177.

史里也有一些不真实的神话传说。例如，"其先刘媪常息大泽之陂，梦与神遇。是时雷电晦冥，太公往视，则见蛟龙于其上。已而有身，遂产高祖"。（《史记·高祖本纪》）"河出图，洛出书"（《易·系辞上》），但这种有神话传说成分的记载是极少数的。总体来看，中国人本质上是尊重史实的。皇帝身边的史官所持的记录簿是分为两边的，一边是按照年月记录发生的事情，一边是记录皇帝说的话，皇帝本人是不能看记载内容的。例如，春秋时期的崔杼弑君，意图篡改历史，三杀史官而弃；唐太宗李世民曾想篡改玄武门之变的史实未果。我们不能用中国的历史观去看待西方历史，唯有以彼之视观彼之历史，方可正确地透视西方文明现象和内容本质。

西方在现代和当代成功地塑造起了主导世界的西方文明，我们对这个现代西方形成总体认知不过是近 200 年来的事情，今天依然有许多国人对西方文明的理解处于蒙昧阶段。西方历来存在一个三头一体的权利掌控系统，即国王、贵族、教士，发展到今天变成为金权、舆论权、政权，这个新的三位一体是西方文明的核心部分，外面是层层的伪装，其真实的内核部分从不示于人，而正是这个三位一体企图控制和操纵今天的东方。金权属于跨国金融寡头与本国财阀的结合体，舆论权出于西方价值观的知识体系，政权包括立法、司法、行政，西方人用金钱控制舆论，以舆论转变思想，透过控制思想，通过对潜意识的操纵，统一意识形态，以获得在全球范围内的政治、经济、文化等各个方面的主导地位。[①] 例如，整个西方舆论和媒体对世界信息传递权的垄断，目的是欺骗、攻击、思想渗透，统治东方乃至世界，你貌似听到了媒体上的不同的声音，你以为你掌握了客观信息和全部的观点，其实都是出自那几家西方主要媒体，其他媒体只会齐声附和，不可能有其他论调。西方国家至今仍有能力在不同领域主导或影响对文明的审美权，对历史的解释权，对精神境界进行界定的道义权。[②] 当今的西方文明与东方文明的差异是较为明显的，以与西方文明存在着明显极性的中国文明为例，西方强调的是宗教信仰的一体性，中国强调的是民族国家的一体性；西方的集体主义是在精神层面，中国的集体主义是在社会层面；西方文明本质是征服，中国文明本质是和平；我们往往以中式良心与西方人将心比心，就像西方人以他们的本能来揣摩中国人一样；我们认为己所不欲，勿施于人，西方认为己所不欲，必施予人；我们是以开放包容合作的胸怀来接纳西方，而西方人并不接受共赢双赢的观念。西方文明对中国和东方的

---

① 边芹. 谁在导演世界 [M]. 北京：中央编译出版社，2017：37.
② 边芹. 被颠覆的文明：我们怎么会落到这一步 [M]. 北京：东方出版社，2016：17.

总体态度是对抗、敌视，保持超越和优势地位。

四、当代西方之于东方的文明主张

大约在 17 世纪初期前后，中国在被欧洲推崇的同时，也被认为是尤为不了解真正上帝的国度，因而中国的全部文明也就被认为没有任何意义。① 一个最为理想的东方大国落下神坛，这或许是西方看视东方的态度发生转变的一个标志性时刻。欧洲人创造一系列的理论，包括东方专制主义理论、彼得·潘的东方理论、气候气质论、新教优越论（上帝选民论）、社会达尔文主义和科学种族主义，借此确立起一个文明等级的世界，证明西方对于东方的优等性、先进性。西方身份的自我塑造经历了三个阶段：500—1453 年，欧洲被塑造为基督教世界；1453—约 1780 年，欧洲日益被想象成先进西方；约 1780—1900 年，欧洲人被想象成优胜者和先进文明的载体。西方人从这一立场出发，给予东方特殊对待。我们已经看到了中国条款、日本条款、伊斯兰条款，其他条款虽未提出，其实也早已产生，西方对东方的解释性框定中的歧视、贬低与轻视是非常明显的。例如，西方的不少文化人士总是以与中国、中东、埃及的文化圈扯上关系为耻，即使来参加主要东方国家举办的活动，回去后也一定是连一个字都不愿意提，也不敢提，因为会招来非议、骂声和排挤。事实上，西方位居于东方之上只是近代的一个短期事件，支持西方优越说的理论和假说都只是西方视角下的产物，也没有令人信服的依据可以断论欧美卓越成就必当持久下去，更可靠的说法可能是：它不过是钟摆往复摆动的结果之一。② 如果有一本《儒教/印度教/伊斯兰教伦理与资本主义精神》，完全可以用同样的逻辑和说法，解释为什么在 12—19 世纪/16—18 世纪/6—11 世纪之间，中国/印度/中东伊斯兰地区发达，而欧洲落后。然而，许多西方人却以一种永远自我优越的态度，秉持着他们的哲学分析、科学理性的进步论，否定东方的传统文明，对东方进行着主动的强势影响，采用改造文化、抹杀传统、破坏稳定、阻隔关系等一系列方案，一边兜售西方价值观，一边打压东方文明。

西方积极向东方作价值观渗透，一方面，是希望西化、教化、同化东方国家，将东方纳入西方的先进文明和国际秩序；另一方面，希望为东方提供援助，改善东方国家落后的制度、文化及生活状态，提升东方民族的文明程度，

---

① ［法］安田朴. 中国文化西传欧洲史（下册）［M］. 耿昇译. 北京：商务印书馆，2013：628.
② Jack Good. *The East in the West*［M］. Cambridge：Cambridge University Press，1996：8.

所以，西方人认为这是对东方的一种解放和拯救。西方从人性共通性和国民劣根性的角度切入，利用各种手段对东方国家传递西方价值观，让东方国家国民自己厌恶自己的文化，否定自己的文化传统，开始跟着西方人去崇尚进步观念，以至于有人来揭示真相的时候，都不以为然、不愿相信。西方极擅长让洗脑对象在不知不觉中被洗脑，他们切实地掌握了这门"高等艺术"。例如，看到外国人写的世界艺术史里没有中国，某些国人居然也跟着不把中国写进世界艺术史，这就是被洗脑的最典型表现；某些东方国家的电影人争抢着要去西方电影节走红地毯、拿奖、当评委，愿意牺牲和丑化自己国家的民族性和文化去附和西方价值观，只为以充当"西方文化打手"的身份去赢得西方的认可。当今的东方虽然不愿接受西方强加的命运，并竭力为此抗争，却糊里糊涂地接受了西方对世界的解释，这是一件难以想象的荒谬之事，近200年来，东方国家浴血奋斗反对的东西，其实在源头就接受了，从一开始我们就承认了征服者对世界的解释权。西方的文化改造是在实行一种隐性种族主义，即目标群的身份和文化将被消除，并被所谓的优越性帝国主义国家的文化所取代。

西方在帮助、同化东方的同时，也在破坏、遏制着东方文明，这种双重愿望使西方在行使"文明使命"时，始终体现着矛盾性。但这一悖论在种族主义的帝国论调中是合乎逻辑的，

因为东方要么是给西方带来威胁的黄祸、蒙古游民或棕色危险，要么是为西方采取绥靖、研究和开发、直接占领等策略所控制。[①] 西方在国际上基于其特定价值观和意识形态，诋毁、抹黑东方形象，压制东方的声音，阻止东方国家达到和西方一样的发展水平，防止东方国家挑战西方霸权，并保持东方"天生"的从属地位，为西方"母国"提供资源、生产与服务。东方国家曾以为虚心学习，努力追赶，有一天就可以同西方平起平坐，何曾想到人家根本不希望和你坐在一条板凳上。例如，《弗莱彻建筑史》将东方建筑作为世界建筑主体之外的一个并不重要的支脉；世界电影史既不提、也不记载中国电影，意图把我们的电影从历史中抹去。中国作为一个被西方文明驯化最不成功的至今未被征服的东方大国，其历史从未间断，是少有的文化积淀深厚的文明国家。中国在19世纪以前的两千多年里，绝大多数时间是世界第一经济强国，是一个不以宗教而以文化统治的文明古国，是一个太能干的竞争种族，是最后一个不在基督教手里的大陆国家，是不打掉就没法主宰东方、独霸世界的障碍，这可能

---

① ［美］萨义德. 东方学（3 版）［M］. 王宇根译. 北京：生活·读书·新知三联书店，2019：401.

是西方排斥中国，甚至有点害怕中国的原因，故他们总想遏制崛起的中国。萨缪尔·亨廷顿（Samuel P. Huntington）早就提出过"中国威胁论"，同时也提醒美国和西方国家，如果届时以中国为敌，只会逼使中国和中东、伊斯兰国家、俄罗斯抱团抵抗西方，这也正是今天我们看到的国际格局。①

西方的强势行径必然引起东方的反抗，因为这些西方观念和行为举措存在自身的问题，是西方在并不真正理解东方的前提下一意专断地施行的。西方进步文明的另一面常常是人本身能力的被取代、被弱化，新的发明也常伴随着一堆副作用：一个发明所带来的危害，总是需要用十个新的发明去抵消它，十个新的发明所带来的危害又需要更多的发明去抵消它们。这便不难理解为什么我们今天已经面临着环境恶化、核武器、新冠、化学污染等生存危机。新冠的伤害有目共睹，在前不久爆发的俄乌战争中，俄罗斯已声称要使用核武器。若东方和西方一道这样"进步"下去，"进步"的尽头恐怕不会有好的结果。因为地球史上很多高级动物都在属于它们的时代里灭绝了。西方文明的胜利无法掩盖其文明的缺陷，一部全球文明史也不应采用一种不容变更的单一的同质发展模式。② 西方人从未真正地理解和读懂过东方的认识论和思维方式。那些不愿意接纳、亲近东方的文明体，可能永远也不可能真正地认识东方。歌德说：了解自身与他人者，深知东西方之不可分。既要看到文明的多元性，还要看到文明的进化性，它们存在时代性、民族性之分，有时也表现出高低、优劣之分，因而其发展也是一元与多元的统一，即统一性与多样性的统一。③ 把历史维度拉开拉长，抬高视野从整个世界空间范围来看，过往的西方进步和近代的东方的进步都没有完全离开相互的影响和借鉴。这在今天的生态学上被称为物种多样性，物种越丰富、越繁荣，大自然就越健康，相应地，人类社会文明也遵循同样的生态原理逻辑，文明越多样、越分散，世界文明和区域文明才会更稳定地朝着正确方向发展。当代西方文明要实现对其负面、弱点、漏洞等天然缺陷的避免、中和与消解，离不开与东方文明的连接、交流、相互依存作用，这样才能更好地发挥西方文明的积极影响，推进自己的和世界的文化创新发展以及文明的延续与发扬。

---

① ［美］萨缪尔·亨廷顿. 文明的冲突与世界秩序的重建［M］. 周琪等译. 北京：新华出版社，1998：267－268，274.

② Robert J. Holton. *Globalization and the Nation State* ［M］. London：Macmillan，1998：28.

③ 张岱年，程宜山. 中国文化精神［M］. 北京：北京大学出版社，2015：12.

五、结语

面向东方的西方文明有一条清晰的发展脉络。历史上的欧洲人一边探索着自己的文明历史与未来，一边在东方全球化的有利环境中借鉴和学习着东方的先进文明。在学习、模仿、想象、拼凑、编制的历史塑造过程中，欧洲人于17世纪末期找到了雅典这个可以承载他们所有幻想，满足他们对文明所有期待的海滨小镇，并确认古希腊为西方历史文明的发源地，后续则围绕着古希腊展开了上至埃及、下至今天的整个历史的构建，最终形成了发源于古希腊、积淀深厚、内容丰富、光耀于当代、普照世界的伟大西方文明。至此，西方依仗着他们所谓的优秀的、进步的认识论，开始反过来贬低东方，特别是对以中国为主的以前的学习对象进行打压，抑制、干扰、破坏东方的正常文化生态和文明进程。今天的东方文明进步发展在极大的程度上意味着世界的西方化，然而面向未来，许多学者都看好中华文明，认为她是现代最古老和最有前途的文明，将在 21 世纪为人类做出巨大贡献。正如印度诗哲泰戈尔所言："世界上还有什么事情比中国文化的美丽精神更值得宝贵的?"① 中华文明极为高明的包容性、亲和力、变通性、生生自强、柔韧性、忍耐力、模仿力②等文化属性与特质，必将为世界文明大繁荣提供重要资源和支持力量。

（作者为东南大学艺术学院博士研究生，广东白云学院环境设计研究院院长）

---

① 宗白华. 中国文化的美丽精神往哪里去［J］. 唯实（现代管理），2015（12）：22+36.
② ［德］黑格尔. 历史哲学［M］. 王造时译. 上海：上海书店出版社，1999：143.

焦虑·介入·体认：文化全球化语境下中国当代艺术的"中国性"表达

◎刘晓萍　谭　聪

【摘　要】　中国当代艺术一直以来都在西方话语体系下寻找自己的话语体系路径，却一直因为未能找到真正属于自己的精神内核而陷于"身份"危机。本文从中国传统文化和传统艺术精神出发，在中国当代艺术家的创作实践分析基础上，对全球化语境下中国当代艺术如何通过"去中国化"到"再中国化"的过程建构自身话语体系路径进行了探讨。

【关键词】　中国性；当代艺术；话语体系；全球化

"八五美术新潮运动"中，西方艺术话语的引入对于突破"文化大革命"时期"政治"因素对艺术创作的影响与束缚起到了重要作用，但同时也给中国艺术带来了另一种"迷茫"。这种"迷茫"在本质上是一种来自"身份"的深层危机感。"政治波普"的出现，可以说是中国当代艺术第一次开始建立话语自我意识。但是"政治波普"的成功是从西方艺术话语体系中获得的，中国当代艺术话语体系依旧未能找到真正属于自己的精神内核。"中国性"的重构就是要在多元对话、多样并存的前提下，将中国传统艺术精神、西方艺术话语以及中国社会及艺术的当下经验相结合，发现并建构属于中国自己的艺术身份及话语方式，以表现中国艺术的精神内核，同时寻找其在艺术创作和审美中的表达路径与方式。

一、权力与合法性赋予

"中国性"的重建与艺术话语体系的建构是同一个过程。作为权力意志体现过程的话语体系，本质上是一个权力与合法性的表达与赋予过程。权力的实质，就是对对象的合法占有。权力不仅需要占有，而且这种占有本身必须得到他人的持续认可。合法性是把权力同强力区别开来的标志。"身份认同"首先是话语权力的获得，在此基础上才能持续地实现话语权力的有效性，从而使话语主体的身份获得合法性。"中国性"使中国当代艺术的身份获得一种合法性的同时，也赋予了当代艺术家一种权力占有的合法性。

经过四十多年的改革开放，中国已经在经济地位上跻身世界政治话语体系，但是就文化和艺术话语而言，中国文化和中国艺术的身份却一直处于由西方话语体系赋予的尴尬境地。然而快速发展的经济又同时给中国社会打上了许多工业社会烙印，消费文化、后现代文化等现象同样出现在中国社会。在这种特殊的历史转型期，中国社会又具有自身不同于西方资本主义社会文化的文化生态与文化特征。有学者将之描述为"三足鼎立"格局："当下中国艺术的整体格局可被描述为三足鼎立之势，即主旋律艺术、精英艺术与大众艺术构成动态平衡的关系。……长期以来，我们经历过精英艺术缺失的年月，品尝过大众艺术缺位的遗憾。当下三者的并存与互动应该是值得庆幸的。"[1] 应当说，从艺术生态的角度而言，这样的"三足鼎立"格局是重建中国艺术以"中国性"为中心的话语体系的最好时机。"三足鼎立"的格局囊括了中国社会的各个阶层，体现了中国社会良好的艺术生态，是"中国性"各层面内涵的建构的基本条件。

但危险总与机遇并存。大众艺术以其背后巨大的感性冲动形式在话语力量方面常常占据强势地位。"在中国当代艺术的三足鼎立格局中，大众艺术往往凌驾于主旋律艺术和精英艺术之上，并有裹挟和同化后两者之势，不仅影响了其互动格局的稳定性，而且造成了价值的沦落。"[2] 而在以大众艺术为基础的当代艺术中，这种"凌驾"和"裹挟"现象就更加容易产生。与中国传统艺术具有"文人性"不同，当代艺术追求的是艺术观念在公共空间的呈现与表达。但是，除了西方艺术话语体系所带来的身份危机外，"公共空间"的表达同样也带来了中国艺术自身的身份认同危机。大众艺术在话语力量上的弱势及其来自感性冲动的力量所呈现出来的世俗性，使其很难具有"创新""超越"和"批判"的力量。同时，"超越"和"批判"不应意味着"抛弃"，而是在原有基础上的升华。

---

① 黄宗贤. 话语转向与价值重构——略谈中国当代艺术的价值取向［J］. 美术观察，2010（10）：97−101.

② 黄宗贤. 话语转向与价值重构——略谈中国当代艺术的价值取向［J］. 美术观察，2010（10）：97−101.

二、"文化全球化"下的自我疗愈

"全球化"的概念是从经济领域开始的。1985 年，T. 莱特提出"全球化"一词，以此来概括 20 世纪 60 年代以来世界经济发生的巨大变化，即商品、资本、技术、服务行业在世界性生产、消费和投资等领域的扩展已经突破国家的边界，走向全球化。虽然经济全球化并不必然导致文化全球化，但不可否认的是随着经济的跨国界交往，各种不同形态的文化也开始有了跨国界的交流与融合。正如"政治"无论如何不可能实现"全球化"那样，更准确地说，"文化全球化"是美国等西方发达国家在经济全球化中"尝到甜头"之后所构想的文化霸权理想。与经济有着可遵循的规律不同，文化与艺术在其本质上与其生长的历史传统、本土空间等有关。文化的"民族性"不可能轻易地就随着经济的全球化潮流消失。同时，也应该看到，"民族性"并不是一个静止、封闭的概念，它是一个动态的过程，永远处于不断变化、更新中。就中国文化而言，"从纵向看，中国文化始终不断地保持、发扬、超越和更新自身，'融合新机'。尽管在内容和形式上，魏晋文化、汉唐文化、宋元文化、明清文化、五四新文化、社会主义时期文化的面目多么不同，风采各异，但它们都同属中华民族文化，都弥漫着中华民族的精神和民族性。从横向看，中国文化在其悠久的历史中，经常受到外域文化的影响，'采用外国的良规，加以发挥'，亦即吸收外国文化精粹，化为自身的血和肉，实现自身的民族特点"。①

在这样的"文化全球化"策略下，中国文化和艺术曾一度陷入"失语"的尴尬状况。所谓"失语症"，指的就是 20 世纪以来，在西方强势文化的强烈冲击之下，西方所代表的话语规则逐渐成为一种主导的、普适性的权力话语，而中国传统话语的自身特质反而被边缘化，从而陷入"失语"的状态，中西话语之间无法形成平等、有效的跨文明对话。②"失语症"的出现正是由于中国文化和中国艺术在经历了"去中国化"后所面临的话语危机和身份及自我认同危机。"中国性"的重建就是要使中国当代艺术形成自身独立的话语体系和规则，建立不依附西方话语规则的文化自觉和自信。

对于中国文化和艺术来说，"文化全球化"既是困境，也是机遇。"失语

---

① 吴元迈. 经济全球化与民族文化——兼论文化的民族性与世界性 [J]. 中国社会科学院研究生院学报，2001（02）：50-56.

② 曹顺庆，黄文虎. 失语症：从文学到艺术 [J]. 文艺研究，2013（06）：33-40.

症"体现在某个具体的文化或艺术领域便是创作灵感的枯竭、创作意识的模糊和创作方法上的犬儒主义或是对西方话语方式的依赖。以中国当代艺术作品中的实验影像为例。由于实验影像的概念及创作方式均是从西方现代主义起源，所以大多数中国的实验影像艺术的创作方式都借鉴于西方实验影像。如何避免完全复制或移植西方实验影像的内核、情节等现象而体现出中国实验影像独特的气质呢？这就需要将中国历史和中国传统文化的元素融入，以表达中国自己的文化语境和立场。除此以外，更重要的是叙事方式的"中国性"内核的表达。实验影像绝不是一些西方概念的空洞堆砌，而是将当下中国人的生存姿态、内心状态等通过中国艺术的美学精神和风格进行表达。如卜桦的作品《猫》，故事描写了一只小猫在自己母亲的魂飞向冥界时，拒绝接受母亲的死亡，同命运进行英勇抗争的故事，最后勇敢的小猫竟感动了冥界，母子终于团圆。在视觉上，影片用破碎的线条、夸张变形的外形以及充满视觉冲击力的色彩呈现出德国表现主义式的美学风格。叙事上，卜桦用了"爱"这一人类母题，将中国传统性格中的善良、勇敢、母爱、孝道用现代叙事手段进行表现和诠释。《末代皇帝》背景音乐的借用，则表现出实验主义作品所特有的挪用和反讽特征。

另一位当代影像艺术家杨福东的影像作品同样也是在世界语境中寻求中国艺术的自我表达与自我疗愈之径。《陌生天堂》通过身体的不安表达出存在的焦虑感。《愚公移山》这部时长为46分钟的黑白电影，则通过一天的时间推移展开，讲述一位母亲对两个儿子的照顾，暗喻愚公的子孙后代将在愚公去世后继续着他未完的事业，孩子也是子孙生命历程的开端。影片中出现的愚公，其年迈的形象体现了持续、坚持不懈、克服重重困难的理想概念。他的一切行动被一群年轻人注视着，他们展开了一场是否应该移山的辩论，以及讨论完成这件事所面临的挑战。一方面，影片重点呈现"后世之人"，也就是"愚公"笃信其子子孙孙会继续他的作为；另一方面，"母性精神"是贯穿影片情绪的核心。最近的大型美术馆电影《明日早朝》将严谨的拍摄与观者的偶发性参观相融合。创作者用尼采的300句语录作为脚本，以"权利""欲望""人性"等关键词为核心，通过中国历史上的明朝"早朝会场"，拍摄剪辑为30部"早朝日记"并分别呈现在30块屏幕上。这部行为艺术作品质疑了"电影"的本质与标准并颠覆了传统的观影与观展方式，将属于中国历史经验的场景放置到具有现代性的表达形式之下。这正是中国艺术话语的自我寻求之路。

三、语境的转换：从"去语境化"到"再语境化"

"语境"原本是一个社会学概念。我国著名人类学家费孝通的老师，英国社会人类学家马林诺夫斯基区分出了两种人类民俗学的口头传统语境，即"文化现实语境"（Context of Cultural Reality）和"场景的语境"（Context of Situation）。丹·本-阿默斯在马林诺夫斯基的基础上区分出了"文化的语境"（Context of Culture）和"场景的语境"（Context of Situation）。在他的界定中，所谓"文化语境"包括了讲述者共享的一切知识、行为习惯、信仰体系、讲述类型、历史意识、道德标准与价值判断原则等；相反，"场景的语境"则是特定民俗表演最狭义的、最直接的语境。① 与此相类，艺术的语境同样也是由属于历史传统和社会层面的"文化语境"和具有当下性的"场景语境"构成。对于观念艺术来说，重要的是文本及其意义如何在语境中得以呈现，也就是语境化的问题。

虽然"艺术品"和"文本"在一定意义上来说，指向的是同一种东西。但"艺术品"是一个以创作者主体性为指向的概念，而"文本"则指向接受者的主体性。在"文化语境"中，"历史"是一个基本维度和逻辑。特别是对于接受者而言，对"文本"的理解总是与"语境"有关，而从历史的角度看，语境是一个线性发展的轨迹。

> 艺术品是和艺术家相联系的概念，艺术文本是和接受者相联系的概念。不同时期、不同地域的接受者，在面对同一文本之时就需要理解参与其中。海德格尔认为理解是作为此在的人对存在的理解，或者说是理解此在的存在方式本身，此在是历史的在者，因此，理解必然是历史地进行。按伽达默尔的观点来说，任何文本的意义的阐释都是无止境的，而且是一个无限的过程。在不断地阐释中使真理得以从遮蔽它的那些事件中敞亮，并不断涌现出新的理解，提示出全新的意义。②

审美和语境是艺术实践及理论的两个基本维度。一直以来，艺术所背负的"语境"意义都太过沉重。古典主义艺术宏大的主题使得"语境"意义大于审

---

① 王杰文. "语境主义者"重返"文本"［J］. 青海社会科学，2013（03）：189−196.
② 张伟. 艺术文本与历史语境阐释［J］. 艺术百家，2013（04）：75−78.

美意义。从先锋派开始，现代主义极力想摆脱内容对形式的束缚，其实质是想摆脱历史和文化语境的束缚。后现代主义对语境的重视，使得后现代艺术能够跳出形式的束缚，与更多外在的客观因素交互相融，且艺术由此开始走上了"观念"之路。

对于文本来说，"语境"并不是一种固定不变的、可以精确描述的、外在的信息，而是一种生成中的、偶发的、互动中的关系。语境在文本意义赋予的过程中，虽然是偶发性的，却一定程度起到了重要的决定作用。当代艺术正是利用了语境的可变性与偶发性，来赋予意义的展示与呈现过程本身以意义。对于当代艺术来说，展示场景与展示方式对作品本身是一种"反哺"。因此，当代艺术文本的意义永远处在不停生成的过程中。

中国艺术的"去语境化"则并非从形式主义开始，而是由于20世纪五六十年代中国社会的特定意识形态氛围。被庸俗历史唯物主义所设定的政治、经济以及意识形态语境导致了对象的僵化，随着20世纪80年代改革开放的步伐，这种僵化的语境观念受到了质疑和抛弃，是一种限于文本内部的形式主义观念。

有学者对"语境"做了这样的概括和描述："所谓语境即是人所处的不可选择的生存境遇以及由此境遇所促生的人在此境遇中的积极建构。因此，它包含两个特点：第一，境遇性……第二，建构性。"① 这个界定强调了人的主体性在艺术创作中的"被迫性"与"主动性"。

徐冰有一件大型装置作品《凤凰》，是他在2008年担任中央美术学院副院长一职后的第一件作品，原本是应邀为北京环球金融中心新大厦所做。徐冰在大厦的施工现场看到了工人们工作方式的原始落后和工作环境的恶劣，而建筑的对象却是由国际建筑大师西萨·佩里设计的现代化豪华大厦。这是中国工业化和现代化进程中所呈现的独特的历史阶段和现象。于是，徐冰想要做一件"未曾有过"的作品来表达中国的这一"未曾有过"的语境。他花了两年时间，用建筑工地的残片和工人们使用的劳动工具构造了两只展翅起飞的凤凰。这件作品重达12吨，分别长27.4米和30.4米。作品用象征中国传统的权力与地位的凤凰作为符号指称，用凝结了底层工人劳动的材料表达了对资本剥削劳动的批判。由于开发商对这种材料方式的不认可，以致这对凤凰未能最终坐落于北京CBD。但是，2010年《凤凰》在今日美术馆前的广场中进行国内首展时

---

① 耿波. 从现代性到后现代：中国乡民艺术的"去语境化"［J］. 山东艺术学院学报，2006（04）：81—86.

却受到国内老百姓的热烈响应，因为它表达出了底层的心声。学者们也认为作品触碰到了中国社会的某些核心问题。这件作品还得到了国际策展人朱迪斯·戈德曼（Judith Goldman）等人的赞赏，认为这件利用废物制作的作品有多重含义，并认为美国的圣约翰主教堂是最适合其展出的地方。

徐冰在一次采访中说："这对鸟儿在不同的地方有着不同的含义，这座教堂是纪念性的，非常巍峨庄严，所以这对凤凰在现在有了神圣的性质。""凤凰的意象其实有一点衬托性，它不像龙的意向是一个主体。所以在过去，圆雕的凤凰很少，多是浮雕作背景用，好像总是配角，有点儿像水，随之变化，到哪儿展览语义都会发生变化，有点儿嫁鸡随鸡的意思。在美国 MASS MoCA 展的时候，因为 MASS MoCA 所在的小城以前是一个工业城，后来落破了，改造成了一个巨大的艺术中心，那里可以视为是资本主义工业源头的象征，而没有资产主义就没有这两只凤凰，但这两只凤凰是在遥远的东方出现的，伤痕累累，又好像回到了它的原生地的感觉，它的今世前生之感。"

不管是其由资本而生又被资本抛弃的经历，还是其在不同展场中被赋予的不同意义，《凤凰》这件作品的遭遇和经历恰恰说明了"语境"在当代艺术中的重要性。正如徐冰所说："放在世纪坛，那个东西（中国性）就会被放大，你放在美术馆，装置艺术的部分就会被放大，这都是我不喜欢的。放在国外，我相信这两只凤凰会带去非常强悍的中国信息、中国的态度。"①《凤凰》的意义生成不仅与中国历史和传统文化符号等"文化语境"相关，更取决于其展出的具体环境和观众等"场景语境"因素。

由后现代艺术而始的"观念性"到当代艺术已经成为主要表达特征，语境决定了作品的观念起点及走向。"特定事件或物体在场景中还原，并在特别营造的语境中重新定义、延续、放大它的意义，这是当代实验艺术展示语境研究的现实意义之所在。"②

四、"认同"与"被认同"：国家身份与民族身份的建构

中国现代艺术和当代艺术的演进，并未完全按照艺术本身的规律进行，"国家""民族""大众"等因素对其风格形成、发展方向等均起着至关重要的

---

① 王寅. 用我们的垃圾铸成我们新的凤凰——徐冰《凤凰》移居世博园 [N]. 南方周末，2010-04-29.

② 蒋鹏，付业群. 当代艺术的展示语境研究 [J]. 当代文坛，2015（02）：129-132.

影响。如果说"民族性"的认同与建构的视角是从民族主体内核出发，那么与"民族性"不同的是，"中国性"的概念则更多地从文化层面更加明确地指向了国别与意识形态。

以绘画为例，中国传统的文人绘画并不用像西方那样从古典时期开始绘画便要进入博物馆、画廊、会客厅等公共艺术空间以大众化方式进行展示。中国传统文人画大多是画家用以抒发自我情怀与人生境遇，或是文人之间的赠往交流，其展示场所也只是书斋或是好友间的吟诵场合等私人化的情境中。因此，中国传统文人画与公众性和政治性之间的关联度较小。这也正是五四时期对水墨文人画批判的主要问题之一。而中国现代美术经由近代以来的革新，艺术家根据各自的艺术主张，积极结社联盟，成立艺术社团，通过频繁举办的美术展览会、艺术活动与公众产生联系，使绘画积极介入社会生活，进而谋求美术的政治地位与政治影响，使绘画具有了与文学一样的社会功用。[①] "介入社会""介入生活"是中国艺术的"中国性"的再语境化的方式与策略，同时也是中国现代艺术开始寻求自我身份的社会认同之路的起点。

所谓"民族性身份认同"，主要是指在社会主义基本文艺方针统领下，官方意识形态通过自上而下的方式，以作品是否使用民族语言技法、表现民族生活内容、体现民族气韵风骨为判定作品艺术水平高低与艺术价值优劣的基本依据；而艺术家则以自下而上的方式，通过揣摩作品主题、题材、语言、风格等来强化自身对国家与政治身份的体认。[②]

"艺术必须保持一种与政治的对抗关系，以更投合商业意识形态而使自己获得生存发展的物质基础，但艺术还必须保持一种与政治的合作姿态，以便使自己始终站在主流意识形态的立场而获得政治合法性。"[③] 当代艺术与政治的这种"尴尬"关系决定了其与代表着中国的"正统"的传统文化之间的悖谬关系。同时，它们又因为政治合法性的问题而与代表着国际艺术权力话语的西方艺术标准之间保持着同样的悖谬关系。它们一方面在技法和观念上向西方艺术寻求自身的突破，另一方面又顾及着政治合法性的自我身份问题而对中国的传统表现出暧昧的态度。

经历了"民族身份认同"后的中国当代艺术因"现代性"而带来的身份的

---

① 朱亮亮. 展示与传播——民国美术展览会特性研究 [D]. 上海：华东师范大学，2014.

② 谷鹏飞. 从民族性、西方性到中国性——"全国美展"与中国当代主流艺术的身份认同 [J]. 文艺研究，2013（06）：134-142.

③ 谷鹏飞. 从民族性、西方性到中国性——"全国美展"与中国当代主流艺术的身份认同 [J]. 文艺研究，2013（06）：134-142.

焦虑更加明显。21世纪初期，当中国在国际上确立了经济大国的地位后，"文化"方面却显得尤为焦虑。"文化失语症"逐渐成为中国文化的重要症结。有人认为，中国文化的"失语症"源于自身的"失根"状态。而"失根"状态则是由于受现代性的影响，对传统文化的全盘否定造成的。所谓"失语症"，指的是20世纪以来，在西方强势文化的强烈冲击之下，西方所代表的话语规则逐渐成为一种主导的、普适性的权力话语，而中国传统话语的自身特质反而被边缘化，从而陷入"失语"的状态，中西话语之间无法形成平等、有效的跨文明对话。① 而要"治疗"中国文学艺术所面临的"失语症"，关键则在于重新建构起与当下语境相适应的"中国性"。

李公明指出，"中国性"在各种使用环境中呈现出多样性，其中有两种主要不同的语境和意涵。第一个是指文化艺术中的"中国性"，比如中国文化的特质、价值观念、审美品格等，特别是指在当代艺术中怎么体现"中国性"；第二个方面涉及国家政治与政策语境中的"中国性"，在这个论域中时常反映出国家主义、民族主义以及各种不同政治思潮的影响。② 毫无疑问，我们在这里要探讨的"中国性"主要指文化艺术中的"中国性"。但也不可否认的是，"中国性"这两个层面的意涵是相互联系的，尤其是第二个层面的含义在某种程度上影响着第一个层面的含义。也就是说，"中国性"的问题不可避免地与"政治"有着密切的联系。

不少研究"中国性"的学者都将其置于国际化或者说是"海外"语境下，而未考虑到本土语境对"中国性"的重要性。处于"国际化"语境下的"中国性"包含着"对话"的含义，而本土语境下的"中国性"则更多的是一种向内的反思与审视。应当说这两个维度都对"中国性"的概念建构有着重要的意义。以电影为例，中国电影在努力摆脱早期"影戏"的烙印和"十七年"电影带来的伤痛后，在如何拍出真正的"中国电影"这条路上经过了长时期的探索。中国电影开始真正走向国际舞台是从"第五代"电影开始的。与中国当代艺术走上威尼斯双年展的情况类似，"第五代"电影在国际电影节上频频获奖，是因为其身上具有被以欧美电影界掌握着话语权的国际电影界所认可的"中国"属性。在张艺谋、陈凯歌等第五代导演的作品中，"中国"被符号化为京剧、大红灯笼、皮影戏、黄土地、头戴羊肚巾的农民等形象。这些完全不同于西方文化的视觉形象极大满足了西方人对中国的"窥视欲"以及文化"意淫"。

---

① 曹顺庆，黄文虎. 失语症：从文学到艺术 [J]. 文艺研究，2013（06）：33—40.
② 李公明. "当代水墨"中的"中国性"概念思考 [N]. 美术报，2017—11—4：（05）.

但是这些"符号化"的视觉形象并不能完全真正地代表中国及其文化的本质。从某种意义上看，这些"符号"是一种披着"中国性"外衣的"伪民族性"。

结语

最后需要强调的是，"中国性"或者说"新的中国性"的建构并不应该建立在一种话语消灭另一种话语的原则上，而是应该以包容异质话语为前提。中西文明作为完全不同的文化范式，来源于不同的历史根源和文化根基，二者之间甚至更多异质文化之间的包容并存才能形成平等对话，形成"杂语共生"的话语生态圈。

［作者刘晓萍为成都大学文学与新闻学院教授，硕士生导师，研究方向为艺术理论、影视文化；谭聪为成都大学广播电视专业硕士研究生。本文为四川省动漫研究中心 2020 年项目"四川省高校动漫专业发展现状调查"（DM202039）阶段性研究成果］

▶传统文化及国际传播研究

《琴史》人物系统及其功能

◎薛富兴

【摘　要】　人物叙事是《琴史》主体。《琴史》人物由四个系列构成，其社会与文化地位不同，于琴史的艺术与文化功能亦不同。"圣王"系列建构起琴艺与琴学道统，以儒家的历史、艺术与文化观念为灵魂。"士人"系列由儒生与隐者构成，他们具有突出的社会与文化优势，为琴艺提供了优质的社会基础，掌握了琴艺与琴学的话语权，既成全了古琴，也制约了古琴。由专业琴师、政府乐官和制琴家组成的"琴人"系统是琴艺与琴学的中坚力量，他们于琴器制作、琴技积累、琴曲创作与传承三方面内在地推动着古琴艺术史的发展。"草根"系列是琴曲叙事中的社会底层人物，其悲惨命运构成人物命运主题。此主题起于春秋，止于战国，成为绝唱。入宋以后，琴曲的主题与意象由人物而自然，由激越而恬淡。

【关键词】　《琴史》；圣王；士人；琴人；草根

　　宋人朱长文撰辑的《琴史》是中国古代琴学史上第一部系统整理琴艺历史、人物、事件与作品等信息的著作，是一部琴学百科全书，故有重要地位。①如果说传为汉代蔡邕所撰的《琴操》叙事以琴曲为纲，那么朱长文的《琴史》叙事则以人物为纲。《琴史》凡六卷，一至五卷均以人物为核心，历史性地概述了中国古代琴艺与琴学发展的基本历程。《琴史》卷一述上古至春秋时事，凡27人；卷二述战国时事，凡40人；卷三述汉魏时事，凡44人；卷四述两晋隋唐时事，凡58人；卷五记北宋本朝事，凡14人。五卷所述琴事从上古至北宋，人物共183人。一定意义上说，人物构成《琴史》之叙事骨架。在叙事方式上，《琴史》以《史记》为范，由一系列在中国古代琴史上具有独特贡献、重要影响的袖珍型人物传记构成一部中国古代琴艺与琴学的通史。概言之，《琴史》所述人物由四种具不同社会地位与文化身份的群体构成，因而形成一个由四种人群构成的人物系统，其中每种人物对中国古代琴艺与琴学的贡献和影响各不相同。因此，专题性地考察这些人物对中国古代琴艺与琴学的独特价值，正可深化我们对中国古琴艺术文化基因和独特命运的认识。

一、圣王系列

《琴史》第一卷展开的琴史由历代帝王构成。从儒家立场看，我们可称之为"圣王"系列，它构成《琴史》人物系统的第一部分。这个系列起于上古，止于西周。本卷所述古代圣王凡10人，计有尧、舜、禹、汤、太王、王季、文王、武王、成王和周公。"周公"虽未及王位，然而是周代最重要政治家，据说曾有"制礼作乐"之伟业，故亦可计入本系列。

> 帝尧宅天下，其圣神之妙用，则荡荡乎民无能名者也……扬子尝云法始乎伏，成乎尧……旧传尧有《神人畅》……夫圣而不可知之谓神，非尧孰能当之？②

朱长文所述琴史以尧开篇，并以琴曲《神人畅》为其标志。舜之所以入琴史，乃因他标识了古琴的"五弦"时代，且有《南风之歌》（又曰《南风操》）。接下来，禹有《禹操》与《怀陵操》、汤有《训亩操》、太王有《岐山操》、王季有《思太伯操》、文王有《思士操》和《幽拘操》、武王有《克商操》、成王

---

① 关于朱长文《琴史》研究近况，参见郑锦扬. 朱长文琴史初探（上下篇）[J]. 交响（西安音乐学院学报），1993（02）、（03）；韩伟，朱长文.《琴史》综论 [J]. 音乐探索，2017（01）；贾馨苑.《琴史》研究述评 [J]. 戏剧之家，2023（02）等。

② [宋] 朱文长. 琴史 [M]. 北京：中国书店，2018：5—6.

有《神凤操》，周公则有《越裳操》《临深操》及《周金滕》，这些圣王及其琴曲便构成朱氏视野下中国古代琴史的第一个段落。从直观上看，上述十位圣王每个人都有专属于自己的琴曲以标识其所处时代，若没有了这些圣王及其作品，我们将不知如何叙述一部琴史。那么，今天我们当如何理解朱长文为我们提供的这段琴史呢？

叙述一部琴史似乎可从琴器的产生开始，否则便如同画鬼。然而，春秋至战国间诸典籍似并未正面提及古琴发明人。《尚书》仅言舜抚"五弦"而"歌南风"。汉人始提及古琴首创者，然归属不一。《乐记》以为"舜作五弦之琴"①，桓谭《新论》提出神农氏始"削桐为琴，绳丝为弦"②，扬雄亦以为"昔者神农造琴"。③蔡邕《琴操》则主张"伏羲氏作琴"。④可见，汉人虽然正面提出古琴首创者问题，但并未取得一致答案。朱长文虽未明言尧帝制琴，但仍以尧为《琴史》之始。我们当如何理解此问题？

指名道姓地提出古琴的发明者，对弄清古琴创制史的真实源头并无太大意义。现已出土的最早琴器实物属于战国时代，甲骨文"乐"字的造型虽似与弦乐相关，然亦难据此追寻中国最早弦乐器的真实轮廓。⑤一方面，即使真有其人首创古琴也很难考实；另一方面，真实的古琴初创很可能非一人之力、一时之功，而当有一个较复杂、漫长的过程。因此，将古琴的发明权归之一人，其象征意义大于史实意义。为何"舜抚五琴"的传说如此早，而"舜作五琴"说的出现却如此之晚？对汉代以前的人们而言，古琴的历史太过久远，实不可考，故付之阙如；然而对《乐记》的作者及以蔡邕为代表的汉代学人来说，古琴的发明人问题必须给出明确答案，否则琴学道统便无以建立。两汉是一个中国古代琴艺与琴学意识自觉的时代，琴艺与琴学道统的建立乃本时期琴学首要历史使命。正是在此背景下，《乐记》作者、蔡邕和桓谭、扬雄才相继正面提出古琴发明者问题，并给出各自的答案。桓谭、扬雄的"神农说"和蔡邕的"伏羲说"属于一种思路，是将古琴的发明远推到中华早期文明的上古时代，这样，一部古琴史就是一部中华文明史，古琴与中华早期文明同样久远。《乐记》提出"舜说"则属另一理路：它虽未将古琴的发明推到神农或伏羲那么久

① 刘德及门人. 礼记 乐记（下）［M］. 胡平生，张萌译注. 北京：中华书局，2017：728.

② ［汉］桓谭. 新论 琴道［C］//中国音乐美学史资料注译. 蔡仲德. 北京：人民音乐出版社，2004：386.

③ ［汉］扬雄. 琴清英［C］//全上古三代秦汉三国六朝文（第1册）. 严可均. 北京：中华书局，1958：421.

④ 吉联抗. 琴操（两种）［M］. 北京：人民音乐出版社，1990：21.

⑤ 许健. 琴史新编·第一章［M］. 北京：中华书局，2012.

远，而是归之于舜，似稍嫌晚；但此说又自有其优势，那就是将古琴的创制史与儒家古代政治，特别是与圣王们的荣耀同步——儒家古代理想政治有多古老，古琴的历史就有多古老。简言之，前者从中华早期文明史的发端为琴学道统确立源头；后者则从儒家古代政治圣王血脉源头为古琴寻找核心文化观念根源。朱长文显然理解了《乐记》作者的核心意旨。一方面，他将古琴的源头由舜而尧，作了微调。由于尧是孔子认可的理想圣王之始，这样琴艺道统与儒家政治圣王道统就从细节上更为一致；另一方面，朱长文虽然并不能确认尧乃琴器初创者，他甚至也意识到连《神人畅》琴曲与尧的关系也只是一种"旧传"，可是，在选择一部《琴史》的开端时，他还是弃神农、伏羲之说，而继尧、舜之思路，选择了与《乐记》相同的立场，这说明朱长文在确立琴艺与琴学意识形态立场上，他比蔡邕和桓谭更为自觉、敏感。如果说两汉学人开始了琴艺与琴学的文化道统建构事业，那么宋代的朱长文通过系统叙述一部琴史，强化了《乐记》所开辟的以儒家思想文化观念为核心的琴艺与琴学道统。正因如此，他才在《琴史》中，梳理出一条远比汉代学者整齐的儒家历代圣王及其琴曲秩序，以之为骨架，构成中国古琴史的第一乐章。

从传为蔡邕所撰的《琴操》始，在琴曲题解中便出现了如下叙述模式：

《拘幽操》，文王所作。文王拘于羑里而作此曲。[1]

朱长文的《琴史》基本上忠实继承了此模式，虽然他有时似乎也意识到此中可能有问题。比如，一方面，他用《神人畅》为一部《琴史》开篇，以支持其首述尧帝的合理性；另一方面，还是用"旧传"二字表现了他一定程度的质疑。其实，琴曲名中的"操""畅"二字到汉时才成为琴乐的专用语，此足见尧时不可能有此曲。故而也有明指其伪托的情形。

那么，我们当如何理解始于《琴操》，朱长文忠实转录的系之于上述十圣王们的琴曲作品？《拘幽操》真的是周文王姬昌所作？依《琴操》和《琴史》：一部中国古代琴史，从尧时即有《神人畅》始，自此而后，历代圣王均有所创，皆有其曲，非常整齐，一无所缺。历代圣王真的都很整齐地勤于、长于、乐于，且有暇自创琴曲吗？其实，上述系于诸圣王的琴曲中，除《南风歌》（《南风操》之名当出现甚晚）记录较早外，其余诸曲在战国以前文献中并无所载。比如正史上并无周文王抚琴甚至作曲的记录。集成上述琴曲名的行为发生

---

① 吉联抗. 琴操（两种）［M］. 北京：人民音乐出版社，1990：4.

在东汉时期。《琴操》与《琴史》所列上述诸曲当不晚于东汉,这建立在《琴操》确乃东汉物的基础上。若依学界已有的《琴操》乃晋人所辑的说法,则上述诸曲出现的下限会更晚。

那么,当如何理解始于《琴操》,继之于《琴史》,"某曲,某圣王之所作也"的叙事模式呢?虽然我们绝难排除大舜抚琴自创、自唱《南风》的可能性;但由于记谱法出现很晚,我们绝难相信汉人所收集、后人所抚弄的《南风操》就是大舜弹唱时的版本。我们也很难相信每代圣王都要整齐地创一首专属于自己的琴曲。因此,始于《琴操》所表述的"所作也"只有理解为"伪托为"时才合理,它所表达的只是某琴曲在叙事主题上与某圣王的相关性。从汉代始,由于崇古心理的作用,再加上琴艺道统建构的需要,这些前代琴曲的整理者们便有意无意地将琴曲叙事对象与琴曲的作者混为一谈,将叙述圣王故事的琴曲直接表述为琴曲故事主人公之自创。从欣赏者崇古心理角度讲,一个伟大的故事最好同时也出于伟大作者之手;从作品传播角度讲,一位社会身份卑微的作者并不利于作品的持久、广泛传播;从道统传承的角度讲,真实的作者并不重要,重要的是它讲述了一个伟大的故事。作为中国古琴史的上半段,诸多琴曲作者因年代久远,或其社会身份卑微,未能被记录下来,当属常情,付之阙如即可,但是,《琴操》作者在整理这些已不可考的作品时,非要明确地安排一位作者,而且是将琴曲叙事主人公确定为其作者,为琴艺确立一个更强大的儒家政治与观念道统,应当是其核心理由,唯如此,我们才能理解为何朱长文如此忠实地继承了《琴操》对诸曲作者的表述。做出此种区别并不难,但是已习惯于在圣王道统光环下讨生活的琴人与学人们大多自愿沉醉于此。现在,实在是明确指出此二者区别的时候了。

然而,我们又面临一个新问题:若《琴操》与《琴史》,对上述诸琴曲所表达主题的题解大致可信,那么,这些琴曲为何又会整齐地叙述前代圣王们的故事,中国古代第一批琴曲为何会不约而同地聚焦于前代圣王们的伟大传奇呢?这足以说明:中国古代琴艺道统的建构,实际上并不始于两汉。汉人蔡邕收集这些琴曲名,给这些琴曲所表达内容作出题解,其前提是确实已经有了这些作品名,且也有了关于这些琴曲所表达主题的较稳定的传说。我们据此可推出这些琴曲的实际产生最晚当在战国至两汉间。若蔡邕与朱长文所述大致可信,则琴艺道统的建构史当与这些琴曲的创制史并行。是这些无名氏们通过一系列自觉追述前代圣王的传奇,留下这一系列琴曲的方式,开辟了中国早期琴艺与伟大圣王们同行同在的独特道路。他们实际上是用这些具体的琴曲作品开辟了将琴艺融入儒家政治和观念文化传统的道路,他们才是琴艺道统建构的先行者。汉代《乐记》作者及蔡邕、桓谭从这些琴曲中继承了这种文化灵感，他们将这些先辈无名氏们质朴的艺术灵感转化为一种自觉的观念表述，朱长文又以修史的方式强化了这种观念表述。概言之，中国古代琴艺与琴学在建构与儒家思想文化的内在联系时，首先表现于将琴器的发明人归之于尧帝，更内在的方式则是反复叙述历代圣王的故事，最终将这些作品的知识产权归之于这些圣王。早在汉前，琴人们即开辟了一个自觉地以琴曲创作、琴曲阐释的方式，有意识地叙述前代圣王故事的时代，汉代琴学家们的理论建构（比如以儒家理念阐释琴器制式）不过是琴人们怀古情结的理论回响，宋人朱文长则在其《琴史》中以历史叙事的形式强化了此前已有成果，从而也就强化了琴艺与琴学的儒家政治与观念道统。

如何理解上述"圣王系列"人物对中国古代琴艺与琴学的意义？

首先，这些"圣王"人物是历史上真实的政治人物。从这些人物的行状叙述或编织一部琴史，便意味着为古琴史提供了一种独特的历史、制度和观念背景，提供了理解古琴艺术和学术发展脉络的基本框架。一部先秦史证明：这样的琴史框架整体上是史实的，至少入周以来，琴艺是在礼乐制度和文化背景下展开的，以古琴为代表的早期音乐都曾极大地受益于此，《礼记·乐记》则以观念的形式极好地总结了这种音乐与礼仪文化间的互益关系。简言之，早期古琴艺术是在中国早期国家制度和观念的强力支撑下展开的，这是汉代以来琴人与学者们以儒家观念道为琴艺和琴学道统的根本依据。这种道统的核心观念是：琴艺并非独立的精神生产，不是纯艺术，而根本地从属于国家政治，社会礼仪与人心教化事业，它应当自觉地为这些宏伟事业服务，这便是《礼记·乐记》梳理出的音乐—人心—社会秩序—天地之道四位一体的"乐理"。这些"圣王"人物，以及归之于其名下的诸琴曲，便是琴艺背后的礼乐制度、国家意识形态，以及儒家核心政治与文化理念的感性文化符号，正是这种琴史与中国早期政治史的高度重合，琴艺理念与儒家政治文化道统的高度重合，才为琴艺获得了独特的文化荣耀与观念厚度。这也是历代琴人与学人所格外看重的。

整体而言，由于儒家思想的统治地位，艺术在中国历史上从来就没有真正独立过，它一直就是儒家政治伦理教化的一块殖民地，"文"与"质"这对范畴则是儒家在整个文化系统给艺术定位的遥控器。"文"，进而整个艺术发展的自由度是以"质"，以政治伦理教化目的为半径，以政治伦理教化所能容忍的限度为依据的。不了解"文"与"质"这对范畴的意义也就无从把握古典艺术的真实命运。一方面是崇高的地位，另一方面只是政治伦理教化的工具，这种极其矛盾的品格和尴尬身份正是由"文"与"质"这对范畴所揭示的艺术在中国古代文化系统中的准确定位。①

世上无无成本之物。儒家政治与文化道统为琴艺与琴学提供了强有力和持久的庇护，但同时也为它划定了活动空间。在此道统的影响下，古代琴艺与琴学便很难发展出一种相对独立的精神空间。古琴艺术从琴器、琴技、琴曲诸方面，均未能充分地拓展其作为器乐和声音艺术的巨大潜能，此其所憾也。

二、士人系列

士人即虽好琴因而或可抚琴，或仅听琴，但并不以操琴为业者。他们虽非专业琴人，但由于其所具有的优越社会地位或文化声望，因而有能力对琴艺与琴学产生深厚、广泛而又持久的影响，足为琴史添彩。这些人物构成《琴史》第二种人物系统。

> 回望鲁国而龟山蔽之，乃叹曰："季氏之蔽吾君，犹龟山之蔽鲁也。"故作《龟山操》……将西见赵简子而闻窦鸣犊、舜华之死也……乃还息乎陬乡，作《陬操》以哀之……及孔子厄于陈蔡之间，讲诵弦歌不辍。后自卫反鲁，过隐谷有幽兰独茂，子喟然曰："兰，香草也，而与众卉为伍，如圣贤伦于鄙夫也"，乃作《猗兰操》。②

《琴史》卷一"圣王"系列中周公之后便是孔子。孔子是《琴史》"士人"系列之开篇。系于孔子者，则是其知名门徒，有颜子、子张、子夏、闵子、子路、曾子、原宪和宓子贱，凡9人，又自成一小小系列，似可称之为"圣贤"集团。其后则又有屈原、宋玉等。

初看起来，这些人并非严格意义上的琴人，似不应成为《琴史》的合法叙述对象；但是，由中国古代琴史的实情而言，以"圣贤"开其端的士人集团，群体庞大，社会地位优越，文化修养最好。因此，他们与琴结缘，对琴艺与琴学而言，实为幸事。更重要的是，这些士人绝不会满足于琴艺爱好者的处境，相反，他们最终掌握了琴艺与琴学的话语权，成为琴艺与琴学核心观念的主要

---

① 薛富兴. 文与质：古典艺术的定位 [J]. 山西师范大学报（社会科学版），1996（03）：41—44.
② ［宋］朱文长. 琴史 [M]. 北京：中国书店，2018：17—20.

生产者与传播者，故而对一部琴史影响至巨。朱长文将士人集团纳入叙述对象，可谓卓识。

> 子之武城，闻弦歌之声。夫子莞尔而笑，曰："割鸡焉用牛刀?"①

自孔门师徒始，琴史进入一个"信史"，即有文献支撑的时代。更重要者，孔门师徒的弦歌故事开辟了一个新时代，为琴艺拓展出一种新功能。如果说前孔子时代的琴艺总体上属于国家与社会礼仪的一部分。这意味着琴并非一种独奏器乐，而是在众器和鸣中发挥其整体和悦气氛之营造，因而是一种群体交际性音乐。那么，自孔子始，琴乐拓展出其私人性演奏、个体性表达的新功能、新场域，即琴成为士人们闲暇时自由地言志、愉情和适性之具。如果说礼仪性琴乐是对儒家政治文化道统的典范表现，弦歌以自适则开拓出琴服务于士人个体精神幸福的新空间。在此意义上，孔门师徒为琴艺开辟了对士人而言更为直接，因而重要的新道路。虽然汉代以来，历代官方大有功于琴艺与琴学之传承，然而就琴艺操持与听赏实践而言，士阶层才是一部琴史的主体性力量。

> 许由，尧时隐人也。旧说云尧尝逊天下于许由，许不受且耻之逃去，隐于箕山，故传有《箕山操》。②

如果说孔门师徒代表了士人中那个以儒家思想为灵魂，深度、积极参与社会治理的儒生群体；那么许由领衔，继之以涓子、冠先、荣启期等人，则构成士人中以道家思想为底色，自觉与国家治理、主流社会人群与环境保持距离，自觉处于山野的隐逸集团，一端以儒家的社会性情结著称，另一端则以崇尚个体心灵自由和自然山水境界为特征。二者一儒一道，正好构成古代士人较真实、完善的精神世界。"隐逸集团"较为复杂，这里既包括因特殊境遇不得不隐，在隐居中能坚持儒家政治与伦理理念者，比如伯夷、叔齐、微子、箕子、介子推、史鱼诸人；也包括涓子、荣启期等为求长生而隐的神仙家，他们是最典型的自觉隐逸者，更包括陶弘景、白居易这样的"中隐"之士。隐士是"士人"系列中的重要部类，卷二始于战国时之众仙人，这说明道家理念、人生态度是中国古代琴艺与琴学景观中的重要一维，琴艺与琴学传统中重要的文化基

---

① 论语 阳货 [C] //选自 [宋] 朱熹撰. 四书章句集注. 北京：中华书局，2011：164.
② [宋] 朱文长. 琴史 [M]. 北京：中国书店，2018：22.

因，对中国古代琴学观念、琴艺风格及琴学的持久、深刻影响。宋代之后，道家理念成为最能体现琴艺灵魂的思想资源，构成琴艺中以自然山水为核心理念的部分。如果说儒家思想及其所支撑的礼乐文化是对琴艺的一种制度性优势语境，那么道家隐逸思想与道教神仙思想则构成对琴艺与琴学的观念性与境界性开拓，最终助琴艺开出更广阔的艺术与精神风格和境界，甚至成为琴艺的主体性境界。

《琴史》的"士人"系统构成另一艺术史模式——以琴的业余爱好者为核心的艺术史。它看似不专业，然而一门类艺术在一时代是否构成一种重要的观念文化领域，正要看其业余爱好者群体的整体规模，正是这一群体构成特定门类艺术发挥其广泛文化功能的基础性社会与文化语境。琴艺史上，从春秋时期的孔夫子开始，包括了儒生和隐者的广大士人，或业余抚琴，或仅听琴，成为古琴的热心和持久追捧者，形成一个不可轻视的社会群体，历代都有众多的文化界一线名人为琴代言、传播琴艺与琴文化，使琴艺与琴学在中国古代艺术史上持久地占据了强大的社会与文化优势。

> 性不解音，常畜素琴一张，每日有酒适，常抚弄以寄其意。每曰"但得琴中意，何劳弦上声"？盖得琴之意，则不假鸣弦而自适矣。①

陶渊明自叙少有学琴经历："少学琴书，偶爱闲静。"②成人后日喜以琴为伴："弱龄寄事外，委怀在琴书"，③然并未正面提出"无弦琴"主张。朱长文此条从《晋书·陶渊明传》而来，言其"性不解音，而畜素琴一张，弦徽不具，每朋酒之会，则抚而和之，曰：'但适琴中趣，何劳弦上声'"！④自此，"无弦琴"公案便与陶渊明紧紧地联系在一起。此公案可谓琴史上的一种极致案例，在宋以后"士人琴"或曰"文人琴"中具广泛影响。此公案对中国古代琴艺而言意味着什么？

若将它理解为一种与陶渊明散诞性格高度相关的极端个案——抚无弦琴而自娱，就像我们今天面对行为艺术性质的"吼书"时所具有的态度那样——聊

---

① ［宋］朱文长. 琴史［M］. 北京：中国书店，2018：152−153.

② ［晋］陶渊明. 与子俨等疏［C］//选自龚斌. 陶渊明集校笺（修订本）. 上海：上海古籍出版社，2011：466.

③ ［晋］陶渊明. 与子俨等疏［C］//选自龚斌. 陶渊明集校笺（修订本）. 上海：上海古籍出版社，2011：167.

④ ［唐］房玄龄，等. 晋书·陶潜传［C］//选自二十四史简体字本（第13册）. 北京：中华书局，2001：1643.

备一格；或者作为一个关于如何在有限意义上谈论超越琴器与琴技严格制约，以实现更高层次自由性演奏的案例，均无问题；但是，我们若将此公案理解为一种艺术原理性质的典型案例，很严肃地接受此公案所表达的特定琴艺观——当且仅当最大限度地超越琴器与琴技因素后，方可想象一种最高境界、最伟大的琴艺，且以之标识一种琴艺最高境界的必然之路，便大错特错。没有抽象、无任何限定的艺术，有的只是自愿或不自愿地接受一系列特殊规定的具体门类艺术。对任何艺术而言，特定的器具、表演技法都是其存在与维持的必要条件，古琴也不例外。任何艺术高境只具有特定物质条件规定下的相对自由，没有不接受任何物质条件规定的绝对自由，那样的自由意味着特定艺术本身的消亡。任何具体、特定艺术的宿命都是"戴着镣铐跳舞"，古琴亦然。

任何对琴艺有一定了解的人都能意识陶渊明"无弦琴"公案的荒唐性质，然而此公案在琴史上仍然成为一种"美谈"，而非"笑谈"，何以故？根本原因在于陶渊明所具之文化身份——士人，以及历代不绝如缕的陶渊明的称颂者——士人群体。此群体的特殊性在于：一方面，他们并非严格意义上的职业琴师，而是最一般意义上的古琴业余爱好者，这决定了士人群体的整体琴技水平不会很高，他们所受琴技职业训练有限；另一方面，他们又具有优越的社会和文化地位，可以轻松掌握琴艺与琴学话语权：对于何为琴艺最高境界，怎样的抚琴状态最为理想，是这些人说了算。于是，琴史上所发生者便与画史惊人相似：据说"性不解音"的陶渊明之"无弦琴"成了琴艺最高艺术境界的代言人，师旷那样的职业琴师们黯然退到幕后，就像画坛上那些从小受到严格、系统绘画职业训练，终身以画为业，下笔一丝不苟的宫廷画师们被指斥为"画工"，其画作被认为格调不高，跌入"俗"品；而士人们"逸笔草草，聊抒胸中逸气耳"的一时游戏之作被奉为画界标杆一样。然而，任何一种严肃的精神生产都应当是有门槛的，专业化乃人类观念文化创造实现精致化的必由之路。一种由业余票友群体把握了话语权的艺术，我们当如何想象其严肃、专业化的自我提升、自我深化之路呢？对此我们深表怀疑。某种意义上说，陶渊明的"无弦琴"公案正测试出了中国古琴艺术的特殊困境：一方面，由于有了人数众多，充分掌握了最优质社会地位和文化资源的士人群体之热捧，古琴在中国古代艺术王国有着无可置疑的文化优势；另一方面，士人集团这个业余爱好者群体整体上对古琴艺术的真正中坚——职业琴师们造成强大挤压，最终形成越俎代庖局面，这使古琴艺术在自身的职业化、专精化方面大受干扰，在琴器、琴技与琴曲三方面，未能充分地发掘自身的艺术进化潜力，殊可憾也。正可谓成也萧何，败也萧何。古琴艺术已得士人之利，自然亦受士人之扰，天下并无免费午餐。

当然，就个体而言，士人中亦有对琴艺有深度，甚至专业性贡献者，诸如蔡邕、嵇康、韩愈等，便是琴艺的内在知音，故贡献独多，而如陶渊明、白居易、欧阳修和苏轼等人，则是业余爱好者的典型代表。

三、琴人系列

《琴史》所叙人物系统的第三种由广义的职业性琴人构成。具体而言，它包括了终身从事古琴演奏的职业琴师、历朝专职乐官、制琴名家，以及为古琴艺术做出特殊贡献的人物，有帝王，也有士人。这是些让一部琴史自我挺立的骨干人物，正是这些人构成了古琴艺术的"内史"，即古琴的纯艺术史，其功能与其他人物系列迥异。

> 晋人闻有楚师，师旷曰："不害。吾骤歌北风，又歌南风，南风不竞，多死声，楚必无功。"①

从专业的角度讲，一部古琴史，是从春秋时的职业琴师师旷开始的。朱长文谓"其于乐无所不通"。"至于鼓琴感同神明，万世之下言乐者必称师旷"。春秋时代的古琴艺术究竟发展到什么地步？由于缺乏出土器物，也无具体的作品流传至今，似不可考。然而，围绕着师旷所产生的神话仍能传达出一些重要信息。师旷鼓琴神话代表了一个时代，一个领域的最高成就。师旷从个人鼓琴演奏的高超技巧和对其听众非凡的感染力标识了春秋时期古琴艺术已然进化到一个可观的高度，师旷的鼓琴神话极其巨大、持久的职业声誉正是本时期古琴艺术发展成就与所臻境界的有力证明，这是一个古琴艺术已然出现了专业和大家，已然有了自己标志性人物的时代。正是师旷这样的职业琴师所达到的成就才能成为本时期古琴艺术进化水平的权威标志，是师旷，以及同时期的师涓、师襄子、师经、瓠巴、师文、琴高等人的共同努力，才构成本时期古琴艺术的"内史"，即真正意义上的艺术史。以师旷为代表，冠以"师"字的宫廷琴师群体乃中国古琴史上第一代职业琴人，有关他们的传说，多以高超的表演技能和感人效果为核心，可以说，古琴史的第一个阶段是质朴的以表演成就为核心的时代。这些琴师们所演奏的具体曲目则并没有流传下来，这似可说明其时琴曲

---

① 左传·襄公十八年［C］//杨伯峻. 春秋左传注（修订本四）. 北京：中华书局，2016：1147.

作品并不重要。

> 钟子期,楚人……伯牙鼓琴,钟子期善听之。伯牙方鼓琴,志在泰
> 山,子期曰:"善哉乎鼓琴,巍巍乎如泰山"。志在流水,子期曰:"洋洋
> 乎若流水……"子期死,伯牙擗琴绝弦,终身不复鼓琴,以为世无足知
> 音也。①

此典故出于战国末期的《吕氏春秋》,反映了当时中国古琴艺术的进化水
平,知名度最高,无论其"知音"观念,还是"泰山""流水"意象,足可为
整个古琴艺术代言。

"知音"概念的出现乃重大历史信息。一方面,从音乐艺术角度讲,它是
音乐艺术专业化自觉的重要表现,它要求音乐鉴赏者对音乐作品内涵,乃至作
品演奏者艺术企图的准确理解与鉴赏,是音乐从外在的礼乐行为转化为职业性
纯艺术表演的重要历史信息。然而,这种作品—演奏—鉴赏三者间的严格对应
是种极理想状态、小概率事件,对音乐这种抽象的声音艺术而言更是如此。另
一方面,更重要的是,自春秋晚期始,琴已然与士人的自我表达、身份宣示联
系起来。于是,琴之演奏与聆听便成为一种士人间的圈内交流。于是,士人在
以琴宣志,即特定文化观念传达方面的这种专业、纯粹性要求成为士人集团向
整个社会宣示其社会地位与文化理念的重要途径。"知音"这一观念的极致性
表达是:琴仅为特定的圈内同好演奏,不面向社会大众。对于那些不能精准地
理解自身所演奏作品内涵的人们,琴师宁可放弃演奏,也绝不向外行或志向不
同者做无用功。这种艺术传达的理想性或自我封闭性要求是与作为国家礼仪活
动的音乐表演,以及作为民间音乐的"郑乐"截然不同的。作为礼仪之乐,其
表演策略是不管你懂不懂,喜不喜欢,我都要不厌其烦地向你灌输,直到你很
熟悉,并因熟悉而喜爱为止;作为民间文化的"郑乐",其生存策略是你喜欢
什么我就表演什么,你喜欢了,我才能生存。显然,作为精英文化的组成部
分,琴艺选择了如此生存策略:我严格坚守自己的标准与理想,只给懂的人表
演,否则宁可拒绝表演。我们将发生在伯牙和钟子期之间,通过"高山流水"
辨"知音"的故事,理解为中国音乐史上音乐专业化进程与精英文化立场出现
的一个象征性事件。

属于职业琴师群体的还有唐代的薛易简等。

---

① 〔宋〕朱文长. 琴史 [M]. 北京:中国书店,2018:63-64.

谭因好音律，善鼓琴……帝每燕，辄令鼓琴，好其繁声，仲子闻之不悦。伺谭内出……谭至不与席而消之曰：吾所以荐子者欲令辅国家以道德……盖谭之知音兼于雅郑，不能守雅而奏郑，以求悦于上……谭尝著书二十九篇，言当世行事，其一篇曰《琴道》。①

如果说前面的材料代表了琴艺第一主体——职业琴师们的基本风貌，那么桓谭代表了琴艺职业性群体中的第二种角色——宫廷乐官。乐官的身份是双重的：一方面代表政府公权，但能成为乐官者必然首先是精通音律之人，即首先于乐很职业。桓谭与蔡邕一样，参与了其时琴艺与琴学的道统建构，将琴器的初创者归之于神农氏，同时还贡献了早期琴学史上极重要的文献——《琴道》，以"道"言琴，当是桓氏首创。最为特殊者，他虽是朝廷乐官，但其本人最感兴趣的却并非作为琴艺正统的"雅乐"，而对始于春秋晚期"郑卫之音"的时代新声——"繁声"情有独钟。这并非桓氏的纯个人音乐趣味，而成为古琴艺术已然发生了显著的古今之变的重要证明，桓氏于此，表现出了高度敏感。虽然在正统立场上，桓氏的趣味历来被否定，却有重要的琴艺史的意义。属于这一群体的还有魏太乐令杜夔。

窦俨……博学，尤邃钟律，学篆于冯翊党氏，学琴于圃田茅生，学笛于太原周仲将，学琵琶于始平冯吉。以四器核其声，又以易象历数参之，坦然明白矣。尝上书周世宗，请命博通之士，上自五帝，迄于周朝，凡乐章沿革，总次编录，凡三弦之通，七弦之琴，十三弦之筝，二十弦之离，二十五弦之瑟，三漏之篪，六漏之乔，七漏之笛，八漏之篪，十三管之和，十七管之笙，十九管之巢，二十三管之箫，皆列谱记，对而合之。类从声等，虽异必通。永为定式，名为《大周正乐》。俾乐寺掌之，依文教习，世宗伟之，即令俨精选文士，撰此正乐。命俨总领之。又判太常氏乃与王朴校钟磬筭籥之数，辨清浊上下之节。复律吕旋相之法。迄今用之。朴、俨能察声音，前知休咎……弹琴为《秋蕊曲》，俨曰：是音也，羽凌于商，子夺其母，不祥之兆也。赋诗以纪其事，已而果然。②

---

① ［宋］朱文长. 琴史［M］. 北京：中国书店，2018：107－109.
② ［宋］朱文长. 琴史［M］. 北京：中国书店，2018：107－109.

宋代乐官窦俨所主持的《大周正乐》实际上是一种集大成的工作，是对前朝音乐成就的全面总结，引领了两宋音乐复古归雅思潮，是琴学与音乐学的重要学术收获。如果说桓谭开辟了汉以来历代乐官积极参与琴艺的优良传统，那么窦俨可谓对此传统之学术性集大成，典型地体现了官方支持对琴艺与琴学发展的正面作用。

> 董庭兰，陇西人，在开元天宝间工于琴者也。……陈怀古善沈、祝二家声调，以胡笳擅名。怀古传于庭兰，为之谱……抚弦韵声，可以感鬼神矣。①

唐代是一个琴艺得到大发展的时代，琴界人才群英璀璨。首先是有抚琴名家闪亮登场。董庭兰是开元、天宝间负有盛名的琴家。与之比肩者前有贺若弼，后有薛易简。从琴艺内史看，推进一个时代琴艺发展的关键环节是什么？琴器制式已定（此项任务在两汉至魏晋时代已完成）后，不外以下几种：抚琴技法之丰富、琴曲作品之拓展，制琴工艺之提高，以及琴曲演奏风格之多样化。

> 陈康，字安道，笃好雅琴，名闻上国。所制调弄，缀成编集……因清风秋夜、雪月松轩，仁思有年，方谐雅素，故得弦无按指之声，韵有贯水之实，乃创调共百章。②

陈康于琴艺上的独特贡献正在其自觉的创曲意识，故其贡献独多。陈康以一人之力竟创琴曲百首，可与 18 世纪以来欧洲作曲家们比肩。在作曲方面整体上保守主义盛行的传统语境下，陈康的表现可谓异数，故后继者寡。

> 陈拙，字大巧，长安人也……尝云："弹操弄音，前缓后急者，妙曲之分布也；或中急而后缓者，节奏之停歇也。疾打之声，齐于破竹；缓挑之韵，穆若生风。亦有声正厉而遽止，响已绝而意存者"。③

---

① ［宋］朱文长. 琴史 ［M］. 北京：中国书店，2018：194－195.
② ［宋］朱文长. 琴史 ［M］. 北京：中国书店，2018：201－202.
③ ［宋］朱文长. 琴史 ［M］. 北京：中国书店，2018：205－206.

陈拙于琴艺与琴学的贡献丰富，其最大的贡献莫过于在琴曲演奏技法上的精彩总结。

> 赵耶利，曹州济阴人……每云吴声清婉，若长江广流，绵延徐逝，有国士之风。蜀声躁急，若急浪奔雷，亦一时之俊。又言：肉甲相和，取声湿润，纯甲，其音伤惨；纯肉，其声伤纯。尝以琴诲邑宰之子，遂作谱两卷以遗之，今传焉。①

赵耶利既订正琴谱，又推敲技法。然而他对琴艺的最大贡献在于对不同抚琴技法支撑下所形成的曲演奏风格的界定——"吴声清婉，蜀声躁急"。这标志着唐代于古琴演奏艺术风格的自觉，同时也为宋以后古琴演奏艺术风格传承的多样化——区域性琴艺、琴学流派的产生，奠定了重要的观念基础。

> 房公，字次律……自制"天下以为宝乐"，家传"响泉""韵磬"，皆勉所爱者也。或云其造琴新旧桐材，扣之合律者，裁而胶缀之，号"百衲琴"。其"响泉""韵磬"，弦一上十年不断。其制器可谓臻妙。非深达于琴者，孰能与于此乎？嵇、戴以来，一人而已矣。②

房琯乃以制琴著名者，他代表了唐代琴成就的一个独特角度——琴器制作方面的贡献。唐是一个琴器制作大发展的时代，流传至今的唐代名琴尚有"大圣遗音""九霄环珮"等。除房氏外，唐代高官中以制琴闻名者尚有李勉。史称他"雅好琴，常斫桐，又取漆箭为之，多至数百张，有绝代者，'响泉''韵磬'，自宝于家"③。其实，唐代斫琴名家，当首推成都雷氏。他们于大历年间所造诸琴世称"雷公琴"。苏轼于雷氏琴曾赞曰：

> 其岳不容指，而弦不先文。此最琴之妙，而雷琴独然。求其法不可得，乃破其所藏雷琴求之。琴声出于两池间，其背微隆，若薤叶然。声欲出而隘，徘回不去，乃有馀韵。此最不传之妙。④

---

① ［宋］朱文长. 琴史［M］. 北京：中国书店，2018：172.
② ［宋］朱文长. 琴史［M］. 北京：中国书店，2018：185.
③ ［唐］李肇. 国史补［C］//许健. 琴史新编. 北京：中华书局，2012：141.
④ ［宋］苏轼. 家藏雷琴［C］//苏东坡全集（6册）. 北京：燕山出版社，2009：3262.

雷氏制琴业绩未能得到朱长文的关注，至惜。琴器制作的精致化乃琴艺自身臻于高境的必要条件。历代士人重琴艺而轻琴器，就像其贵书画而轻笔墨之具的完善更新一样，是一种贵观念而轻器质的艺术偏见。唐代琴学对后代琴艺的一项极重要的贡献，就是记谱法从文字谱向减字谱的转变，这一转变是由曹柔完成的。明人张右衮称其"乃作简字法，字简而义尽，文约而音该。曹氏之功于是大矣"。可惜，朱文长忽略了这样一位功臣，可谓巨误。

> 元帝……鼓琴瑟，吹洞箫，自度曲，被歌声。分刌节度，穷极幽渺。夫为人君而知音乐，固宜去郑复雅，以成一代之乐。①

汉元帝刘奭开辟了一个新传统：以帝王之声而能专艺于琴。他并非琴艺的一般爱好者。前有汉元帝、汉章帝，中有唐玄宗，后有宋仁宗，自然在古琴史上形成一个小小系列，他们与卷一说的先代圣王们不同。一方面，其琴缘并非传说，而有文献支撑；更重要者，他们不仅作为帝王从原则上重视礼乐，而是本人对于琴艺与琴学具备强烈热情和专业性的知识和技能修养，因而他们对琴艺与琴学可以做出内在的贡献。严格来讲，将他们视为与琴师相同的职业人士更为合适。

> 太宗皇帝，神武圣文……天纵多能，博综群艺，书冠神品，棋登逸格。至于古今音律，罔不研精。谓：夫五弦之琴，文武加之以成七，乃留睿思而究遗，作为九弦之琴。五弦之阮非夫达于礼乐之情者，孰能与于此？又制九弦琴、五弦阮歌诗各一篇，琴谱二卷，九弦琴谱二十卷，五弦阮谱十七卷，藏于禁阁，副在名山。又尝作《万国朝》《天平晋》二乐曲。圣制乐章各五首，曲名三百九十首。②

宋代是一个中国古琴艺术已然臻至精致化的时代。宋仁宗赵祯可谓是在中国古琴史上修养最全、贡献最大的一位帝王。诚如朱长文所言，历代帝王中，并不乏热爱音乐且修养极好者，远如汉元帝、汉章帝及梁武帝，近如唐玄宗，但他们对琴艺和琴学的贡献，均无法与宋仁宗相比。仁宗对琴艺与琴学的贡献及于琴制改革、琴谱修撰和琴歌创作三个方面，可谓周备。

---

① ［宋］朱文长. 琴史［M］. 北京：中国书店，2018：94—95.
② ［宋］朱文长. 琴史［M］. 北京：中国书店，2018：209—210.

  朱文济……善鼓琴，昔待诏太宗之时。帝方作九弦之琴，五弦之阮，
（赵）裔以为宜增，文济以为不可。帝曰：古琴五弦，文武增之，何为而
不可？于是遂增琴阮弦，赐裔以绯……而文济执前论，不夺上下，以其不
达为谴，而嘉其有守，亦命赐绯……唯以丝桐自娱。①

  仁宗改琴制可谓琴艺史上一大公案。仁宗以九五之尊主持将琴之七弦改为
九弦，可谓魏晋琴器定制以来第一人。在此公案中，仁宗虽然以其绝对优势的
政治权威制作出了新的九弦琴，但是无奈，作为其部下的朱文济却坚守自己的
保守主义立场，在新式的九弦琴上仍只用原来的七弦演奏作品，是在用演奏实
践否定了新增二弦的必要性。这个公案成为琴史上的美谈：既体现了臣子朱文
济的坚持原则，也体现了仁宗极难得的政治雅量。然而，对此公案，似乎还可
有新的解读。宋仁宗不满足于传统的七弦，而积极推动琴制的革新。从纯音乐
立场看，这本来就是一种极为难得的艺术革新。任何一次重大的器乐革新都会
给特定门类艺术带来一场全局性的更新，本来是件值得鼓励的事。只可惜，仁
宗革新琴器的出发点并不是音乐本位的，他并不是为了拓展琴器自身更广阔的
声音表达性能，而是为了通过变革琴这一传统雅乐之重器以表达其推动整个音
乐复归雅正的文化立场，即是一种外在的意识形态考量，甚至是其本身皇权威
仪的发挥。在此意义上，臣子朱文济的异议反倒是一种专业性的表现：既然琴
器的音乐表达效果已然足够用，为何多此一举呢？

  先祖尚书公讳亿，字延年……尝宝一古琴，声甚清，池中书曰"上
元"，滨题曰"玉磬"。上元乃唐肃宗所纪年也，昔崔晦叔尝以玉磬琴遗白
乐天，此殆是耶。尚书既丧，此琴假于老舅惠玉，玉尝授琴于尚书。音静
而不流，东南罕及者。舅复以此琴归余，遂名曰"玉磬"。②

  朱亿的故事反映了宋代琴学新现象——对前代名琴器收藏的审美和文化趣
味，正是此种趣味为琴艺托底——以文化趣味的名义呵护着历代名琴，以便后
人向历代制琴家致敬。

  整体而言，两宋是中国古代艺术与文化的精致化时代，古琴艺术与学术也

---

① ［宋］朱文长. 琴史［M］. 北京：中国书店，2018：221.
② ［宋］朱文长. 琴史［M］. 北京：中国书店，2018：219-220.

不例外。两宋时代也是古琴艺术与学术充分展开、日益精致化的时代。朱文长生活于北宋仁宗至哲宗朝之间，未能窥其全面貌。故其于宋代琴界人物，仅涉及北宋时代之 12 人，也未能体现本朝琴艺琴学之其整体面貌。故而与宋前诸代相比，于本朝之相关信息，反而最为薄弱。

四、草根系列

> 吉甫长子曰伯奇，次子曰伯封。伯封，继室之子也，故欲立之。给吉甫曰："伯奇好妄，若不信，君登台观之。"乃寘蜂领中，顾伯奇曰："蜂螫我，趣为我掇之！"吉甫望见，以其妻之言为信，于是放伯奇。伯奇自伤无辜见疑，作《履霜操》以寓其哀。其辞有云：孤息别离兮摧肺肝，何辜皇天兮遭斯愆？[①]

《履霜操》之叙事主人公伯奇当为第四系统之开篇者，其本人乃普通人物，因其悲剧命运而被后人编入琴歌，成就琴曲。《琴史》最后一个人物系统——"草根系列"，由一些社会地位不高，正史中缺少记录，存在于民间传说中的人物构成。他们之所以能进入琴史，主要理由是其人生故事进入琴曲，成为诸琴曲所歌唱的题材、主题或曲名。比如卷一中的伯奇（据其名而有琴曲《履霜操》），卷二中的卞和（据其事而有琴曲《信立追怨歌》）、沐犊子（《雉朝飞》）、商陵牧子（《别鹤操》）、霍里子高（《箜篌引》）、聂政（《聂政刺韩王曲》），以及"三士"（思革子、石文子、叔愆子，《三士穷》）。这些人物虽然社会地位不高，缺乏确实文献记录。但是，由于他们的激发，因而切实地成全了这些琴曲的创造，并因此而永久地活在了琴曲、琴曲中，所以，也就成为中国古代琴艺、琴学传统中不可忽视的一个人物类别。当属琴曲与琴歌创作中，因题材或主题性依赖，被在琴曲中叙述的传说性人物，这些人物多地位低下，属于民间，但因某琴曲之流传而被记忆，从而构成琴史之一部分。

《履霜操》开辟了一种悲剧类型——因人之间相互猜忌而造成的不幸命运。伯奇悲剧之令人痛惜，因人之间的相互猜忌发生在亲人——伯奇与其继母、伯奇与其生父之间。发生于家庭内部亲人间的相互猜忌更让人伤心，因而此种失信对叙事主人公人生观的打击更具毁灭性。正因如此，伯奇不仅以琴歌发怨。据宋人郭茂倩《乐府诗集》，伯奇最后"曲终投河而死"，这便是以死明志了。

---

① ［宋］朱文长. 琴史［M］. 北京：中国书店，2018：26—27.

显然，伯奇故事不仅传达出一种悲伤与怜悯，亦有一种崇高精神，叙事主人公之所以以死明志，乃因其将一个人的伦理人格看得比自己的生命更重要。

> 卞和，楚人也。得玉璞献之楚王。王使玉工相之，曰"石也"。王以为谩，刖之。王薨，复以献，王又使玉工相之，亦曰"石也"。王以为谩，再刖之。及共王及位，卞和奉璞哭于荆山中，共王闻之，问其故。对曰："宝玉以为石，正士以为谩，此臣所以悲也。"共王命剖璞观之，果玉也。天下谓之"和氏之璧"。和既伸其志，于是有《信立追怨之歌》。①

卞和的悲剧发生于一位国王与玉人之间，其社会地位相差悬殊，相互间的信任很难建立，再加上玉石确实很难表里如一，因而人们对此种情境下的彼此信任度本来就期望不高。此悲剧的重心当是因两位叙事主角间不信任所导致的悲剧后果——玉人卞和因此而失去了双腿。这样的后果自然会让人产生痛惜之情，卞和故事的悲剧效果让观者产生怜悯之心。但是，此曲之珍贵更因为它还包含着悲剧所应有的崇高因素。玉人卞和为追求他人信任，自愿做出巨大牺牲，当第一条腿被砍去后再次向新国王献玉。这便典型的强调了信任与名誉的价值，体现了为信任与名誉而自我牺牲的崇高精神。

> 沐犊子者，年七十而鳏居，出薪于野，见雉雌雄并飞，有感而作《朝飞》之曲。②

老而无人相伴诚乃人生之大悲剧，叙事主人公自壮及老如何走过来，其孤其凉可想而知。这样的悲剧人生，一天天地度过看似平淡无奇，反思之实则痛切深沉。沐犊子之问，实际上已涉及普遍性人生欲望与个体人生的最难堪处。

> 商陵牧子者，娶妇无子，舅姑将去之。妇闻中夜而起，倚户悲啸。牧子于是援琴鼓之，作《别鹤》之操。③

这是典型的爱情悲剧，其中有悲哀无奈，但并没有因不屈服命运安排而抗

---

① ［宋］朱文长. 琴史［M］. 北京：中国书店，2018：74-75.
② ［宋］朱文长. 琴史［M］. 北京：中国书店，2018：75.
③ ［宋］朱文长. 琴史［M］. 北京：中国书店，2018：76.

争的崇高感，因而又属于典型的小人物悲剧，而非英雄悲剧。其命运悲剧起于主人公的自然生理条件，但更为深刻的则是特定时代的社会制度，以及由此而形成的特定伦理观念。正因此种观念的牢固约束，当事人选择了屈服而非反抗。为何以鹤为意象？因为汉人已然观察到鹤家族实行严格的一夫一妻制，夫妻双方一生忠贞不贰。鹤本为夫妻终身同命之鸟，但是，人这一看似比鹤更为高贵的物种却并不能享有比鹤更多的自由，夫妻二人虽有真爱，却要被迫各奔东西，此正其所生活时代之寡情处。

> 其思革子城与石文子、叔惩子三人诣楚，至于险阻而逢飘风暴雨，绝粮无衣。度不能并生，于是二人者以革子为贵，共推衣饷以活革子，而二人者死之。及革子至楚，楚王燕之。革子引琴为别散之声，王闻而问焉。革子道其故，楚王曰："嗟乎，乃如是邪！"乃赐革子金，而命葬二人。故有《三士穷》之曲。①

"三士"之"穷"非三士之贫穷，乃"三士"陷入一种深重的人生困境。此困境外在地看是"衣寒粮乏"，即物质性困境；内在地看，则属于一种精神性的伦理困境。在"度不能俱活"的情境下，他们三位挚友必须做出谁死谁活的艰难人生选择。一方面，作为一个有强烈道德感的小群体，思革子、石文子和叔惩子这三人虽然突遇生死性质的利益冲突，但他们都没有因求生本能而与友争衣食，而是都选择了将死留给自己，把活的希望留给朋友。但是，另一方面，作为一伙有生存理性的人，当他们发现随身衣食又很可能让其中一人活下来时，又意识到三人同死没有意义，应当选择让其中一人活下来，好让他替自己继续看世界。石文子和叔惩子两人决定让思革子活下来，思革子立即拒绝了这番好意，其理由是：既然大家是朋友，遇到死亡考验时就当"生则同乐，死则共之"，因为他耻于独存。这是一条很有力的道德原则。但是，石文子和叔惩子也给出了同样站得住脚的理由：朋友当如左右手，谁出现了困难就帮助谁。拒绝此种帮助，就等于同时将自己和对方置于死地。作为理性生物，如此自杀式行为是一种不必要的愚蠢。正确的选择只能是接受对方的善意，以便有人能活下来。

某种意义上说，《三士穷》乃中国古代悲剧之最高典范：它先让叙事主人公陷入物质困境，进而又让他们面临任何一个有伦理意识的人都难以选择的伦

---

① ［宋］朱文长. 琴史［M］. 北京：中国书店，2018：80—81.

理困境。三位主公人正是在此种双重困境的挣扎中，一方面呈现了人在物质层面的无奈，另一方面又在此极端情境下展示了人之所以为人的崇高伦理境界：石文子和叔惢子为了展示这种崇高人性，自觉地让生于友，足令所有人永远景仰。

但可惜的是，这一系列人物，自《琴史》之后，似从琴史上消失了。为什么？这说明，入宋之后，古琴艺术彻底地精英化了。先秦两汉时期琴曲的叙事趣味消散，转而进入以自然意象和景观写意的境界，古琴艺术见景不见人，此前琴师们最为关注的"人的命运"这一主题不见了。命运总是真实的、沉重的，无论对贵族，还是草根均如斯。入宋以后，古琴艺术"空山不见人"的恬淡萧散之境，只能说明抚琴者与听琴者日子过得太好，可以不在意命运这一主题。然而，命运总是无可逃避的，只要人还想活在这个世上，恬淡的日子过长了，总会付出成本。进入 20 世纪，这个中国人与中华文化千年未见之大变局、大时代，其他门类艺术，诸如绘画、文学、戏剧，乃至音乐的其他种类，比如话剧、歌剧、戏曲、交响乐等，均能与时俱进，创作出不负于时代的精品。然而，古琴艺术的时代性代表作又在哪里呢？它缺席了，虽然并非受到歧视。入宋以来，古琴艺术彻底地遗忘了"命运"这一对于人类文明与文化最重要的主题之一，于是命运也就忘了它，有啥不公平的？

结论

在已然进入中国古代文化与艺术内在质量高峰期——精致化阶段的宋代，出现了朱长文的《琴史》——首先系统叙述中国古代琴艺与琴学的通史性著作，是很可以理解的，它是宋人对中国古代琴艺和琴学成就自觉的系统总结，功德至伟。

由广义的个体琴人传记汇为一部古琴命运史，这正是《琴史》独特的叙事方式。《琴史》人物由四个系统构成，它们合在一起，方可构成较完善的中国古琴命运史景观。"圣王"系列构成中国古琴的历史源头、社会语境与核心观念，合而成为铸就古琴艺术与文化基因的观念道统。它与儒家视野下的上古圣王们的政治命运史高度重合，从而成就了古琴的文化荣耀、制度语境与以"和"为核心的艺术理性，它同时也为古琴艺术设置了明确的社会伦理边界。"士人"系统构成中国古代琴艺与琴学的社会与文化精英主体——"士人"集团。一方面，琴标识了士人集团的独特审美趣味，从而琴艺与琴学获得了优质的社会与文化资源，地位优越；另一方面，"士人"集团整体上的业余琴艺造诣与其优越的社会、文化地位间形成内在冲突，造成一种非职业性主体的艺术、文化趣味引领古琴这一专业性门类艺术的局面。"士人"对古琴的话语主导既成全着琴艺的外在社会基础，也内在地牵制着其艺术发展潜能。由专业琴师、政府乐官与制琴师构成的中国古代琴艺与琴学的职业主体，是一部琴史的真正骨干。这个群体从琴器制作与改进、琴艺技法的积累与进化，以及琴曲作品的创作、演奏与承传三个方向，推动着一部古琴艺术史最为内在的发展，因而对琴艺与琴学做出最为内在的贡献。"草根系列"角色、功能与命运均极独特。一方面，这是一些社会与文化地位本处于弱势的人物，正因其悲惨的命运而进入琴艺，成为琴曲作品叙述的对象，合而构成一宏伟、动人的命运主题，成为琴曲欣赏者直面人类整体严酷命运的典范艺术对象。另一方面，与"圣王"系列一样，此系列人物仅为琴史开篇，起于春秋，止于战国，成为绝响。入宋后，琴曲作品的主题与意象由人物而自然，由激越而恬淡，由此系列人物所标识的命运主题消退，幸与不幸，尚待评说。

（作者为南开大学哲学院教授、博士生导师，主要从事美学研究）

元杂剧《合汗衫》最早的英译本

◎顾　钧

【摘　要】　1849 年 3 月，卫三畏（S. W. Williams）在《中国丛报》（The Chinese Repository）第 18 卷第 3 期上发表了《合汗衫》的全译本（*The Compared Tonic：A Drama in Four Acts*），开启了美国学界的中国戏曲翻译和研究。本文全面分析了卫三畏翻译的动机与过程，以及译本的贡献和问题，特别是对法译本的借鉴。本文认为，卫三畏的《合汗衫》全译本不仅是美国最早的元杂剧全译本，而且也是英语世界最早的元杂剧全译本，因此意义重大。

【关键词】　元杂剧；《合汗衫》；卫三畏

元杂剧《合汗衫》全名《相国寺公孙合汗衫》，写财主张义之子张孝友雪中救活陈虎，反被他夺妻陷害，一家人离散，十八年后张孝友之子长大成人才得以报仇雪恨，全家再次团聚。促成父子相认，祖孙团聚的重要信物是张孝友早年的一件贴身汗衫，这也是题目的由来。

1849 年 3 月，卫三畏（S. W. Williams）在《中国丛报》（*The Chinese Repository*）第 18 卷第 3 期上发表了《合汗衫》的全译文（*The Compared Tonic：A Drama in Four Acts*），开启了美国学界的中国戏曲翻译和研究。19 世纪 30 年代随着传教士来华，美国汉学开始拉开帷幕，早期的译作以蒙学读物为主，如最早来华的裨治文（E. C. Bridgman，比卫三畏早三年）曾把《三字经》《千字文》翻译成了英文。卫三畏在其影响下推出了《二十四孝》译本，但他并不满足于这类简单的作品，在《合汗衫》之前曾把《聊斋志异》中的《种梨》《骂鸭》和《三国演义》中的"桃园三结义"翻译成了英文，成为最早进入中国文学领域的美国汉学家。

卫三畏之前只有欧洲人翻译过中国戏剧，如最早的《赵氏孤儿》法文译本，以及 19 世纪初期英国汉学家德庇时翻译的《老生儿》（*An Heir in His*

Old Age，1817)、《汉宫秋》(*The Sorrows of Han*，1829)。《合汗衫》全译本的出现标志着美国人闪亮登场。如此重要的作品，国内学者已经有所关注，但过于简略，[①] 而且更重要的是没有明确说明，卫三畏的翻译不是直接来自中文，而是根据法国汉学家巴赞的译本 (*Ho - Han - Chan，ou La tunique confrontée*) 所做的转译。

法国在中国戏剧翻译方面一直处于领先地位。马若瑟 1731 年的《赵氏孤儿》译本可以说是开风气之先，此后则有法兰西学院第二任汉学教授儒莲，先后将《灰阑记》(*L'histoire du cercle de craie*)、《看钱奴》(*L'esclave qui garde les richesses，ou L'avare*) 等全本翻译成法文。1832 年出版的《灰阑记》法译本是西方最早的中国戏剧全译本，1834 年儒莲又推出了《赵氏孤儿》(*L'orphelin de la Chine*) 全译本，使西方读者在马若瑟节译本问世一百年后终于看到了这出戏的全貌。另外他似乎也曾有翻译《合汗衫》的计划，"译名为《被对比的衬衫》(*La chemise confrontée*)。据儒莲《灰阑记》'前言'，他在 1832 年已经完成此剧翻译，曾有出版设想。此剧未见发表，也未见手稿留存"。[②] 很可能译稿丢失，或只是有此计划，并未动手。

儒莲的前任、法兰西学院首任汉学教授雷慕沙对中国戏剧同样很感兴趣，多次表示，"在中国人曾耕耘过的各文学类别中，令公众最有兴趣的或许就是戏剧"。19 世纪初他曾经许诺为书商拉沃卡 (Ladvocat) 策划的《德、英、中、丹麦等外国戏剧经典》(*Chefs d'œuvres des théâtres étrangers，allemand，anglais，chinois，danois，etc.*) 丛书翻译中国戏剧，可惜身前一直没有机会完成。[③]

作为儒莲的弟子，巴赞是 19 世纪对中国戏剧最为投入的西方汉学家，其翻译成就也最为引人瞩目。巴赞 1799 年出生于一个著名的医生世家，他的弟弟巴赞 (P. A. E. Bazin) 是巴黎圣路易医院有名的皮肤病医生，并比他更早出名，所以为了避免和他的弟弟名字混淆，他也常常被后世称为大巴赞 (Bazin Aîné)。巴赞最初学习法律，后来因对语言文学产生浓厚兴趣转向汉学，并成为儒莲的入室弟子。1839 年他开始在巴黎东方语言学院开设汉语课程，开始了作为汉学家的职业生涯。第一次鸦片战争后，法国政府更加重视中

① 李安光. 英语世界的元杂剧研究 [M]. 北京: 中国社会科学出版社, 2017: 256.

② 李声凤. 中国戏曲在法国的翻译与接受 (1789－1870) [M]. 北京: 北京大学出版社, 2015: 32.

③ 李声凤. 中国戏曲在法国的翻译与接受 (1789－1870) [M]. 北京: 北京大学出版社, 2015: 45－47.

法关系，正式设立汉学教席，巴赞担任教授直至 1863 年去世。此后这一职务由儒莲兼任直至 1871 年。

巴赞不仅翻译了全本《合汗衫》（张国宾）、《货郎担》（佚名）、《窦娥冤》（关汉卿）、《㑇梅香》（关汉卿）、《琵琶记》（高明）等剧目，还为《元曲选》全部一百个剧本撰写了简介或剧情梗概（其中十三个剧本附有节译），大大丰富了西方人对于中国戏剧，特别是元曲的了解。

1838 年巴赞出版了《中国戏剧选》（*Théâtre Chinois*），收入了自己早年翻译的《㑇梅香》《窦娥冤》《合汗衫》《货郎担》四个剧本，并为之撰写了论述中国戏剧历史的长篇"导言"（Introduction）。这是西方人出版的首部中国戏剧集，"导言"也成为西方首篇中国戏剧通论，具有重要的历史意义。

在翻译实践上，巴赞在总结马若瑟和儒莲经验教训的基础上，确立了自己的原则。他在《中国戏剧选》"导言"结尾处写道："我们为自己设定了最严格的忠实标准，并尽可能再现原作者的典型表达方式。但是，为了使剧本阅读更流畅，我们冒昧地把重复段落放在脚注里。事实上，翻译不能拘泥于原文。我们认为，就方法而言，逐字逐句的直译和过去传教士那种摘译，都会给读者的理解造成障碍。"[1] 虽然没有点名，巴赞显然不赞成儒莲逐字逐句的"直译"，更反对马若瑟不译曲词的"摘译"，他本人的标准是忠实于原作但不拘泥于原文，同时又尽可能再现原文的表达方式，总之他试图尝试新的翻译方法并取得更好的效果。

巴赞的翻译策略和实践备受卫三畏的关注，并专门为他的《中国戏剧选》写了评论（Bazin's Théâtre Chinois），刊登在《中国丛报》第十八卷上，《合汗衫》的英译文则附在书评之后。元杂剧《合汗衫》全名《相国寺公孙合汗衫》，写财主张义之子张孝友雪中救活陈虎，反被他夺妻陷害，一家人离散，十八年后张孝友之子长大成人才得以报仇雪恨，全家再次团聚。促成父子相认、祖孙团聚的重要信物是张孝友早年的一件贴身汗衫，这也是题目的由来。

为了便于比较，让我们以第一折开场张义一家人饮酒赏雪一段为例，将中、英两版本抄录如下（法译本略，只在下文进行比较时引用）：

原文

第一折

（正末扮张义，同净卜儿、张孝友、旦儿、兴儿上）（正末云）老夫姓

---

① Antoine Bazin，*Théâtre Chinois* [M]. Paris：A L'Imprimerie Royale，1838：ⅲ.

张名义，字文秀，本贯南京人也。嫡亲的四口儿家属：婆婆赵氏，孩儿张孝友，媳妇儿李玉娥。俺在这竹竿巷马行街居住，开着一座解典铺，有金狮子为号，人口顺都唤我做金狮子张员外。时遇冬初，纷纷扬扬，下着这一天大雪。小大哥在这看街楼上，安排果桌，请俺两口儿赏雪饮酒。（卜儿云）员外，似这般大雪，真乃是国家祥瑞也。（张孝友云）父亲母亲，你看这雪景甚是可观，孩儿在看街楼上，整备一杯，请父亲母亲赏雪咱。兴儿，将酒来。（兴儿云）酒在此。（张孝友送酒科，云）父亲母亲，请满饮一杯。（正末云）是好大雪也呵！（唱）

【仙吕点绛唇】密布彤云，乱飘琼粉，朔风紧，一色如银。便有那孟浩然可便骑驴的稳。

（张孝友云）似这般应时的瑞雪，是好一个冬景也！（正末唱）

【混江龙】正遇着初寒时分，您言冬至我疑春。（张孝友云）父亲，这数九的天道，怎做的春天也？（正末唱）既不沙，可怎生梨花片片，柳絮纷纷：梨花落，砌成银世界；柳絮飞，妆就玉乾坤。俺这里逢美景，对良辰，悬锦帐，设华裀。簇金盘、罗列着紫驼新，倒银瓶、满泛着鹅黄嫩。俺本是凤城中黎庶，端的做龙袖里骄民。

（张孝友云）将酒来，父亲母亲，再饮一杯。（正末云）俺在这看街楼上，看那街市上往来的那人纷纷嚷壤，俺则慢慢地饮酒咱。[①]

译文

Act First

Scene 1

(In the house of Chang)

Chang and his wife, Hiauyu and his wife, and Hing

Chang: My family name is Chang, my name I', and my style is Wan－siu, or Literary Flower. My native country is Nanking. My family consists of four persons, myself, my wife Chau, my son Hiauyu and his young wife Li Yu. In bamboo－twig alley, where I live, near Mahing street, I have opened a pawnbroker's shop, with the sign of a Golden Lion. This is the reason why everybody calls me Chang, the chief of the

---

① 顾学颉. 元人杂剧选［M］. 北京：人民文学出版社，1956：306－307.

Golden Lion. Now, the winter is just setting in, the snow falls in large flakes, and everywhere drifts and covers the ground. My son in a room above, adjoining the window, and has prepared a table, and says I and my wife must go up and enjoy with him the sign of the falling snow, and take some cups of wine.

(He and his wife go up.)

Chau: The lustrous whiteness of this snow is the emblem ofpurity, I can not doubt but that it is a presage of happiness for the state.

Hianyu (perceiving his father): My father, my mother, see here: the azure tint of this snow is well worth looking at. While looking up and down the street from this verandah, I have prepared a cup. Come, my parents, enjoy this charming sight. Bring the wine, Hing.

Hing: Here it is.

Hiauyu (presenting a stoup of wine): My father, I beg you to take a cup of wine.

Chang: These thicksnowflakes, my son, are truly very beautiful.

(He sings): The clouds, like ruddy vapors, extend and group themselves on all sides; the large flakes whirl about in the air; the north wind blows violently; the sight loses itself in the silvery horizon. Who would be able, at such a time, to meditate calmly when on his horse, as MingHaujen did?

Hiauyu: This snow, which comes so opportunely, is a happy presage; it affords us a pleasant prospect for winter.

Chang (He sings): We are now just at the commencement of the cold weather, and so you say the winter is here; well, on my part, I maintain it is spring.

Hiauyu: But, father, it is autumn now. How can you take this to be spring?

Chang (He sings): If it were otherwise, how could the blossoms of the pear, petal after petal, fall as they do? How could the flowers of the willow fly about so in eddies? The pear blossoms heap themselves to heaven like a waving tiara, and fall again to the earth. I have before my eyes a delightful prospect, it is the most fortunate moment of my life;

draperies of embroidered silk are suspended for me，a rich carpet of flowers is spread beneath my feet；I am served to the full with delicate viands placed on dishes of gold；goblets of silver are handed me full of delicious wine. Though in reality，I am only a plebeian，a simple citizen of the Phoenix city，yet for all that，I seem to swim in luxury，and my robe to be ornamented with dragons.

Hiauyu：Bring the wine；drink another cup，father，mother.

Chang：From this high verandah，I can look along the whole street. I see a confused multitude of men in the market－place，coming and going，or stopping；I hear their tumultuous cries. Let us stay quietly in this little chamber，and leisurely drain a few cups of wine. ①

《合汗衫》原剧为四折，"折"对应西方戏剧的"幕"（Act），但折之下不再细分，法译和英译则根据西方戏剧的习惯分为若干"场"（Scene）。这里将张家饮酒赏雪作为第一场，后面店小二向陈虎讨要房宿饭钱作为第二场。

在注释方面，英译比法译简略。就第一场来看，英译文注释只有一个，是关于唐代诗人孟浩然，相传他有风雪骑驴寻梅的故事，元人曾将这故事编为杂剧。卫三畏的注释写道："（孟浩然）是一位中国诗人，他一边骑驴一边构思诗歌。"② 这个注释在法译文中也有。此外法译文还有八个注释是英译本所没有的，但值得注意的是，有几个法文注释被卫三畏直接合并到了英译正文中，如张义介绍自己"字文秀"，英译文是 my style is Wan－siu, or Literary Flower，法译是 mon titre honorifique Wen－sieou，然后又在注释中说明"文秀"的意思是文华（fleur littéraire）。又如"员外"，法文正文用了音译 Youen－wai，然后在注释中加以解释，"这是对商人的一种尊称"。如果追根溯源就会发现，员外最初是古代官名，别于正额（正式编制之内）官员而言，历代都设有员外郎，后来官爵泛滥，社会上多以官名互相滥称，故有财势者皆被称为员外。卫三畏在文中直接翻译成了 chief。另外，在"紫驼""鹅黄"的翻译上，卫三畏跟随法译作了意译：delicate viands（mets recherchés）；delicious wine（vin exquis）。这两个负载着厚重中国文化元素的词确实不好处理。以"紫驼"为

---

① S. W. Williams. The Compared Tonic：A Drama in Four Acts［J］. *The Chinese Repository*，1849：（18）.

② S. W. Williams. The Compared Tonic：A Drama in Four Acts［J］. *The Chinese Repository*，1849：（18）.

例，它是古代一种奢侈、名贵的食品，用骆驼峰（骆驼背上拱起的肉）制成。巴赞对此在法译文中做了专门的注释，还特别引用了杜甫《丽人行》一诗中的"紫驼之峰出翠釜"[①]。这类法语注释一方面说明了巴赞精深的汉学造诣和严谨的态度，另一方面也是因为他把译本当作一种学术著作来对待，而卫三畏只是为了向英语读者介绍元杂剧。

卫三畏译本的最大贡献在于首次提供了一个全文翻译，此前英语世界的元杂剧译本，无论是从法译本转译的《赵氏孤儿》，还是德庇时翻译的《老生儿》《汉宫秋》都是节译本，都删去了唱词。从上面引文我们不难看到，卫三畏将唱词和对话全部进行了翻译。元曲的唱词基本就是诗，要把其中的意象、典故翻译出来非常不容易。卫三畏对于唱词的翻译基本是准确到位的，但并非毫无问题。上面那段译文中就出了一个大纰漏——"端的做龙袖里骄民"被翻译成了 and my robe to be ornamented with dragons。根据顾学颉的解释，"凤城、龙袖，均指京城。宋代，住在京都的人享受许多特殊待遇，被称为'龙袖骄民'"。[②] 卫三畏将之翻译成"我的衣袍上装饰着龙文"显然不对，衣服上有龙袖或者穿龙袍的只能是皇帝，"龙袖"这里是借指京城，也就是玉辇之下、天子脚下的意思。卫三畏错误的源头是巴赞，他的译文是 mon habit est orné de dragons。[③] 巴赞对自己的汉语能力一直信心满满，但老虎也有打瞌睡的时候。如果没有巴赞的译本，卫三畏应该可以胜任直接从中文英译《合汗衫》的工作，但借助法译本来转译无疑更为省时省力，关键在于不管前人的水平多高，都不能迷信。

唱词因为是诗，有很强的抒情功能，典型的如张义与妻子儿女在看街楼上享受良辰美景时咏叹大雪纷飞的那一段，使用了叠字（la réduplication）、暗喻（la métaphore）、托寓（l'allégorie）等多种修辞手法，在巴赞看来是最能打动人心的诗句，因此"必须要有看懂这类原文的能力，才能理解作品风格与人物境遇的一致性。戏剧诗从诗体这一角度来看，要远远高于《诗经》中的作品"[④]。这里巴赞为了抬高戏剧诗，简直要颠覆《诗经》的经典地位。当然这里更能看出他对自己能够"看懂原文诗句的能力"的自信心。平心而论，诗的其他部分都译得比较到位，但"龙袖"是个遗憾的错误。巴赞首先搞错了，卫

---

① S. W. Williams. The Compared Tonic: A Drama in Four Acts [J]. *The Chinese Repository*, 1849: (18).

② 顾学颉. 元人杂剧选 [M]. 北京：人民文学出版社，1956：314.

③ 顾学颉. 元人杂剧选 [M]. 北京：人民文学出版社，1956：314.

④ Antoine Bazin. *Théâtre Chinois* [M]. Paris：A L'Imprimerie Royale，1838：141.

三畏也跟着错了。

卫三畏英译文除了每折（幕）分场次外，还对原文做了一个加工，就是在第一折（幕）前增加了出场人物列表（Dramatic Personnel）：

> Chang I, a rich landholder
>
> Chau, his wife
>
> ChangHiauyu, their son
>
> Li Yu-noo, wife of Hiauyu
>
> Chinpau, son of the two last
>
> Hing, a domestic of Chang I
>
> Chin Hu, adopted son of Chang and Chau
>
> ChauHingsun
>
> A waiting boy in a tavern
>
> The abbot of a Buddhist monastery
>
> The steward of the monastery
>
> Priests
>
> Lai, a boy
>
> Bowmen under the orders of ChauHingsun
>
> Li Chang, judge atSuchau
>
> Lectors and policemen in his suite[①]

除了张义、张孝友、陈虎、赵兴孙等主要人物外，次要人物如府尹李志，乃至他的随从都列入名单，可谓无一遗漏。这样的列表当然也是法文本所包含的（Noms des personnages），是西方剧本所必备的一个内容。但遗憾的是，巴赞以及卫三畏都没有说明中国戏剧中角色的名称，如该剧的主要人物张义（也是主唱）是"正末"，妻子赵氏是"净"，陈虎也是"净"，更明确的名称是"邦老"，也就是剧中扮演强盗的人。焦循《剧说》云："帮老之称……皆杀人贼，皆以净扮之，邦老者，盖恶人之目。"[②]

卫三畏不仅关注英文著作，也关注其他文字的汉学著作。法国作为汉学大

---

① S. W. Williams. The Compared Tonic: A Drama in Four Acts [J]. *The Chinese Repository*, 1849：(18).

② 顾学颉. 元人杂剧选 [M]. 北京：人民文学出版社，1956：314-315.

国，在 19 世纪拥有最多的专业汉学家，其大量成果也是众所瞩目的。卫三畏对他们在中国文学方面的成就尤为钦佩，1845 年他从广州返回美国探亲途经巴黎，在那里购买了一批法国汉学著作，巴赞的《中国戏剧选》是其中重要的一册，西方最新的戏剧研究成果引发了他高度的热情。不仅如此，他在巴黎期间还特地拜访了巴赞。在当年 8 月 25 日给裨治文的信中写道："我受到了巴赞先生的多方照顾，他的不辞劳苦和诸多好意让我感到很不好意思，他使我对巴黎的访问了无遗憾。"① 个人之间的交往显然也是促使卫三畏写作书评并根据巴赞法文本进行英译的一个动因。

翻译中国文学对于西方汉学家来说无疑是一个"尖端"领域，它首先要求译者精通汉语，而仅这一点就已经很难做到，法国学者能够迎难而上，在这样一个具有高难度的领域大显身手，本身就说明了他们的汉学造诣高人一等。英美汉学家中只有德庇时在文学翻译上可以向法国人提出挑战，当卫三畏写这篇评论文章时，德庇时的英译《老生儿》《汉宫秋》已经出版。但德庇时的译本有一个重大缺陷：不译曲词。对此，巴赞在《中国戏剧选》导言里给予了批评："他一定程度模仿了马若瑟的做法，更注重口头对话的简单再现，而不是对抒情段落的解读，因为后者需要努力、智慧和对中国古代风俗习惯的深入了解……我们乐于承认英国汉学家的贡献，但也许他太不相信自己的能力了，以至于仿效马若瑟删去了曲词，他本应忠实地把它们翻译出来。"② 巴赞对于曲词的重视无疑是非常正确的，包括元杂剧在内的中国古代戏剧乃是"戏曲"，以唱为主，对话则相对次要（所以称为"宾白"），这同西方的话剧差别很大。"元杂剧的曲文主要是抒情，展示剧中人物复杂的内心世界与激烈的情感表现。它既要充分展示人物的内心世界，使其情感得到淋漓尽致的表现，还必须让不同文化层次的观众，通过曲文深入到人物的内心世界，理解人物的情感表现。曲文承担了塑造人物又让观众认识人物的双重任务，这就促使元曲家无不竭尽全部才情进行曲文的创作。"③ 另外元杂剧的艺术体例是一人主唱，而此人一般是剧中最重要的人物，不译曲文无疑大大减损了原作的形态。总之就元杂剧在内的中国戏曲来说，只译对话不译唱词近于舍本逐末。

但德庇时的汉语能力不容低估，1829 年也就是《汉宫秋》节译本问世的当年，他发表了《汉文诗解》一文。此文不仅讲解了中国诗歌韵律对仗等形式

① S. W. Williams to E. C. Bridgman，25 August 1845. Unpublished Letters from and to Samuel Wells Williams in Yale University Library，U. S. A，Vol. 19：457.
② Antoine Bazin. *Théâtre Chinois* [M]. Paris：A L'Imprimerie Royale，1838：xlviii−xlix.
③ Antoine Bazin. *Théâtre Chinois* [M]. Paris：A L'Imprimerie Royale，1838：xlviii−xlix.

上的要求，还参照欧洲的诗歌类别介绍了中国各类诗歌的情况，并且引用了数十首完整的诗歌词曲作为例证。其中除了《诗经》此前有译文可以参考外，其他如杜甫《春夜喜雨》、欧阳修《远山》《红楼梦·西江月》以及《长生殿·闻铃》中的《武陵花》等，此前均未被翻译成西文，完全出自德庇时之手，可见他对中国诗词并非不能领会和翻译。

马若瑟精通汉语，能用中文写作，水平显然在德庇时之上，但是他不翻译曲诗的原因在于其翻译策略，一位研究者指出，"马若瑟的翻译策略是基于同时代法国一般读者的理解与接受水平的，他根据自己对中西文化差异的了解，根据作品可能被理解的难易不同，做出删减、修改、增补的不同处理，尽量使读者可以轻松、顺畅地把握到作品的基本信息。"① 从这个思路同样可以理解德庇时，他把戏剧看作一种新奇的通俗文学读物，认为唱段的价值只在于悦耳（正如中国老话不说"看戏"而说"听戏"），而文辞对西方人来说则不免过于晦涩，因而不值得翻译。②

两种不同的翻译策略有助于我们一窥两类汉学家——专业和业余的差异：马若瑟与德庇时虽然一为传教士，一为商人，但他们都长期在华生活，中国对于他们来说是一个当下的存在，他们翻译的期待读者是每一个希望了解中国的西方人，而巴赞以及他的老师雷慕沙、儒莲等学院汉学家则完全不同。他们一生从未来过中国，而且也觉得无此必要，因为他们不是把中国当作一个现实的、可以交流的对象，而是一种已死的古代文明，他们只将戏剧小说当作和经史子集一样的文献，完全忽视它们作为通俗文学的消遣娱乐功能，所以全文翻译是必须的。从这个角度我们也可以更好地理解卫三畏，他无疑是属于马若瑟、德庇时一类，他的作品，以及刊载他作品的《中国丛报》都是面向美国和西方普通读者的。这里可以再举一个例子来说明。关于《合汗衫》这出戏的标题，卫三畏只是简单地在英译文上写了《相国寺公孙合汗衫》几个汉字。巴赞则做了一个详细的注释，先解释什么叫"汗衫"，然后写道："这出戏的'正名'（le titre correct）是《相国寺公孙合汗衫》，'题目'（l'argument abrégé）是《东岳庙夫妻占玉玦》。"③ 这显然是学院派汉学的特色。巴赞用的底本来自臧懋循《元曲选》，此剧还有另外两种传本，一是《元刊杂剧三十种》本，题

① 李声凤. 中国戏曲在法国的翻译与接受（1789－1870）[M]. 北京：北京大学出版社，2015：69.

② John F. Davis, *Laou－seng－urh*, or, *An Heir in His Old Age* [M]. London：John Murray，1917：xlii.

③ Antoine Bazin. *Théâtre Chinois* [M]. Paris：A L'Imprimerie Royale，1838：137.

目正名为"马行街姑侄初结义，黄河渡妻夫相抱弃。金山院子父再团圆，相国寺公孙汗衫记"。二是脉望馆钞校内府本（《古今杂剧》），题目正名为"金沙院子父再团圆，相国寺公孙合汗衫"①。

就中国戏剧的英译本来看，卫三畏之前直接从原文翻译的是德庇时的《老生儿》和《汉宫秋》，但都是省略唱词的节译本，从这个角度来看，卫三畏的《合汗衫》全译本就显得意义重大了，它不仅是美国最早的元杂剧全译本，而且也是英语世界最早的。

（作者为北京外国语大学国际中国文化研究院教授、博士生导师）

---

① 顾学颉. 元人杂剧选 [M]. 北京：人民文学出版社，1956：313－314.

对话与发衍：互文性视角下的《赵氏孤儿》与《中国孤儿》

◎楚　歌

【摘　要】　1755 年伏尔泰以《赵氏孤儿》为蓝本改编的法语剧目《中国孤儿》在法国各地上演，成就一段世界文学佳话。《赵》剧和《中》剧之间特殊的亲缘性使文本流通过程中的对话与发衍行为更为凸显。一方面，两部剧对"野蛮力量"的图绘既因文本所指重合而相似又因审美差异而相离；另一方面，《赵》剧人物程婴、公孙杵臼与《中》剧人物张惕、伊达梅的横向对比呈现出戏剧主题从"忠义"到"忠诚"的异延；最终，《赵》剧的儒家道德观在伏尔泰的主动互文下演变为《中》剧的启蒙道德理念。通过对戏剧文本的互文脉络梳理，两部文学经典的文本渊源得以被重新把握。

【关键词】　《赵氏孤儿》；《中国孤儿》；互文性；对话；发衍

元人纪君祥所作《赵氏孤儿》诞生于社会矛盾错综复杂的历史时期，剧作家将对现实世界的不满和对美好精神世界的向往寄注笔端，书写了一则义薄云天、荡气回肠的英雄故事。该剧以其强大的艺术感染力被王国维称赞为中国古代"最具悲剧之性质"① 的剧作之一，成为"我国古典悲剧史上的丰碑大纛"②。墙里开花墙外亦幽香袭人。《赵氏孤儿》在中外文化与文学交流史上亦担当重要的"先锋角色"③。18 世纪初，该剧被传教士译介到欧洲，随后在英、法、意、德、俄等国竞相出现改写本，掀起当地的"中国热"。可以说，以《赵氏孤儿》为圆心，各国译本、改写本呈辐射状延展，在世界文坛形成一个

---

①　王国维. 宋元戏曲史［M］. 上海：上海东方出版社，1996：102.

②　王季思. 中国十大古典悲剧集［M］. 上海：上海文艺出版社，1982：9.

③　钱林森. 引言：中国古典戏剧、小说在法国［A］//钱林森. 法国汉学家论中国文学——古典戏剧和小说. 北京：外语教学与研究出版社，2007：I.

"文学组（cycle littéraire）"①。

在众多改写本中，以伏尔泰所著的《中国孤儿》最引人瞩目。一方面，《中国孤儿》在舞台演出方面成就斐然，它"一直频繁出现在法兰西戏剧院的保留节目单里，演出场次高达 190 次"②。另一方面，作者伏尔泰身为启蒙运动领袖，他通过戏剧作品表达的对中国文化的关注以及他在改写过程中赋予作品的思想价值都分量十足，且蕴藏丰富。鉴于中法文化在很大程度上互为异质的现实，从纪剧《赵氏孤儿》到伏剧《中国孤儿》，作品本身从形式到内容都发生很大变化。前者取材春秋晋国史事，讲述屠岸贾加害赵氏一族，公孙杵臼、程婴等人勇护赵氏孤儿，最后赵武长大成人终报大仇。但经伏尔泰之手，情节迁移，筋骨重塑，成为一出宋元背景的法国古典主义五幕剧：大幕拉起时，宋朝忠臣张惕与妻子伊达梅商议如何保护藏在家中的宋朝仅存皇子。另一边，以征服者姿态出现的成吉思汗正派人搜找皇子，意欲杀之。张惕用亲子冒充皇子，送去刑场。但伊达梅不忍看到亲子惨死，遂去央求成吉思汗用自己的性命换回孩子。巧的是，成吉思汗正是年轻时向她求爱的青年铁木真，成吉思汗旧情复萌，再次向伊达梅求爱，并以其夫、其子和皇子的性命相威胁。但伊达梅最终还是拒绝成吉思汗，选择和丈夫一起舍生取义，却也因此感化成吉思汗，保住所有人性命，以圆满结局。

改写前后的文本差异使《赵氏孤儿》与《中国孤儿》的亲缘性成为颇有争议的话题。本文援引互文性理论，以期为纪剧与伏剧的文本渊源提供新视野。依法国理论家、"互文性"概念创立者克里斯蒂娃（Julia Kristeva，1941—）的观点来看，社会、历史、文化等因素都在互文性讨论视野内；文本不是封闭的结构，而是开放的、流通的、交互的，"任何文本都是对其他文本的吸收和转化"③。两部戏剧作为时代的产物，都与其所处的社会文化进行互文。《赵氏孤儿》出现在 18 世纪的法国，亦是社会文化一部分，同时它还是伏尔泰的创作灵感来源，是他对社会形态思考的参考文献，这些决定《赵氏孤儿》必然是《中国孤儿》的构成文本之一。鉴于此，无论纪剧在伏剧中的实际出现有多少，都无法改变二者之间的互文关系。而需要我们特别关注的是，在文本流通过程中，它们在何种程度上呼应或变异，又是如何对话与发衍的。

---

① 范希衡.《赵氏孤儿》与《中国孤儿》[M]. 上海：上海古籍出版社，2010：5.

② 孟华.《中国孤儿》批评之批评 [J]. 天津师范大学学报（社会科学版），1990（5）：58.

③ Julia Kristeva，Word，Dialogue and Novel [A]. Toril Moi（ed.），The Kristeva Reader [C]. Oxford：Basil Blackwell，1986：37. 转引自李玉平. 互文性：文学理论研究的新视野 [M]. 北京：商务印书馆，2014：17.

一、"野蛮力量"的图绘

《赵氏孤儿》取材于春秋时期晋国贵族赵氏的兴衰变化史。对于这段历史，《春秋》《左传》《国语》与《史记》皆有记载。范希衡老先生曾对赵氏孤儿故事的史书记载进行梳理。通过对比史料，我们发现纪剧中的奸恶势力代表屠岸贾其角色来源及塑造是不同时代几种意志先后参与的结果。根据《左传》记载，赵盾最初经历的几次迫害（即鉏麑行刺、提弥尔打獒、宁辄倒戟护卫）都源于他与晋灵公君臣不和。后灵公被杀，赵盾返朝重掌大权。赵氏一门在成公至景公初期都极为显赫。赵盾死后，其子赵朔（即孤儿的父亲）因晋楚战事不利，似被追责，不再有记载。但赵盾兄弟赵括等人依然身居高位。随后因家族矛盾，赵朔之妻赵庄姬（孤儿的母亲）进谗景公。景公听信，杀害赵氏兄弟，并没收田邑。赵氏儿近灭门，唯有赵朔遗孤赵武[1]。从《左传》记载来看，赵氏家族的对立面并不是单一集中的奸恶势力，赵氏本身亦不是铁板一块，其衰落是多方原因导致。在这其中，屠岸贾作为政敌，或有推波助澜，但其角色并不凸显。屠岸贾角色分量在《史记·赵世家》中发生重大改变："晋景公之三年，大夫屠岸贾欲诛赵氏"，"贾不请，而擅与诸将攻赵氏于下宫，杀赵朔、赵同、赵括、赵婴齐，皆灭其族"。[2]《史记》的记载掩去赵氏家族内部矛盾等情节，将赵氏的衰败归因于屠岸贾的主动对抗。"君前不和""假传圣旨""朝夕间灭门"等戏剧情节在《史记》中都可以溯源，至此，可以说纪剧中屠岸贾的基础原型已出现。

但若将《赵氏孤儿》中的屠岸贾与《史记》原型对比，我们会发现纪剧中人物更为凶残。戏剧中的屠岸贾不仅担下晋灵公迫害赵盾的种种恶行，还想出要屠尽全国半岁以下、一月以上所有婴儿的狠计，最后还意图弑君自立。剧作家在具体行文时有意突出这些凶残细节，例如具体化赵家被屠人数为"三百余口"；反复出现"全家处斩，九族不留"的杀令；细化屠岸贾弑杀婴儿"亲手剁三段"的场景。种种描述将角色的残暴野蛮刻画得淋漓尽致。我们不禁要问作家为何着力于此？"赵氏孤儿"的故事自春秋流传下来，到宋朝受到特殊礼

① 范希衡. 《赵氏孤儿》与《中国孤儿》[M]. 上海：上海古籍出版社，2010：7-8.
② 史记·赵世家. 转引自范希衡. 《赵氏孤儿》与《中国孤儿》[M]. 上海：上海古籍出版社，2010：9-10.

遇，原因在于宋朝皇姓正是"赵"，且与春秋赵氏极有可能同宗同脉①。纪君祥生活在宋元相交之际，不曾仕元，为宋"遗民"，可想"赵"姓对他来说意义特殊。进行戏剧创作时，他不仅会吸收《左传》《史记》等历史文献记载，同时也会参考当时的社会见闻，并转化进自己的文本，尤其当这份创作还承载他的家国情怀。换言之，《赵氏孤儿》作为能指，其所指是多元的。这样就不难理解为何屠岸贾形象会比史书记载更加野蛮：在纪剧中，屠岸贾既是历史上晋贵族赵氏的对立面，又暗喻当时赵宋王朝的对立面。赵宋的对立面，自然是以成吉思汗为代表的元朝势力。元人之野蛮残暴，臭名昭著。"元人初入中原，言汉人无益于国，宜空其地为牧场"②，"史称蒙古人无恶不作，其中最大的罪恶就是殄灭许多王室，不肯留最后的一脉"③，"所虏山东、河南、北直隶、山西童男女为奴者尽杀之，为数极众"④。纪君祥作为大都人，应是听闻甚至亲历不少血腥场面：其中有多少个家族上百余口"全家处斩，九族不留"？又有多少个孩童被元兵剁成几段？屠岸贾的野蛮形象正是对元人残暴的互文。

纪君祥受时局限制不能言明的地方，被伏尔泰在改写本中直接挑明。《中国孤儿》里赵氏孤儿正是赵宋遗孤，野蛮形象的代表也正是成吉思汗。蒙古大军当时南征北战，劫掠范围极大，不仅南下侵略宋朝，而且西征至东欧，四处屠城。成吉思汗的野蛮凶残之名可谓中西共闻。何况，伏尔泰在创作《中国孤儿》之前已完成哲学著作《风俗论》，"戈比尔的《成吉思汗及蒙古朝史》是他重要的参考之一"⑤。他虽然不像纪君祥作为当事人亲历这些残酷事件，但他对它们的了解并不少。因而，我们可以在伏剧中看到相似的野蛮场景描绘：

> 正是这骄横的成吉思汗，其可憎的战功
> 将富饶的亚洲大陆变为巨大的墓场。（I，1）
> 血淌的河流被开辟为进攻的通道，

---

① 宋神宗时期承议郎吴处厚就曾对赵氏渊源进行考证，见［宋］吴处厚. 青箱杂记［M］. 北京：中华书局，1985：97—99. 转引自郭万金、赵寅君. 忠义精神的价值凝聚——以元杂剧《赵氏孤儿》为例［J］. 长江学术，2020（1）：42.

② 元史·耶律楚材传. 转引自范希衡.《赵氏孤儿》与《中国孤儿》［M］. 上海：上海古籍出版社，2010：15.

③ 戈比尔. 成吉思汗及蒙古朝史. 转引自范希衡.《赵氏孤儿》与《中国孤儿》［M］. 上海：上海古籍出版社，2010：15.

④ 戈比尔. 成吉思汗及蒙古朝史. 转引自范希衡.《赵氏孤儿》与《中国孤儿》［M］. 上海：上海古籍出版社，2010：15.

⑤ 范希衡.《赵氏孤儿》与《中国孤儿》［M］. 上海：上海古籍出版社，2010：48.

我们汉家儿郎的垂死之躯层层堆积，

上面覆满了战争之刃与毁灭之火。(I, 2)①

两部作品对"野蛮力量"的相似图绘归因于文本所指是同一段历史，同一群人物。这是巧合吗？从文本的互文脉络来看，很显然不是。纪君祥的创作与他所处的时代息息相关；屠岸贾身上有元人的影子，这不是偶然，而是必然。伏尔泰作为纪剧的读者，不仅读到了剧本内的情节，也读到了剧本外的环境。在《中国孤儿》的《献词》中，剧作家如此介绍《赵氏孤儿》："这部中国戏剧创作于 14 世纪，正处于成吉思汗王朝治下。"② 伏尔泰显然注意到纪剧的创作年代，虽不十分准确③，但把握住了该时期的关键背景因素：入侵的元人与汉民族的冲突。同为作家的伏尔泰，必然明白纪氏作品与创作背景的血脉联系，亦了然此赵氏孤儿与彼赵氏孤儿的相互影射。因此他指定成吉思汗作为"野蛮力量"的代表，并不是随意选择，而是对《赵氏孤儿》的主动转化。

伏尔泰的转化既有对纪剧的呼应，也有基于当时主流审美的变异处理，这种差异归因于当时法国社会需求。与纪剧相比，一方面，伏剧中对野蛮力量的描绘仅停留在宏观层面，却不进入令人惊恐的细节：描写中有血漫战场，有火烧宫殿，但不突出死亡人数，更没有剑刹婴孩的场面。这是因为伏尔泰在创作中继续奉行古典主义审美，体察法国观众的接受能力，并应其要求对剧本作出改动。另一方面，成吉思汗在伏剧中虽代表野蛮一方，但没有被脸谱化。伏尔泰明确表态，他期望展现人物的原始兽性被道德感化、被文明驯服的过程。与纪君祥视元人为家国仇敌不同，伏尔泰把成吉思汗当作启蒙民智的教材，并为其设计痛改前非、洗心革面的结局。粗看相似的两股"野蛮力量"因迥异的社会背景而表现方式和最终流向皆不相同。

二、"忠义"到"忠诚"的异延

《赵氏孤儿》流传甚广，誉为古典悲剧经典之作，归功于它塑造了一批顶

---

① Voltaire, L'orphelin de la Chine, tragédie représentée pour la première fois à Paris, le 20 août 1755 [O/OL]. https://gallica.bnf.fr/ark:/12148/bpt6k312273j/f7.planchecontact, 2023-3-11：2, 5.

② Voltaire, L'orphelin de la Chine, tragédie représentée pour la première fois à Paris, le 20 août 1755 [O/OL]. https://gallica.bnf.fr/ark:/12148/bpt6k312273j/f7.planchecontact, 2023-3-11：IV.

③ 据范希衡考证，纪君祥大概生活在 13 世纪，而不是 14 世纪，见范希衡.《赵氏孤儿》与《中国孤儿》[M]. 上海：上海古籍出版社，2010：18.

天立地的忠义之士。忠人之事，见义勇为，程婴、公孙杵臼等人为救赵氏孤儿，与奸恶势力斗智斗勇，不惜舍下身家性命。其事迹在元代前，就早已被历代史学家称颂："司马迁之传程婴、杵臼，畅言其义，刘向述赵孤故事，称其节士，庾信诗文称引，慕其忠义。"① 纪君祥在塑造人物时，不仅秉承这份忠义之气，更致力浓墨将其烘托。人物曲白的字里行间多次点明"忠义"二字，揭橥作品所弘扬的核心价值。第一折里韩厥放走程婴与孤儿，激烈唱道："可不道忠臣不怕死，怕死不忠臣。"他随后为让程婴放心，挥剑自刎："你又忠我可也又信，你若肯舍残生我也愿把这头来刈。"② 第二折，公孙杵臼用性命毅然担下用假孤儿诓骗屠岸贾的任务，慨然唱道："见义不为非为勇，言而无信言何用！"③ 最后一折，魏绛宣读圣旨，论评二十年前"救孤"事，亦说道："那其间颇多仗义，岂真谓天道微茫。"④

　　"忠义"二字虽并列出现，但在《赵氏孤儿》中亦有侧重。《史记》记载程婴、公孙杵臼二人为赵氏门客，家仆护幼主的行为自然称为"忠"。但在纪君祥笔下，二人身份皆发生改变。程婴"元是个草泽医人，向在驸马府门下，蒙他十分优待，与常人不同"⑤。也就是说，程婴与赵朔不再是主仆关系，而是故交友人。公主向程婴托付婴儿时，说道："临危托故人。"⑥ 这也印证了程婴身份的变化。公孙杵臼也不再是门客，而变成了罢职归田的老宰辅，与赵朔成为一殿为臣的同僚关系。人物关系的变化使得"救孤"行为的性质似乎不再适合定义为"忠"，因为"忠"一般是形容臣对君、仆对主尽义务的行为。那么称赞程婴等人"忠义"错了吗？亦不然，"忠"其实还有另一层意思："尽心竭力。"⑦ 如《论语·学而》里曾子曰："为人谋而不忠乎？"对照程婴、公孙杵臼等人竭力护孤的行为，"忠"显然应该取这个意思。既明了"忠"的含义，我们就可辨出"忠义"这个表述其重点落在"义"上：程婴等人行为被高度赞扬，不仅因为他们尽心完成某事，难能可贵的是他们因义而为，舍生存义。该杂剧在《元刊杂剧三十种》中的"正名"为"义逢义公孙杵臼，怨报怨赵氏孤

　　① 郭万金，赵寅君. 忠义精神的价值凝聚——以元杂剧《赵氏孤儿》为例 [J]. 长江学术，2020（1）：42.

　　② 王季思. 中国十大古典悲剧集 [M]. 上海：上海文艺出版社，1982：73—74.

　　③ 王季思. 中国十大古典悲剧集 [M]. 上海：上海文艺出版社，1982：78.

　　④ 王季思. 中国十大古典悲剧集 [M]. 上海：上海文艺出版社，1982：94.

　　⑤ 王季思. 中国十大古典悲剧集 [M]. 上海：上海文艺出版社，1982：69.

　　⑥ 王季思. 中国十大古典悲剧集 [M]. 上海：上海文艺出版社，1982：70.

　　⑦ 王力，等. 古汉语常用字字典（第 19 版） [W]. 蒋绍愚，等增订. 北京：商务印书馆，2010：506.

儿";明朝徐元以纪剧为蓝本撰有传奇《八义记》①。由此可见,"义"是这段事例的讴歌主题。

何谓"义"?《中庸》里子曰:"义者,宜也,尊贤为大。"也就是说,所谓义,就是做适宜的行为,尊重贤者被认为是大义。《赵氏孤儿》讲述的正是仁人义士以敬贤而做出的道德选择。楔子开场就摆明赵盾贤者的身份,鉏麑被屠岸贾派去刺杀赵盾,刺客却选择"触树而死",为何?因他见赵盾"每夜烧香,祷告天地,专一片报国之心,无半点于家之意",心想若杀此人,"便是逆天行事,断然不可"②,但若回去见雇主,亦无法活命,于是自行了断。殿前太尉提弥尔毒手劈神獒,搭救赵盾,同样是因为不忍看到忠良之辈被迫害。程婴被"托孤"时,虽提到是缘于故交之情,但他后来所付出的努力已远超基于友谊的回报。他与韩厥、公孙杵臼舍身救护赵氏孤儿,更多是出于义愤,一如公孙杵臼对屠岸贾的斥责:"谁似这万人恨千人嫌一人重?他不廉不公,不孝不忠,单只会把赵盾全家杀的个绝了种!"③

正是这份忠义精神,使天道不再微茫,同时也感动了海外读者伏尔泰。他将这份震撼之力称为"中国精神(l'esprit de la Chine)"。在伏尔泰对法国的社会走向与民族发展进行严肃思考时,与"中国精神"的相遇使他精神振奋。他甚至敏锐地指出《赵氏孤儿》这部剧诞生在元代,这本身就是"证明鞑靼征服者无法改变被征服民族风俗的证据"④。伏尔泰对"中国精神"进行延展式诠释:在他看来,程婴等人不畏蛮暴,匡扶正义所展现的教化力量,与汉民族虽处在元人野蛮治下却依然创作出《赵氏孤儿》这等佳作的文化生产力,这二者是一脉相承。这种精神力量内敛却柔韧,比野蛮之力更加高贵,是对道德的忠诚坚守。因而,在创作《中国孤儿》时,伏尔泰将纪剧中的"忠义"衍化为人物对己身职责的"忠诚(fidélité)"。

《中国孤儿》中主要由张惕、伊达梅夫妇二人诠释"忠诚"之义。张惕作为宋朝遗臣,目睹国家破碎,皇室被屠的场景。他将看护仅存皇子作为第一职责,其重要性甚至超越他作为父亲的职责,于是他想到用亲子代替皇子去接受侵略者的屠戮。对于此,伊达梅伤心又无奈叹道:"我的丈夫,忠于旧朝,坚

---

① 王云. 正义与义:《赵氏孤儿》核心价值观的重构 [J]. 中国比较文学,2019(3):95.
② 王季思. 中国十大古典悲剧集 [M]. 上海:上海文艺出版社,1982:87.
③ 王季思. 中国十大古典悲剧集 [M]. 上海:上海文艺出版社,1982:76.
④ Voltaire. L'orphelin de la Chine, tragédie représentée pour la première fois à Paris, le 20 août 1755 [O/OL]. https://gallica.bnf.fr/ark:/12148/bpt6k312273j/f7.planchecontact,2023-3-11:IV.

定不屈，/他眼中只有职责，故而毫不犹豫，/他献出亲子。"（Ⅲ，3）① 张惕虽然痛惜儿子，但坚持立场。面对成吉思汗，他坦然陈述："你是我们的征服者，却不是我的王。/如果我是你的臣民，我会对你效忠。/你可以掠去我的生命，但请尊重我的虔诚。"（Ⅲ，3）② 换言之，你可以用武力打败我，但你的德行不配做我的王，因此无法得到我的效忠。可以说，张惕在对赵宋皇室尽忠的同时，他亦在对道义坚守。

伊达梅是《中国孤儿》中改造成吉思汗的关键人物，因而她的角色诠释更加复杂而丰满。首先，她和丈夫一样效忠宋朝，试图拯救皇子；但当发现亲子要被牺牲时，她亦不能摒弃母性，遂去哀求成吉思汗饶过孩子。即便如此，她也没有供出皇子所在，只是甘愿用自己生命换取孩子："请只惩罚我一人，因为我同时背叛/我尊敬的丈夫，和我皇的血脉。"（Ⅲ，3）③ 伊达梅的忠诚并未因为母爱而打折扣，无论是对她的丈夫还是对宋朝皇室。所以成吉思汗再次向她求爱，她断然拒绝。成吉思汗不解，问她为何还爱那个将亲子交予死亡的人。她答道："他以英雄身份在思考，我仅以母亲身份在行事。/假若我如此不讲道理去恨他，/我也如此自重而不去背叛他。"（Ⅳ，4）④ 随后，她还冒着风险独自带皇子潜逃，将其交给前来营救的高丽国王，并打算返回与丈夫一同赴死。无论于家于国，伊达梅自始至终坚守忠诚。唯一的弱点，便是她天然的母性，这才造就戏剧冲突，但这样的冲突反而更加突显她晓喻大义，坚贞不屈。

纪君祥用肝胆相照、义薄云天来对抗奸恶势力的迫害，最后恶有恶报，善得善终；而伏尔泰选择用对职责的忠诚、对道德的坚守来征服野蛮力量，最后"被征服者统治了征服者"⑤。从"忠义"到"忠诚"，薪火相传着永恒的精神力量，同时也呈现出伏尔泰对纪剧的主观解读行为：他没有拷贝原剧的核心价值，而是根据当时社会需求，进行反思性诠释，异延出相似又相异的另一种精神之力，这不是脱离，恰恰是在积极地与其对话与互文。

---

① Voltaire. L' orphelin de la Chine, tragédie représentée pour la première fois à Paris, le 20 août 1755 [O/OL]. https://gallica.bnf.fr/ark:/12148/bpt6k312273j/f7. planchecontact，2023-3-11：33.
② Voltaire. L'orphelin de la Chine, tragédie représentée pour la première fois à Paris, le 20 août 1755 [O/OL]. https://gallica.bnf.fr/ark:/12148/bpt6k312273j/f7. planchecontact，2023-3-11：34.
③ Voltaire. L' orphelin de la Chine, tragédie représentée pour la première fois à Paris, le 20 août 1755 [O/OL]. https://gallica.bnf.fr/ark:/12148/bpt6k312273j/f7. planchecontact，2023-3-11：34.
④ Voltaire. L'orphelin de la Chine, tragédie représentée pour la première fois à Paris, le 20 août 1755 [O/OL]. https://gallica.bnf.fr/ark:/12148/bpt6k312273j/f7. planchecontact，2023-3-11：48.
⑤ Voltaire. L'orphelin de la Chine, tragédie représentée pour la première fois à Paris, le 20 août 1755 [O/OL]. https://gallica.bnf.fr/ark:/12148/bpt6k312273j/f7. planchecontact，2023-3-11：65.

三、从因儒传德到因"误"传德

《赵氏孤儿》自付梓以来，无论在文学评论家笔下，还是在城里乡间的戏台上，可谓遍地开花、硕果累累。而支撑其茁壮成长的思想基础是在中国拥有广泛民众认同的儒家道德观，这一点从戏剧文本与儒家五德（即仁、义、礼、智、信）的互文关系即可印证。例如第二折里公孙杵臼的唱词"见义不为非为勇"显然化用于《论语·为政篇》："子曰：'非其鬼而祭之，谄也。见义不为，无勇也。'"《赵氏孤儿》在重点颂扬"义"的同时，也兼顾其他四德的体现。关于仁，赵盾桑树下救助饿夫灵辄，便是"仁者爱人"的表现。韩厥在程婴药箱里发现赵氏孤儿，如此形容："紧绑绑难展足，窄狭狭怎翻身？"① 这一番描述亦是充满仁人之意。关于礼，赵盾"每夜烧香，祷告天地，专一片报国之心"，正是礼的践行。而最后一折屠岸贾意图弑君自立，却惨遭报应，这是"渎礼"的反面教材。关于智，鉏麑悬崖勒马辨公道，诸位义士接力救赵盾护孤儿，皆是"是非之心"的彰显，印合孟子对"智"的定义②。关于信，公主、韩厥为取信程婴，确保不会泄露孤儿行踪，先后选择自尽以自证，其行为更胜过季布一诺。综上，剧本对仁、义、礼、智、信皆有所演绎，完整呈现以五德为核心的儒家道德体系。《赵氏孤儿》依托儒家伦理筑造作品核心价值，赢得赞誉，这要归因于它宣扬的价值观与读者观众的期待值在同一阈域。自春秋孔子开课授徒，经由汉家独尊儒术，再至北宋二程、南宋朱熹，直到元代纪剧的诞生，儒家思想一直承担着教化民众向善向美的角色，成为中国百姓的道德经验主体。可以说，《赵氏孤儿》因儒传德，儒家道德观又因《赵氏孤儿》被继续代代相传下去，凝聚成中华美德的基因性元素。

《中国孤儿》同样是一部宣扬道德力量的作品。"道德（vertu）"一词贯穿始终：从张惕首次出场满怀哀痛叹问道："灾难达至极点，帝国不复存在，/外强剑指之处，一切灰飞烟灭。/崇尚道德于我们究竟意义何在！"③ 到剧终处的人物对答："（伊达梅）是什么促使您做出这样的决定？/（成吉思汗）你们的

---

① 王季思. 中国十大古典悲剧集［M］. 上海：上海文艺出版社，1982：72.
② 孟子在《告子章句上》论及"智"的定义："是非之心，智也。"
③ Voltaire. L'orphelin de la Chine, tragédie représentée pour la première fois à Paris, le 20 août 1755 ［O/OL］. https://gallica.bnf.fr/ark:/12148/bpt6k312273j/f7.planchecontact，2023-3-11：5.

道德!"①"道德"作为核心词,出现在张惕夫妇对"换孤"的争论中,出现在成吉思汗对他们的拷问中,出现在伊达梅对成吉思汗的拒绝中,亦出现在张惕夫妇欲舍身成仁的互励话语中,从而成为推动情节、促使人物转变的关窍所在。

那伏尔泰笔下的"道德"与《赵氏孤儿》所弘扬的儒家道德是同一种吗?应该说二者有关联,却不可画等号。伏尔泰在《中国孤儿》的《献词》中提到创作灵感来源于"前不久对《赵氏孤儿》的阅读"。在他看来,《赵氏孤儿》的宝贵之处在于让人见识到"中国精神"。在《献词》中他并没有对"中国精神"展开陈述,但在创作《中国孤儿》之前,他已在《风俗论》等其他著作中详细阐述过对中国的看法:

> 在伏氏眼中,中国是一个崇尚道德、奉行法律、提倡贤君良吏的"理想国"。在这里,"最负盛名、最文明、最完善的东西,就是道德和法律"⋯⋯在伏尔泰看来,中国的法律最令人激赏的是,它是以道德为基础的⋯⋯这"最纯洁的道德",在中国来说,便是"后辈对长辈的尊敬",而这正是人类"最合乎自然又最神圣的法则"。伏尔泰认为,整个中国的法律就是建立在这种道德、即对长辈的孝道基础上的。②

伏尔泰尤其推崇孔子,认为其创立的儒家思想是中国文化的核心与灵魂,因而在《百科全书》中专为孔子赋诗一首:

> 他是纯理性底健康的阐释者,
> 不炫世骇俗,而启迪人类的智慧,
> 他说话,只显得是智者,而不是先知,
> 然而人们相信他,在本国也还如此。③

由此可见,伏尔泰对儒家理论有着充分了解,他谓之的"中国精神"很大程度就是指代儒家精神。剧作家在塑造成吉思汗的对立面时,"原想把孔夫子捧出来,使这位'古代立法者''用既简单而又可佩的学理的陈述来震慑一个

---

① Voltaire. L' orphelin de la Chine,tragédie représentée pour la première fois à Paris, le 20 août 1755 [O/OL]. https:/gallica. bnf. fr/ark:/12148/bpt6k312273j/f7. planchecontact,2023-3-11:66.

② 钱林森. 伏尔泰与中国文化 [J]. 社会科学战线,1997(4):81-82.

③ 范希衡.《赵氏孤儿》与《中国孤儿》[M]. 上海:上海古籍出版社,2010:36.

鞑靼人，使之惊讶而惭愧'"①。只因年代差距不允许，才有了以孔学后人身份出现的张惕。但这已足以证明伏尔泰想表达的"道德"与中国儒家道德有紧密关系。

但我们同时注意到，他对儒家的评价有过度美化之嫌。对此我们需结合伏尔泰的哲学主张来理解：伏氏作为启蒙时期大思想家，极其反对虚伪腐化的教会，"他把宗教狂热视为人类历史发展的障碍"②。与西方宗教相较，儒家思想显然是一股清流，它阐述的是对社会本体问题的哲学思考，而不是创世神话和个人崇拜。因而，伏尔泰"对孔子的推崇，对儒教的赞美，则是对哲学家王国的一种幻想和向往"③。戴着这种哲学家式滤镜，伏尔泰将儒家道德观视为进步文明的等价物，将封建时代的"忠义"推演为现代社会的"忠诚正义"，从而呈现主题层面上《中国孤儿》对《赵氏孤儿》的积极互文性。"积极互文性是指当互文性要素进入当前文本后，发生了'创造性的叛逆'（creative treason，埃斯卡皮语），与原文本相比产生了新的意义，与当前文本形成了某种对话关系。"④ 这种"创造性的叛逆"在伏尔泰处具体体现为他有意忽略儒家思想中不合时宜的消极因素，将现代理性调和进去，最终创造出一部"文明对抗野蛮"的哲思性启蒙戏剧。伏尔泰不仅是《赵氏孤儿》的读者，更扮演了"生产者"的角色。在两部戏剧的互文过程中，《赵氏孤儿》的所指在弱化甚至消失，从《赵氏孤儿》到《中国孤儿》实际是一个能指走向另一个能指的过程，是一个有意的"误会"。

结语

关于两部作品的文本渊源，范希衡曾评价说"伏尔泰自己在《献词》里就说得很含糊，甚至于可以认为很矛盾。他既说他这篇悲剧'是不久以前读《赵氏孤儿》想起来的'；又说：'中国剧《赵氏孤儿》是另一个题材。我又选了一个题材，与二者迥不相同，只有名称相似。'"⑤ 其实伏尔泰的话语恰恰准确描述了两个文本的关系：即对话与发衍，这不是矛盾，而是文本脉络走向的呈现。换言之，伏尔泰是个活跃且强势的读者，他通过"阅读—创作"行为完成

① 范希衡.《赵氏孤儿》与《中国孤儿》[M]. 上海：上海古籍出版社，2010：59.
② 柳鸣九. 法国文学史（第一卷）[M]. 北京：人民文学出版社，2007：262.
③ 钱林森. 伏尔泰与中国文化 [J]. 社会科学战线，1997（4）：83.
④ 李玉平. 互文性：文学理论研究的新视野 [M]. 北京：商务印书馆，2014：61.
⑤ 范希衡.《赵氏孤儿》与《中国孤儿》[M]. 上海：上海古籍出版社，2010：42.

主体间活动，用实践支持了法国文论家巴特（Roland Barthes，1915—1980）所提出的"作者已死"理论。从互文性角度来看，《赵氏孤儿》被改写而有了《中国孤儿》，这不仅是中国文学对他国文学施加影响的单向流动过程；伏尔泰作为影响接收方，同时也发出自己的声音，形成二者的对话局面。对话之中有赞赏与认同，亦有延展与发散，两个文本的相互关系更像"一种经与纬的编织过程，在这里没有高下之分，线与线处于同一平面，一种民主平等、多元共生的观念寓于其中"[①]。互文性理论使我们不仅着眼文本之间的表象异同，更得以观照多元信息流的脉络构成与其编织过程，从而揭示了两部文学经典互动的新景观。

[作者为浙江师范大学法语系讲师，研究方向为法国文学，比较文学。该文系 2021 年国家民委民族研究立项课题"海外文献所见中华民族交流交往交融图像史料汇编研究"（项目编号：2021-GMD-076）；四川省哲学社会科学重点研究基地-现代设计与文化研究中心项目"巴尔蒂斯新具象绘画审美与艺术自律研究"（项目编号：MD22E023）；四川绵阳文化旅游发展研究中心重点项目"数字人文视野下白蛇传景观再造与文化传播研究"（项目编号：WLFZ2023ZD002）的阶段性研究成果]

---

① 李玉平. 互文性：文学理论研究的新视野［M］. 北京：商务印书馆，2014：237.

▶中西方文学与文论

论武陵桃源空间的圣化与宋元明清诗人的抒写语境

◎严　铭

【摘　要】　就道教的思想在武陵桃源传播的形态来看，它孕育于自然空间，经过社会空间的粉饰、传说和改造，最后形成一个具有普遍信仰意义的神圣空间。在整个圣化过程中，自然的毓秀与宗教的渗透、文人的夸饰宣传与政治力量的加持交融互摄。武陵桃源空间的圣化为宋元明清文人的诗歌提供了独特的语言表达模式和抒情环境，他们用生花妙笔不遗余力地描述武陵桃源洞天仙境的超验性和神圣性，表达一种性命和心身的拯救与超越，使道教的神仙思想和精神在诗的世界里得到了较广阔的书写和诠释，为中国神仙系统理论的构建做出了历史性的贡献。

【关键词】　武陵桃源；空间圣化；宋元明清诗人；抒写语境

人类凭借其自身性与感觉性、感知与想象、思维与意识形态，并通过它们的活动与实践，创造多种空间性语境，从而进入彼此的相互联系之中。正一道自张道陵于蜀地大邑创教以来，经历了早期鹤鸣山、青城山、老君山三山传播空间的圣化以及两晋以后以茅山、龙虎山、阁皂山三山为代表的空间圣化，链接着中国人的精神与文化、社会与历史。武陵之地很早就沐浴着道教的光辉，据《武陵县志》（同治二年刻本）载，早在东汉建武元年，就有道士璩拱享在此建立黄龙观。西晋泰康年间有黄道真在高吾山（今河伏山）修道。就正一道的宗教思想在武陵桃源传播的形态来看，它孕育于一个自然空间之中，经过社会空间的粉饰、传说和改造，最后形成一种具有普遍信仰意义的神圣空间。法国施米德"从现象学角度看空间三元辩证法分别表现为感知的空间、构想的空间、亲历的或活生生的空间，这种三位一体的空间既是自然的精神的也是社会的"（列斐伏尔《空间的生产·中译本代序言》）。武陵桃源形象塑造的历程类似于施米德的空间三元辩证法。桃源仙境空间生产的原材料是自然本身和人类的感知、构想融合与社会的神化。

一、武陵桃源自然空间的圣化

武陵桃源之地，群峦峭倩，嵯峨翁郁，笼青掩碧，绿萝尊秀，沅水之阴，本为天成，自古就以优美、神奇的自然景闻名。《水经注》对桃源所在的沅水区域充满了赞叹之意："沅水又东历临沅县西，为明月池、白璧湾。湾状半月，清潭镜澈，上则风籁空传，下则泉响不断。行者莫不拥楫嬉游，徘回爱境。沅水又东历三石涧，鼎足均跱，秀若削成。其侧茂竹便娟，致可玩也。又东带绿萝山，绿萝蒙幂，颓岩临水，实钓渚渔咏之胜地，其迭响若钟音，信为神仙之所居。沅水又东迳平山西，南临沅水，寒松上荫，清泉下注，栖托者不能自绝于其侧。"① 郦道元在对武陵山水的探游中，不仅体会到自然的意志，也获得了审美关照。郦道元之后，对于桃源胜境的记写和描述，络绎不绝。自从瞿童升仙事迹被广播，桃源洞、桃源山、桃花溪等自然景观成为诗文中书写频率最高的佳致。狄中立的《桃源观山界记》提及秦人洞（桃源洞）："秦人洞在障山中峰之阴，厥状如门，巨石屏蔽，灵迹犹存。有水自中涓涓不绝，竹树阴森……又多奇花奇木，禽兽非凡。"② 此后，眷注桃源神丽和仙灵的纷来沓至，如杜维耀的《桃源洞说》、江盈科的《桃花洞天草序》、袁宏道的《由绿萝山至桃源洞记》、阙士琦的《桃源洞引》、陈瑾的《游桃源洞记》、彭心鉴的《游桃花源记》、屈德生的《游桃源洞记》，还有文澍的《桃源赋》、姚舜华的《桃花源赋》、曹玉的《过秦人洞赋》、徐谦的《桃花源赋序》，等等，可谓"名贤于兹奋藻，高士于兹寄想"③。对于一个宗教徒而言，自然界绝不仅仅是自然的，它总是洋溢着宗教的价值。释一休的《桃源洞天志》专记绿萝、桃源山、秦人古洞（桃源洞）、桃花溪等洞天福地胜景，在他看来"最胜者曰绿萝，

---

① 郦道元. 水经注［M］. 杭州：浙江古籍出版社，2013：490.
② 唐开韶，胡焯. 桃花源志略［M］. 长沙：岳麓书社，2008：56.
③ 唐开韶，胡焯. 桃花源志略［M］. 长沙：岳麓书社，2008：148.

古时有松数百株，植其背面，则碧澄百尺，苍翠千寻，蛟龙争窟宅焉。……道书所称为五十四福地者也"。桃源山："群峰环拱，气势雄秀。"桃源洞："洞前平地二十余步，有仙人棋几，……洞左泉从山巅飞落，莫穷其源，至洞门汇为小池，照见白石，斑驳如绣。泉从洞左泻下两峰之间……修竹老树，寿藤异草，丛倚交跗。"释一休还据所历山水之境，绘之为图，并附有图说。"苓风耀世，逸响旁流"，将桃源的幽致冲妙、幻类超深之感，尽情呈现。正因由此自然之毓秀，武陵桃源成为道家三十六小洞天中的第三十五洞天。

中国道教是一种亲近自然的宗教，道教修行的场所多位于名山大川，仙穴洞天，这种抽离现实去观察自然、利用自然、感受天地之大美的意向，更多的是通过参与自然的方式来实现对自然的审美，以化身自然，通天地之灵气。如《太上洞玄灵宝天尊说救苦妙经注解》所言：

> 洞者通也，上通于天，下通于地，中有神仙，幽相往来。天下十大洞、三十六小洞，居乎太虚磅礴之中，莫不洞洞相通，惟仙圣聚则成形，散则为气，自然往来虚通，而无窒碍。①

修道之人的理想，就是要在一个完全未被人化的陌生环境中，去探寻天机，寻找可通天的地中仙洞，体现了一种将天地同化的意识倾向。而在桃源修炼成仙的瞿童，所寻找到的仙穴，愿意屈归的崖洞，其中不过是石室、石扉、石床、石几、山泉溪水、苍松翠柏，或是茯苓芝草（见温造的《瞿柏庭碑记》），由这些自然之物、景，构成修道信仰的神圣"自然"之境。瞿童修真成仙的传说在武陵之地产生广泛的社会影响，《大明一统志》卷六十四载，武陵"人气和柔，多淳朴……以黄老自乐，有虞夏遗风"，这种局面的形成与大自然的赋能密切相关。

二、武陵桃源社会空间的圣化

空间能重构一个复杂的过程，即由发现、生产到创造。这个过程是逐步的、原发性的，但遵循普遍的共时性形式的逻辑。武陵桃源社会空间的圣化就遵循了这种原则。自陶渊明《桃花源记并序》言及武陵人避乱桃源，武陵桃源

---

① 道藏（第6册）[M]. 北京：文物出版社，上海：上海书店，天津：天津古籍出版社联合出版，1988：488—489.

就被道教利用，演绎为"隔人间"的社会空间。道教的长生成仙信仰和人人都可学仙的观念，具有普遍的社会影响效应。《道门经法相承次序》卷上云："若人修行服食休粮，研精道味，志慕山林，隐形栖遁，餐霞纳气，弃于甘腴，身轻体健，免于老死"①。要实现这一目标，寻找一个永久的世外生活空间场所尤为重要，武陵桃源便成了大众视野中的期待目标。但桃源的"仙化"（神圣化）生产，则与刘义庆的《幽明录》中"刘晨阮肇遇仙"有关。因故事中有"桃树"，唐人作诗就将刘、阮所到之地与"桃源"联系起来。最早将二者合并的是刘长卿的《过白鹤观寻岑秀才不遇》诗（"不知方外客，何事锁空房。应向桃源里，教他唤阮郎"），之后有权德舆的《桃源篇》和曹唐的《刘晨阮肇游天台》诗，都把桃源与刘、阮遇仙事混合起来写。于是后继者跟风演绎，遂成风尚。此外，武陵之地有在房前屋后栽种桃树的习俗，桃树是一种能避邪、治病和驱鬼的"神树"，这与正一道的法术驱鬼降妖、祈福禳灾，有高度契合的地方。自此，武陵桃源被披上一层宗教外衣，化作仙府洞天。

同时，唐代高道司马承祯对桃源洞圣化的影响功不可没。司马承祯是茅山第十二代宗师，与陈子昂、卢藏用、宋之问、王适、毕构、李白、孟浩然、王维、贺知章为仙宗十友②。多次受到玄宗召见，赏赐甚厚。正是他进言于五岳洞府"别立斋祠之所"，玄宗"从其言，因敕五岳各置真君祠一所，其形象制度，皆令承祯推按道经，创意为之"③，这就使道教的圣地信仰与朝廷的天命象征交融一起。司马承祯的洞天福地观念，具体体现于《天地宫府图》一书，在这部著作中，桃源山洞成为三十六小洞天中的第三十五洞天，"周回七十里，号曰白马玄光天。在朗州武陵县属，谢真人治之。"（杜光庭《洞天福地记》）天宝七载（748），玄宗皇帝下《册尊号敕》，规定"天下有洞宫山，各置天坛祠宇，每处度道士五人，并取近山三十户，蠲免租税差科，永供洒扫"。《册尊号敕》的实施和桃源观的建立，使桃源被塑造为社会化的认识空间。正如列斐伏尔所言："对一个社会来讲，要产生（或生产）一种适宜的社会空间，在其中社会能够通过自我表征和自我再表征从而取得一种形式，可不是一件能够瞬间完成的事情。……创造的行为事实上是一个过程。为了让创造发生，社会实践能力与至高无上的权力必须拥有它们自己可以支配的底盘：宗教场所与政治

① 刘国忠，黄振萍. 中国思想史参考资料集（隋唐至清卷）［M］. 北京：清华大学出版社，2004：50.
② 道藏（第5册）［M］. 北京：文物出版社，上海：上海书店，天津：天津古籍出版社联合出版，1988：91—92.
③ 刘昫. 旧唐书（第16册）［M］. 北京：中华书局，1975：5128.

场所。"① 经过宗教宣传影响和政治扶持，桃源洞天走出"传说"和"寓言"，成为拥有道教神仙信仰和社会加持的"现实存在"。

三、武陵桃源是一个神圣化的精神空间

精神空间隐含着逻辑的自洽性、实践的一致性。对于武陵桃源而言，"自洽性"主要指向的是神仙信仰和传说体系；"实践的一致性"自然是指虚幻性空间与现实性空间的混合同一。当传说和信仰构成的精神空间与自然、社会空间重合，带来的一定会是一种令人愉快的表演。

原名乌头村的桃花源在陶渊明《桃花源记并序诗》诞生之前就是道教圣地，据诗僧皎然记载（《兵后西日溪行并序》提及《沈羲仙记》），最早在桃川宫修炼成仙的是沈羲。葛洪《神仙传》记有沈羲事迹②。据《武陵县志》卷四十二"方伎"条载，自汉以来，武陵人修真道士有黄敬、黄道真、宗超、张秉、黄洞源、瞿童、黄悟真、丁方斌等，其中在桃源观修真的就有黄洞源、瞿童。黄洞源为道教茅山宗第十五代宗师，上承韦景昭、李含光、司马承祯等人，下传孙智清、刘得常、王栖霞。而大历八年瞿童在桃源观飞升成仙事件，无疑增强了人们对桃源仙境认知的信心。瞿童升仙的故事经过情节增改、传说、塑造和社会传播，形成一个极具影响力的精神空间。据唐人相关资料记载，大历四年（769）西川溃将杨林纵其荡贾子华率千人假道武陵，劫五溪，五溪之人逃难四散。瞿童当时年十四岁，"侍母走武陵，寓居崇义乌头里桃源观道士黄山宝偏宅。（柏庭）因山宝愿师事上清三洞法师黄洞源。"③ 由于山宝的引觐，瞿童成为黄洞源的侍童，"虽处童孺，给侍甚谨。在丑不弄，率性恭默。每旦暮，谒仙师，修朝拜之礼，摄斋庄之色，焚香捶磬，叩头擎跽，如临君父"④。大历七年，瞿童偶"于仙林寻仙穴"，在艺圃中得一秦人棋子，以此作为进入桃源的证据。大历八年（773）瞿童辞洞源归仙洞，在师傅和同门胡清镐、朱神静以及童子陈景昕、潭伯珊等人的见证下飞升仙去。瞿童登仙之传说让唐人在考记中证实了陶渊明《桃花源记并序诗》和司马承祯《天地宫府图》中所描述桃源存在的"客观性"，桃源洞天之门已向世人打开。

值得一提的是，狄中立的《桃源观山界记》记述了瞿童升仙之处，后人立

---

① ［法］亨利·列斐伏尔. 空间的生产［M］. 刘怀玉，等译. 北京：商务印书馆，2022：52.
② 葛洪. 神仙传［M］. 谢青云译注. 北京：中华书局，2017：322－326.
③ 唐开韶，胡焯. 桃花源志略［M］. 长沙：岳麓书社，2008：53.
④ 唐开韶，胡焯. 桃花源志略［M］. 长沙：岳麓书社，2008：50.

坛醮祭，"秦人洞在障山中峰之阴，厥状如门，巨石屏蔽，灵迹犹存"。"桃源洞在祠堂北大江南岸，渔人黄道真寻源处"。刘禹锡的《游桃源一百韵》《桃源行》等诗详述了唐玄宗建桃源观、瞿童升天之事，"皆云云中鸡犬、秘宇灵宅，皆以秦人洞为仙窟矣"① 这里，狄中立、刘禹锡从现实建构的角度定位桃花源的原型地。由此，桃源仙境的大门在现实世界中已被正式标识出来，为寻访者指明准确的目的地。宋代洪迈在《容斋随笔》中云："陶渊明作《桃源记》，云源中人自言先世避秦时乱，率妻子邑人来此绝境，不复出焉……自是之后，诗人多赋《桃源行》，不过称赞仙家之乐。"② 清代王先谦称："《桃花源》章，自陶靖节之记，至唐，乃仙之。"③ 由于不同境遇中的文人视桃源为仙境而游赏，"宗教变成了平凡人的生活内容，已融合到实际生活之中，成了一种精神'享受'，成了安身立命的安慰和寄托。"④ 从这个意义上说，人们对桃源的感知、构想与亲历三位一体的空间推动了道教神仙认知的广延性。当这一空间表象趋向于主导与支配道教仙化桃源的表征性空间，此时的空间已被简化为一种象征性的形象，包括仙界、仙人与信奉崇拜者。而且这样的表征性空间是有生命力的，它包含了情感的轨迹、活动的场所以及亲历的情境⑤。

四、宋元明清文人对桃源洞天仙境的描写

武陵桃源空间的神圣化为文人诗歌提供了独特的语言表达模式和抒情环境。同治年间的《武陵县志》说武陵之地"疆域广袤，倍蓰于今。自汉以来为用武之国，而壤地沃衍，人物都雅，亦甲于湘西诸郡；名流逸士饰性抒怀，往往人自为集，意其流连景物，胜怀桑梓"。武陵桃源闲旷清雅，是道教的洞天福地，也是文人所指顾之佳地。唐人书写武陵桃源之风盛极一时，据统计，《全唐诗》中所涉桃源诗有 362 首之多。清人唐开韶、胡焯编纂的《桃花源志略》一书收录宋金元明清文人写武陵桃源诗共有 550 首，而明清时期最多，达487 首，光清代就有 272 首。这些诗中大多表现文人性命与身心的拯救与超越，如借探访仙踪遗迹寻幽胜，结仙灵契，证前缘，追求人生的洒脱自在；或借游洞天仙境置身于世外，获得心灵的慰藉、精神的自由，从而以超脱的态度

① 唐开韶，胡焯. 桃花源志略［M］. 长沙：岳麓书社，2008：32.
② 洪迈. 容斋随笔［M］. 上海：上海古籍出版社，1995：536－537.
③ 北大中文系. 陶渊明诗文汇编［M］. 北京：中华书局，1961：353.
④ 孙昌武. 道教与唐代文学［M］. 北京：人民文学出版社，2019：508.
⑤ ［法］亨利·列斐伏尔. 空间的生产［M］. 刘怀玉，等译. 北京：商务印书馆，2022：64.

来看待社会和人生；或促使认识主体对于自身价值的审视进入新境界。

（一）探访仙境仙踪以寻幽胜，结仙灵契，证前缘，追求人生的洒脱自在

在世人的心目中，"仙境是一个可以慰藉灵魂、净化心灵、超越现实苦难的梦幻世界，仙人则被赋予无穷的生命，他们飘忽天际，餐霞饮露，不必樵苏于山，不必耕耘于野，既没有情场之乐，也没有宦海之险，他们不必争利于市，也不必争名于朝，他们可以随心所欲地升天入海，在无穷无尽且闲散优雅的岁月中云游四方。"① 正因如此，历代文人在追仙的美梦中总是孜孜以求，代代相因。

梅尧臣是个追求"因事有所激，因物兴以通"（《答韩三子华韩五持国韩六玉汝见赠述诗》）的诗人，他的《武陵行》写因"幽兴"而芳心不已，描绘了桃源仙境的"景气佳"和"丘壑美"，诗人以亲历其境的视角观照仙源的花林、田园、竹果以及古朴的民风，全然一派陶渊明笔下的"桃花源"景象。元代山水诗人黄镇成的《题桃花岩》描绘桃花岩山高水绝之幽趣，如仙人壶公壶中的仙宫世界，展现自己和同游者啸傲独倚的风姿，洒脱之气弥漫诗行。明人刘玑，陈可禹的《秦人洞》和马文升的《游桃源洞》都写探访仙迹，寻觅心灵的感应，韵味悠长。其他如清人文曙的《遇仙桥》写探寻仙境之幽，俯仰兴无穷；何琏诗的《桃源洞》在游洞寻仙中感受大自然的幽趣与美好；叶绍楏的《桃花源口占》表明仙境虽然缥缈绝尘，但只要有人类的向往，终难与人间隔断；何学林的《过桃源》借绿萝山的洞天仙境，表达对仙史的羡慕之意；黄孝伊的《早过桃源》写因受到仙气的熏染，顿时有脱世俗之感，表达了欲过静处无为生活之愿；等等。

文人觅仙踪游仙境慕仙人，不仅仅是满足好奇心，或感受仙风道气的氛围，真正的用意大多是想求得与仙灵的契合，或是修仙的缘分，以激起平淡生活的涟漪，唤起浪漫情调和精神愉悦。正如俞益谟所言"平生结得仙灵契，归去何烦早着鞭"。（《游桃源洞》）而何如兰更道出了觅仙的真谛："绝好山川成妙境，我来小憩证前缘。"（《游秦人洞》）明人文徵明，大仪礼后，辞官归乡，以文墨自娱，不问世事。其《桃花源》写与诸友出游桃花源，抒发"世上神仙知不远，桃花只待有缘人"的感慨。袁宏道与桃花源颇有缘分，曾游览桃花源后作《游桃源记》，记写绿萝、沙萝、倒水岩、渔仙、新湘西、水心崖的奇、

---

① 刘洁. 唐诗题材类论 [M]. 北京：民族出版社，2005：333.

险、绝等景致。其《桃源县》诗将仙人世俗化,将仙境人间化、现实化;而《托龙君超为觅仙源隐居》则表达欲结仙灵契,与仙人刘晨一起闲居交游,以毛女为邻的心愿。毛女是传说中的仙人,据刘向《列仙传》载:"毛女者,字玉姜,在华阴山中,猎师世世见之。形体生毛,自言秦始皇宫人也,秦坏,流亡入山避难,遇道士谷春,教食松叶,遂不饥寒,身轻如飞,百七十余年。所止岩中,有鼓琴声云。"① 对于那些摆脱羁绊,倾心于大自然的文人来说,神仙有无不重要,重要的是获得某种契合,追求眼前的自在、美好和快乐。如石庄的《桃花源》写仙人去后,洞里千株桃树花开不已;何鸣凤的《桃源洞》表达逃脱尘网,在仙境度岁华的愿望。

(二)寻求精神慰藉

宗教慰藉是一种重要的精神心理现象。玛丽·乔·梅多和理查德·德·卡霍所著《宗教心理学》中提及一个半边身体瘫痪、双目失明的法国退休会计,于 1970 年在卢尔德访问天主教圣祠时,经历了一次奇异的感觉。即"几小时之内,他恢复了视力,并且能扔掉拐杖走路了。当医生确诊他再无以前残废的任何迹象时,罗马天主教会正式宣布他的痊愈是个奇迹——是此圣祠历史上第64 个奇迹。在每年访问卢尔德的几百万人当中(其中有病人超过 3 万),相对说来,可证明的已痊愈的人微乎其微,但多数人觉得有巨大的精神收益。一个圣祠官员声称:'重要性不在于治愈病人,而是解除病人的寂寞,使他们逐渐明白他们所受的苦是值得的。'"② 这件事及其现象关涉的虽然是病人从信奉宗教的神秘力量中得到抚慰,但对于有宗教情怀和宗教道德心的人来说,无论是病人,还是身体健康的人,则是具有共同的价值和意义。这种通过信仰或崇奉以求得心灵安抚和慰藉的诉求,在中国古代特别是身处逆境中的文人士大夫的世界里,可谓司空见惯。从战国时期屈原因流放作《离骚》《远游》到明清时代的文人学士,因仕途蹇绻,宦海浮沉,或是有怀才不遇的愤慨,或是有大济苍生的激情与社会现实的强烈落差,或是俗务劳顿,身心疲惫,厌倦红尘,或是跟风从众,芸芸众生,形形色色,但他们有一个共同的情感趋向,这即是都渴望借游仙境,置身于世外,从中获得心灵的安栖,精神的自由,以超脱的态度来看待社会人生和名利荣辱。所以宋元明清文人面对武陵桃源仙境,就有

---

① 刘向. 列仙传 [M]. 钱卫语释. 北京:学苑出版社,1998:82.
② [美]玛丽·乔·梅多,理查德·德·卡霍著. 宗教心理学 [M]. 成都:四川人民出版社,1990:181.

"悟得桃源真隐意，时间名利不须论"（清杨尚载《桃川》）的共鸣。正是在这种世界观和人生观的大调整中，他们希望能实现对自身价值的新认识，开启生活的新境界。

在宋代诗坛上，张咏的诗歌内蕴丰富、意境深远，其《舟中望桃源山》由望仙山所见而生发感慨，表现了渴求沉浸于仙境而忘俗的心情；汪藻的诗寄兴深远，其《桃源行》以游桃源仙境为契机，生发联想，由秦始皇好仙误己误国，想到宋徽宗迷恋神仙误国，分析深刻透辟，入情入理，发挥宋诗长于议论的特点；胡宏的《桃源行》除写游桃源寻仙气，还探究桃源仙境的真伪。元人张天英的《武陵春晓曲》借写梦游武陵仙境，通过遗世升天的能动幻想，获得某种自释的抚慰。明代薛瑄的《桃花洞》则写为寻幽而探访桃花洞，从中找到"忘机"的门径："怪得仙家闲岁月，暂时游览也忘机。"娄镇远的《善卷坛》表达了"隐德即为仙"的领悟。

宗教心理极其复杂，多数人羡仙，与其说是出于信仰，不如说是一个人向往的一种"外化"境界，或是理想和幻想的表露，因为"仙"在虚无缥缈间。所以古代文人借诗歌表达羡仙、学仙或求仙之愿，其实他们并不真的相信神仙的存在，这只是他们艺术创作的产物，是用来表达主观意志的手段。纵观宋元明清诗人对武陵仙境的书写，都符合这种规律。宋人王十朋的《桃川》借寻仙来写心，体现了诗人在国家内忧外患的预势之下觅求精神安慰的心理。元人郭昂的《过桃川宫》、李显的《桃源洞》，明人陈士本的《探桃洞偶成》、李载阳的《桃花源》，重在抒写物是人非的沧桑感慨。类似的还有赵文明的《游桃源洞》、何景明的《桃花源四首》其一，都借写游桃源仙境抒发感慨。

武陵桃源仙境对于身处乱世，或对尘世有几分厌倦的文人来说，无疑是具有吸引力和感召力的。文人对桃源前赴后继的关注心理，难免有从众的因素在起作用。他们或向往已久，或有幸亲临此地一游，在临时的特定情境中就自然表现出对羡仙、寻仙等占优势的行为方式。同时，对于一部分人而言，"想象上假设的群体优势倾向，也会对人的行为造成压力，使人选择与设想的多数人倾向相一致的行为。"① 从众的行为方式对于宋金元明清文人的社会适应意义是非常明显的。从社会文化延续的角色看，多数人的观念与行为都保持一致，恰恰是他们共同的语言，共同的价值观的体现。只有这样，中国文学的仙话主题才能顺利地传承弘扬，宗教文化的车轮才能正常运转。

---

① 章志光. 社会心理学［M］. 北京：人民教育出版社，1996：420.

（三）清代文人对武陵桃源仙境的心态

"空间是摇篮，是诞生地，是自然与社会交往和交易的媒介。"① 道教的渗透和文人的夸虚宣传，使武陵桃源成了一个神化了的空间区域，其宗教色彩逐渐投影到世俗民众的心理，谈仙论道成为社会性话题，"直到渊明传小记，至今渔父尚谈仙"（黄琠《桃川宫》）。但到清代乾隆之后，正一道完全失去与上层统治者的联系，社会地位彻底衰落，活动在民间的正一道世俗化倾向更加明显，文人对神仙观念、仙境的认知发生很大变化。清代文人看待武陵源，有否定其仙境说的，但总体上是偏于理性思考的。"但使耕桑能复业，仙家原自在人间"（查慎行《舟发桃源》），将仙境人间化成为主流认识倾向。从空间的理论看，这种认知的变化是人们对赖以确立的物质现实产生影响的结果。当一种宗教空间的生产真的发生了，它将在相当长的时间内被限定在标志、符号和象征上供人们阅读，而一旦证明这用于阅读的空间是可以想象到的最具欺骗性与修饰性的空间，人们就不再将抽象的事实强加于感觉的、身体的、希望的和欲望的现实之上②。

在清代文人群体中，对武陵仙境持否定态度的代表诗人有王岱、董思恭、冯廷櫆等人，他们以诗明意，纠偏求证。如王岱："本为避秦聊复尔，后人妄拟作仙源"（《李吉津索画桃源图并题》）道出武陵源的历史事实。战国时期秦为统一六国，先后发动对魏、燕、齐、赵、韩、楚的战争，故陶渊明《桃花源记》中"先世避秦时乱……来此绝境"的武陵人主要是上述五国，但就地理位置而言，魏、燕、齐、赵、韩五国都远离武陵地区，因而毗邻武陵的楚国属民迁入武陵山区的可能性较大③。如上文所述，武陵被道教仙化和被文人渲染后，就成为超尘绝俗的仙源。所以诗人王岱用"妄拟"表明了自己的态度。董思恭的《桃源行》表现出的态度也很鲜明："欲问仙源只此是，何必纷纷妄求哉？"李宗瀚的《过桃源》从人心随物变的角度审视游桃源的人们，说明来探仙迹的人中一半以上者是迷惑不清的（"来者半迷悟"），并点明武陵人被神仙观念误导的事实。

大部分文人对武陵仙境的认知是理性的，代表诗人如艾暹、宁浩、陈士本、范秉秀、杨松年、杨先铎等。艾暹的《春游桃川》表现主人公不迷信传

① ［法］亨利·列斐伏尔. 空间的生产［M］. 刘怀玉，等译. 北京：商务印书馆，2022：190.
② ［法］亨利·列斐伏尔. 空间的生产［M］. 刘怀玉，等译. 北京：商务印书馆，2022：207，210.
③ 龙兴武.《桃花源记》与武陵苗族［J］. 学术月刊，2000（06）.

说，眼见为实的精神；范秉秀的《桃源》诗梳理出一种客观辩证的认识理路："即谓无神仙，亦有幽人住。"至于杨松年的《桃源》诗将历史的记忆与现实人的反思交融一起，表达对桃源仙境以及陶渊明笔下的渔父、武陵人之事的看法，考辨的意味比较浓。杨先铎的歌行体诗《桃花溪》以游踪为线，叙写"我"经过环山转路，攀岩爬磴，来到"三十六洞之外别有天地非人间"的桃花溪。接着展现一幅"先生"与群仙高会图，将在桃源修道成仙的黄洞源、瞿童和避世秦人撮合一起，泛游桃花水。诗中的"我"俨然是一位修道学仙的道士，不炼丹，不采药，种桃三百株，以白云为衣，看花红如霞、花月交辉，手持仙人方竹杖，吟咏遇仙桥上诗。结尾表明"我"是仙非仙不重要，并表达"长与先生一日一醉桃花溪"的愿望。该诗构思巧妙，想象丰富，营造的活动、感知的空间亦真亦幻，而结句所言全然是世俗人间生活，体现了诗人对桃源仙境独特的认知方式。

五、宋元明清文人对桃源炼丹遗迹的书写

道教强调金石类药物对于长生的作用，将服食之术视为主要修炼方术。葛洪曾力推金丹术，"不死之道，要在神丹"，其《神仙传》中大部分神仙，如张道陵、北极子、李少君、魏伯阳、绝洞子等，都是通过服食金丹而成仙的。魏伯阳在《参同契》中对炼丹的炉鼎、药物、火候、效果等操作问题进行了详细说明。炼丹就成了修仙的象征性话题。自魏晋以来，文人对仙人或修道真人用过的丹灶、丹台、丹井等物象的关注和描写热情高涨。这里不仅有唐代文人的狂热，更有宋元明清文人的继承和弘扬。武陵之地对于看重情感寄托的文人而言，是一片极具吸引力的净土，一个可以信仰、崇奉和感知的精神空间。这种空间表象，常常被信奉的观念改造为仙境，以及丹井、丹灶、药臼和仙人栖居之所，还有光辉的天宇。据《武陵县志》和《桃花源志略》记载，宋元明清文人书写武陵之地炼丹遗迹的话题诗主要体现为描写炼丹荒迹，寄寓情怀，抒发"台在人去"之慨。在表现手法上，常常是虚实结合。

宋人汴高士的《炼丹台》是描写炼丹场景的少数诗作之一。而写炼丹台荒凉荒芜，台空人去的居多。如明人应付平的《崔婆井》记写宋道士张虚白成仙之事，描述"丹灶风残""辘轳月落"的荒凉遗迹，抒发世事沧桑之慨。清代汪虬和徐昌源的《炼丹台》都写探访炼丹台，其感受也基本一致，即"台空人去孤云在"。

不过，汪虬在诗尾流露一丝期待："但得丹成看鹤还"，而徐昌源的诗自始

至终抓住"空""幻"行笔。此外，清人毛元炜的《桃花源行》也关情"瞿童丹灶委榛芜，断竭残碑倚丛竹"；陈盘礼的《偕唐竹谷游桃源洞，止宿洞旁大士阁》同样表达"炼丹台屺空惆怅"的失落感；江进之的《桃川宫二首》（其一）写探访桃川宫，也点及丹池荒凉、丹灶荒芜，抒发学仙无门，无人可与谁论说的感慨；蒋信的《桃源》诗由桃源丹灶的荒寂和环境的清寥而生发"与世清烦躁"的感想，等等，不一而足。

总之，宋金元明清时期的文人集宗教情怀和道德境界于一身，用生花妙笔不遗余力地描述武陵桃源的超验性和神圣性，表达一种性命和心身的拯救与超越，使道教的神仙思想和精神在诗的世界里得到了较广阔的书写和诠释，为中国神仙系统理论的构建做出了历史性的贡献。

［作者为成都大学文学与新闻传播学院副教授，主要从事唐宋明文学、古典文化研究。本文为中华多民族文化凝聚与全球传播省部共建协同创新中心、成都大学文明互鉴与"一带一路"研究中心重点项目（项目编号：WMHJ2023B01）阶段性研究成果］

第二次世界大战后七十年比较文学美国学派与意识形态关系研究

◎姚连兵　何雨徽

【摘　要】　比较文学被法国学派视为国际文学关系史。然而，由于比较文学的研究领域牵涉跨民族，其中自然涉及立场和出发点。随着冷战的到来，"北约"应运而生，不过，仅有军事同盟远远不够。为弥合美国和欧洲盟友间的裂痕，意识形态工作就提上了议事日程。可如何在语言不同、传统迥异的国家间寻求共性？比较文学可谓恰逢其时。正是由于学科的跨界性，比较文学顺利得到政府及教育决策机构的资金和政策支持。在"马歇尔计划"的直接扶持下，比较文学学科在第二次世界大战后迎来发展的黄金时期；反过来，也正是为了迎合"赞助人"的需要，比较文学美国学派在第二次世界大战后七十年中忠实地践行着意识形态功能，以比较文学研究之名，从事着团结同僚、打击异己之实。而超越比较文学意识形态思维的有效途径就是引入人类命运共同体思想，以此构建人类文学共同体，突破零和博弈思维，并为比较文学学科提供新的研究范式，也为学科的健康发展提供中国方案。

【关键词】　比较文学；美国学派；意识形态

一、文学与意识形态间的关系

在谈到物质与意识二者间的关系时，马克思和恩格斯写道："思想、观念、意识的生产最初是直接与人们的物质交往，与现实生活的语言交织在一起的。观念、思维、人们的精神交往在这里还是人们物质关系的直接产物。……不是意识决定生活，而是生活决定意识。"① 这说明物质生活的生产方式制约着整个社会生活、政治生活和精神生活的过程。不是人们的意识决定人们的存在，相反，是人们的社会存在决定人们的意识。② 因而，对意识形态的分析总会对现实的社会生活、政治生活等具有揭露作用，并且也不难发现意识形态所揭露的社会生活与政治生活对我们总是带有目的性。

论及文学的产生过程，英国的文学批评家伊格尔顿有言，"文学作品不是神秘的灵感的产物，也不是简单地按照作者的心理状态就能说明的。它们是知觉的形式，是观察世界的特殊方式。因此，它们与观察世界的主导方式即一个时代的社会精神或意识形态有关"。至于何为意识形态，伊格尔顿进一步阐释道，"而那种意识形态又是人们在特定的时间和地点发生的具体的社会关系产物；它是体验那些社会关系并使之合法化的永久化的方式"。③ 文学作为一种艺术形式，一直是马克思主义所提及的上层建筑的产物，它不能被简化成意识形态，但是确实和意识形态有一种特殊关系。而在《文学理论导论》中，伊格尔顿还提道："文学与宗教一样，主要是通过感情与经验发挥作用的，因此也就非常适用于用来完成宗教未能完成的思想教育任务。"④ 因此，我们认为文学作为意识形态的某种表现形式，在构建我们的生活和价值观时起着不可忽视的作用，而文学所具有的意识形态性难免会被有心或无心地用来达成某一特定目的。

在此基础上反观建立在民族文学基础上的比较文学，我们发现，该学科涉及的不仅仅是对"文学性"的追求，还包含对不同民族、不同语言、不同文化、不同学科的文学研究，而这些追求总会或多或少带有研究者的立场和民族认同倾向，因而其涉及的意识形态性更为强烈。文学自民族概念诞生的那一刻起，就肩负着捍卫民族国家独立的使命。例如，列克·范·戴因森（Lieke van Deinsen）探索了18世纪荷兰白话文学，并由此维护荷兰民族独立性：正是荷兰18世纪文学精神，抵抗了荷兰文化的衰弱和法国对荷兰的负面话语影响。卡萨诺瓦对此的评价可谓一语中的：民族语言被看作行政、外交和智力的载体，而民族语言的传播则依赖于用这些白话写成的文学作品，因此民族国家、语言和文学形成一种互相依赖的关系。民族文学的积累天然扎根于国家的

---

① ［德］卡尔·马克思，弗里德里希·恩格斯. 德意志意识形态［M］. 北京：人民出版社，1961：29—30.

② ［德］卡尔·马克思. 《政治经济学批判》序言. 南京大学马列主义教研室编，1973：2.

③ ［英］特里·伊格尔顿. 马克思主义与文学批评［M］. 北京：人民文学出版社，1980：9.

④ ［英］特里·伊格尔顿. 文学原理引论［M］. 北京：文化艺术出版社，1987：32.

政治史中。① 保尔·瓦莱里明确提出了"文明资本"的概念，认为文明的效益可以持续几个世纪。② 莫雷蒂（Moretti）采纳了将世界文学比作一个行星系统的说法，据此观点，欧洲位于系统中心，其余国家文学则处于跟随的边缘地位，这实际上是由各自文学所属的民族力量决定的。对于边缘文学来说，它们总是遭受强势的欧洲中心文化、最后本土文化妥协的产品。③ 多丽丝·萨默在研究拉丁美洲文学时提出了一个十分有趣的现象：现代人通过阅读欧洲浪漫小说，来帮助自己构造对爱情的幻想。④ 由此可见，人们借助文学来理解现实生活，而拉美人民的第一反应或者说理想模型是欧洲式的，说明欧洲小说占据了他们对文学想象的主体，甚至进而影响了现实行动。在民族文学间的互动过程中，什么样的文学作品会获得更广泛的传播就成了关键。达姆罗什对于读者所能接触到的文学作品，曾提出双焦点椭圆模型，⑤ 认为其中一个焦点为自己的民族文学，另一个焦点为外来文学。以英语国家为例，达姆罗什很遗憾地发现两个焦点无法平衡，因为英法作为"中心国家"，占据了绝对的文化资本，使得其他国家的读者忽视非母语文学。相反的是，其他"边缘国家"的作者如果想获得更广阔的传播，则不得不使其作品进入英法文化市场，这便意味着他们不得不做适当修改，以符合主流文化的审美。因此，利用文化资本，英法等中心国家从传播这一源头上保证了文学作品最终的呈现有利于自己。

同时，自比较文学学科诞生以来，其学科的定义一直都没有定论。法国学派以文学的"输出"与"输入"为基本框架，构建了"流传学""渊源学""媒介学"等研究方法为支柱的"影响研究"；美国学派以文学的"审美本质""跨学科研究"及"世界文学"的构想为基本框架构建了"平行研究"。但是其体现的意识形态作用自第二次世界大战之后，由于政治和经济两方面的原因，愈加明显。正如齐奥科夫斯基所言："'比较文学'一词最早出现在拿破仑战争之后，当时欧洲正在文化和政治上进行重塑。很久以后，在19世纪末期兴起的研究，也很大部分受到哥伦布诞辰500周年或法国大革命一百周年的影响，最终在第二次世界大战之后成为一门学科。而这一学科最终获得蓬勃生机则是在

① ［法］帕斯卡尔·卡萨诺瓦. 世界文学共和国［M］. 罗国祥，陈新丽，赵妮译. 北京：北京大学出版社，2015：35.
② ［法］保尔·瓦莱里. 瓦莱里全集·第二卷［M］. 巴黎：伽里马出版社，1957—1960：1008.
③ Franco Moretti. Distant Reading［M］. London：Verso，2013：113.
④ Doris Sommer. *Foundational Fictions：The National Romances of Latin America*［M］. Berkeley—Los Angeles：University of California Press，1991：31—32.
⑤ David Damrosch. *What is World Literure*［M］. Princeton：Princeton University Press，2003：133.

越南战争期间。"① 不难发现比较文学总是在战后得到最具活力的发展，结合其背景可知，第一次世界大战后共产主义在苏联崛起，到第二次世界大战后共产主义在欧亚大陆遍地开花，引起了资本主义强国的普遍担忧，这种政治上的担忧体现在比较文学领域就出现了意识形态上的对峙，并令比较文学成为冷战的阵地。

二、第二次世界大战后的比较文学学科的"北约"使命

文学就是人学，是人类的共同财富，并不存在专属的问题。然而，文学也并不是存在于真空之中，它总会反映一定的社会现实。尤其是从事文学研究的研究者，他们总是生活在特定的时空环境之中，因此，他们的研究总会有时代的烙印。对比较文学而言，因为它的研究领域牵涉跨民族，其中自然关涉立场和出发点。在一定程度上，学术中立是所有研究者应该坚持的原则，可是在比较文学研究领域，这是一种实践还是一种理想呢？

尽管比较文学产生于大约二百年前，它的第一个黄金期却出现在第一次世界大战后的法国。从此，影响研究成为比较文学的主流研究方向；第二次世界大战后，由于美国远离欧亚主战场，随着其在经济、政治、军事等方面取得的压倒性优势，必然要求在文化领域有与之相对应的国际地位，而比较文学无疑成为争夺的重要领域，由此出现了比较文学发展的第二个黄金期，即以平行研究为代表的研究范式，而这种研究范式转变的冰山之下却潜藏着政治力量的角逐。

尽管在马歇尔计划的帮助下，欧洲实现了经济上的复兴，可危机依然存在。这里除了苏联引导下的共产主义在东欧势力范围的逐步扩大，中国引导下的共产主义力量在亚洲的蒸蒸日上之外，还包括广大第三世界出现的独立浪潮对殖民主义与帝国主义的冲击。这样，在战争大获全胜的表象之下却隐藏着西方社会乃至西方文明的危机。为应对危机，西方世界在1948年成立了北大西洋公约组织，重点解决资本主义与社会主义两大阵营之间的问题，其直接目的是对共产主义进行围追堵截。当然，仅有军事上的同盟还远远不够，因为在第二次世界大战期间，西方世界还存在着诸多分歧。可为了反共，他们又必须联合在一起。这样，就有必要让西方各国忘记曾经的不愉快，甚至是各种摩擦，

---

① Jan M. Ziolkowski. The Destiny of Comparative Literature，Globalization or Not [J]. *The Global South*，2007（02）：18.

重新整合，所以就非常有必要挖掘欧洲和美国之间的共同遗产，以共同维护西方文化。可是，如何在不同的语言、文化、历史、传统、习俗的国家之间探寻共同的文化遗产？无疑，比较文学在这个时候就有显示其价值的必要了。

比较文学美国学派在这一时期的研究价值主要体现在其"北约"使命上。在 1949 年《比较文学季刊》的发刊词中，创刊人曾明确表明期刊创立的背景是迫切需要加强良好国际关系的重要时刻。[①] 这里的"国际关系"显然是指美国和西欧携手对抗社会主义的关系。第二次世界大战之后，苏联凭借在东欧取得的统治地位，在美国撤离欧洲时不断扩大其影响，在索取巨额赔款的同时也力图恢复第一次世界大战之前沙俄时代的荣耀。苏联在挣得赔款的同时希望在德国开展一场社会革命，通过民主运动将德国变成一个人民民主国家。共产主义在希腊推动的游击战也如火如荼地进行，且有最终获胜的可能，这让杜鲁门深感不安，并再次令其对以苏联为代表的共产主义充满恐惧，从而不得不在实践中采取行动遏制曾经的"盟友"。

与此同时，斯大林在东欧努力扩大自己的影响和势力范围。为有效地与美国抗衡，苏联主导的东欧共产党再次打破战前的敌友界限，与法国联合意大利的共产党成立共产党和工人党情报局，延续之前共产国际的工作，并使之成为与英美帝国主义抗衡的重要阵线。随着 1948 年实现对捷克斯洛伐克的全面控制，西方势力在苏联势力范围内的最后一个堡垒也被攻破。至此，除芬兰外，整个东欧都处在苏联的控制之下，由此形成了以美国控制下的西欧和以苏联掌控下的东欧两大阵营——欧洲在第二次世界大战之后被切分成两半，而其典型代表就是德国被切分为东德和西德。

如果说在欧洲这样的结果都是处在计划之内的话，那么中国共产党领导下中华人民共和国的成立则是计划外的产物，这甚至被美国历史学家斯塔夫里阿诺斯认为对美国来说这就是"一大失败"。[②] 在第二次世界大战前，中国实际上被切分为三块，也就是由日本人支持的南京政府、不断希冀美国全面帮助的重庆政府，以及由共产党领导下的延安苏维埃政府。随着战事的推进，汪伪政权迅速土崩瓦解，加之 1945 年日本的投降，象征着日本在中国的统治和代理统治彻底灭亡。在接下来的国共内战前夜，美国派出乔治·马歇尔将军为首的代表团，企图在国共之间达成和解，以维持对中国的控制，最终却不欢而散，

---

① 姚连兵. 亨利·雷马克与比较文学关系研究 [M]. 北京：中华书局，2018：67.

② ［美］勒芬·斯塔夫罗斯·斯塔夫里阿诺斯. 全球通史——1500 年以后的世界 [M]. 上海：上海社会科学院出版社，2004：804.

内战迫在眉睫。就这样，一场国共内战演变为美国和苏联继在欧洲明争暗斗后在亚洲中国领土上的较量。由于人心向背，共产党以摧枯拉朽的方式打败国民党，蒋介石逃亡台湾，美国在中国大陆没有了代理政权。之后不久，发生在朝鲜战场的一幕再次让美国看到了共产主义的强大，并使美国在亚洲的战略利益遭到了再一次的挤压，迫使不可一世的美国不得不反思自己的国际战略。

由此可见，第二次世界大战结束以来，国际共产主义的势力不断得到扩张。为与之抗衡，美国政府不得不推行"欧洲复兴计划"来帮助欧洲走出战争的阴影，以此构筑抵抗共产主义的大屏障。此时的比较文学美国学派走上了一条迅猛发展却又"助纣为虐"的道路。正如韦斯坦因曾说道："正如比较文学史上经常发生的那样，一场战争，以及由此引发的和平主义倾向，总是为当前的学科提供了新的动力"。① 在"马歇尔计划"支持下，比较文学学科在美国得到了大力发展，但此时的比较文学学科更多的是在和平主义的幌子之下发挥意识形态的功能。鉴于此，我们不难看出，在第二次世界大战之后，比较文学美国学派的繁荣中渗透了诸多政治因素，也携带着其特殊的政治使命。

如果说此时的意识形态功能还处于欲说还休阶段的话，那么比较文学美国学派创始人弗里德里希于 1955 年发表的《我们的共同目的》则是赤裸裸的宣言书。在该文中，弗氏明确表述道，"当今，我们背负着历史的悲剧，也肩负着战后重建的希望。学界需要持续努力，以促进西方世界在政治和文化上的团结一致。"② 在同一篇文章中，他更是露骨地说，"我们很骄傲，也深感荣幸，因为我们所从事的工作本身就是'马歇尔计划'的重要组成部分，我们不仅可以超越学术领域，还可以增进相互了解，彼此帮助，拯救我们伟大的西方文化遗产。"③ 弗氏甚至认为，比较文学的研究对象就是"北大西洋公约组织文学"。④ 一方面，随着意识形态渗透进比较文学研究，韦斯坦因等学者对比较文学跨文明研究也深感"犹豫不决"；另一方面，在苏联出版的《苏联大百科全书》中，比较文学被称为"十九世纪后半叶出现的资产阶级文艺学的反动流

---

① Ulrich Weisstein. *Comparative Literature and Literary Theory：Survey and Literary Theory* [M]. Bloomington：Indiana University Press，1974：4.

② Desua，J. W. ed. *The Challenge of Comparative Literature and Other Addresses by Werner P. Friederich* [M]. Chapel Hill：University of North Carolina Press，1970：22－23.

③ William J. Desua ed. *The Challenge of Comparative Literature and Other Addresses by Werner P. Friederich* [M]. Chapel Hill：University of North Carolina Press，1970：10.

④ William J. Desua ed. *The Challenge of Comparative Literature and Other Addresses by Werner P. Friederich* [M]. Chapel Hill：University of North Carolina Press，1970：30.

派"①，这就是比较文学与意识形态勾连的有力佐证。与此同时，一些有良知的西方学者也认为由于民族主义作祟，比较文学成了意识形态领域斗争的帮凶。② 总之，比较文学美国学派背离了比较文学学科初衷，将早期的"国际视野"转换为具有相同政治诉求的"北大西洋公约组织"，使学科成为意识形态斗争的附庸。

三、比较文学学科的"黏合剂"功能

尽管美国和其他"北约"成员国因对抗快速崛起的共产主义而走在一起，美国学派的出发点也是为了强调西方共同的文化遗产，可毕竟彼此都是独立国家，裂痕必然存在。以美国与法国为例，在战后如何对待德国问题上，两国之间存在明显分歧。一方面，出于自身利益的考虑，法国在对待德国的政策上与美国存在巨大差异：德国被一分为四，其中美国占领南区，法国占领西南区，两国都希望以此为据点，实现对德国的控制，其间自有分歧；另一方面，法国主张对德国要求巨额赔款，而美国则担心这可能导致过度贫困，将德国推向社会主义的苏联，不利于西方团结，此外，美国倡导的对德国实行统一的经济政策也与法国意见相左。③ 因而在战后发挥意识形态作用的比较文学学科同时也需要充当现实裂痕的"黏合剂"。

弗里德里希于 1955 年在《比较文学与总体文学年鉴》刊文，明确表达道："我们生活的时代一方面要面对过去时代造成的诸多悲剧，另一方面也肩负着战后重建的使命。我们需要倍加努力，才能确保西方世界在文化与政治上的共同体命运。如今，学界不能自我陶醉于主观美学之中，新生代学者急需弄明白西方文明的一致性以及西方文化内部主要文化之间的持续有效交流的必要性，……我们之中许多人抛弃国别文学，选择比较文学的主要原因不仅仅是因为我们发现了国别文学研究的狭隘性，更多是因为我们怀有的政治信念，那就是希望通过我们的专业研究，尽自己所能，为团结西方世界这一伟大理想而共

---

① 刘献彪. 比较文学自学手册［M］. 长沙：湖南文艺出版社，1986：127.

② Hans Robert Jauss. Literary History as a Challenge to Literary Theory，Hans R. Jauss，Toward an Aesthetic of Reception（Theory and History of Literature），Minneapolis，University of Minnesota Press，1982，pp. 6—7.

③ ［美］斯塔夫里阿诺斯. 全球通史——1500 年以后的世界［M］. 吴象婴，梁志民，译. 上海：上海社会科学院出版社，2004：796—797.

同奋斗！"①在这里，我们可以看到，作为美国比较文学创始人的弗里德里希清楚地阐明了西方世界的深刻危机，认为必须采取一切可能的方式促进西方世界的团结。因而，从一定意义上看，比较文学成为联系西方世界的重要纽带，弗里德里希甚至也认为，在那特殊时刻，比较文学的研究对象就是"北大西洋公约组织文学"，② 其中体现出的学科"黏合剂"功能跃然纸上。

在比较文学研究上，由于法国、美国两国比较文学的传统、历史条件及客观环境的差异，决定了二者在研究目标、研究方法与研究手段上有着重大差别，这也为企图加强两国团结的美国学者身上蒙上了一层阴影。在实证主义的影响下，法国比较文学学者强调对文学进行基于事实层面的"科学"研究，并从发送者、接受者、媒介等方面对文学作品的源头、影响、传播等方面进行研究，在这种研究方法的主导下，他们将没有事实关联的文学作品以及单独的文学阐释排除在比较文学的范畴之外。可是随着新批评对美国比较文学界的全面影响，美国比较文学学者们注重从"内部"对作品的阐释。此外，鉴于自身的国情——美国建国历史不长，没有悠久的文学传统，如果按照法国"影响研究"的研究思路则总是处于被动接受影响的一端，这和美国日益增强的民族自豪感和优越感是极度不一致的。同时，出于团结欧美同僚的考量，提出研究没有关联的两部作品间的关系更能彰显文学本质的基本观点。更有甚者，为了弥补学术分工过分精细的弊病，美国学者甚至主张对文学和其他学科进行跨学科研究，这显然是和法国学派"纯文学研究"的出发点大相径庭。这种分歧在1958 年召开的国际比较文学学会第二次大会上达到了白热化的程度，其典型标志就是韦勒克在本次会议上发表了反对法国学派的战斗檄文——《比较文学的危机》，在文章中，韦勒克强烈批评法国学派研究中存在的"记文化账"痕迹及沙文主义迹象，认为其背离了比较文学研究的根本宗旨，上演了一场以意识形态的方式反对意识形态的经典大戏，令那些意在通过比较文学加强西方世界团结，尤其是加强美法合作的学者大伤脑筋。

随着平行研究作为一种与影响研究截然不同的研究方法出现在国际比较文学界，两国学者的研究方法彻底决裂，这明显和比较文学的"北约"使命格格

---

① Fernand Baldensperger & Werner P. Friederich, ed. *Bibliography of Comparative Literature* [M]. Chapel Hill: University of North Carolina Press, 1950:. 30.

② William J. Desua ed. *The Challenge of Comparative Literature and Other Addresses by Werner P. Friederich* [M]. Chapel Hill: University of North Carolina Press, 1970: 30.

不入。在两种研究方法的争论处于白热化之际，通过借用梵·第根"居间者"① 这一概念，弗里德里希再次充当了调停者。他认为从历史上看，西班牙、英国等曾经都是极好的"居间者"，可随着国际局势的变化，新的政治力量及不稳定因素极大地阻碍了上述国家发挥"居间者"作用。反之，由于美国在战后国际地位的逐渐提升，加上地理位置上的便利，以及它本身就是文化熔炉，因此它能够更"客观"、更"中立"地从事比较文学研究，从而也能更好地承担"居间者"使命。这样，以子之矛，攻子之盾，法国学派也就能更好地接受这一现实。②

与此同时，随着战争的结束，美国国内局势出现了新情况，那就是在 20世纪 60 年代，种族动乱频仍，比较文学学者发现这是再次彰显学科价值的良机。于是，弗里德里希撰文《比较文学的挑战》，将以欧洲为中心的比较文学与以经济与政治目的为出发点的马歇尔计划更为明显地画上等号，以此来帮助整个欧洲共同体的重建，同时他还声明"'比较主义'的本质就是一种抛弃形形色色种族歧视的政治信条"，③ 将黑人文学拥入比较文学怀中，平息国内的种族冲突，将学科的意识形态功能发挥得淋漓尽致。

四、比较文学学科的新危机

在第二次世界大战结束七十年后的世纪之交，学科的意识形态角色面临新的挑战。面对欧洲各国经济的全面衰退，惊恐于欧洲世界全面倒向共产主义，以弗里德里希为主的美国比较文学家们希望以比较文学这一学科来促进欧洲同盟的团结。这种政治上的考量体现在比较文学领域就出现了意识形态上的对峙，并令比较文学成为冷战的阵地，并最终使比较文学学科成为牺牲品。

当然，既然这一时期比较文学政治性的出发点就背离了学术研究的宗旨，那么，在此过程中，各个集团内部出现一些有悖预期的思想和行为也就不足为奇了。就苏联比较文学界而言，尽管初衷是为了维护和巩固社会主义阵营的团结，在实践中却出现了大国沙文主义的迹象，萨马林就曾宣称在从事比较文学

---

① ［法］保罗·梵·第根. 比较文学论［M］. 戴望舒译. 长春：吉林出版集团有限责任公司，2010：121.

② William J. Desua ed. *The Challenge of Comparative Literature and Other Addresses by Werner P. Friederich* ［M］. Chapel Hill：University of North Carolina Press，1970：47—48.

③ William J. Desua ed. *The Challenge of Comparative Literature and Other Addresses by Werner P. Friederich* ［M］. Chapel Hill：University of North Carolina Press，1970：48.

研究时，确保苏联"必须在研究国际关系的领域中占领主导地位"，并以居高临下的口吻说要去"帮助自己外国的同行"，[①] 同时，在进行苏联文学与其他民族文学间的比较研究时，总是强调俄罗斯文学，突出苏联文学对其他加盟共和国文学的影响，更有甚者将苏联文学塑造为蓝本、榜样。在苏联版的《简明文学百科全书》中更有这样的描述，"苏联文学正成为社会主义现实主义在思想艺术上影响人民民主主义国家的文学，影响不仅仅是欧洲，而且是全世界资本主义国家的进步文学、革命文学的主要源泉"。[②]正是因为出发点中就有着强烈的意识形态性，凭借其在社会主义阵营的强大影响，苏联对比较文学的态度也影响并决定着其他社会主义国家的态度，在冷战的巅峰时期，由于看到美国同行等人企图通过比较文学再次纠结盟友对抗共产主义阵营，苏联学者将比较文学学科定性为"资产阶级反动的文艺学"，大力批判这门学科及其之前的从业者所持的世界主义视角，采取极"左"的文艺政策，从而使得该学科成为禁区，并令比较文学在包括中国在内的其他社会主义国家也被打入冷宫，研究者们噤若寒蝉，最终使比较文学因美苏两大阵营的对抗而成为牺牲品。

随着"马歇尔计划"的顺利实施，加上20世纪70年代"和解政策"的成功推行，美国和欧洲之间的亲密关系业已形成。进入20世纪80年代，比较文学美国学派整体陷入困顿，其原因在于美国政府裁减人文教育经费，不再像冷战时支持外语课程，使得力主多语研究的比较文学愈发难以为继，加上修读人数锐减且就业压力陡增，研究主体严重缩水。更为重要的是，随着20世纪90年代"东欧剧变"，"北约"不战而胜，在一定程度上，比较文学在冷战时期的意识形态使命业已完成。进入21世纪，学科面临新的危机，因为其赖以生存的世界主义陷入困顿。学界认为，世界主义指的是作为一种整体的世界而非单一的地方或社群。[③] 这种整体性观念无疑为比较文学提供了舒适的土壤，可随着"美国优先"战略的提出，以及美国相继退出《京都议定书》《巴黎协定》、TPP以及联合国教科文组织，伴随着英国脱离欧盟、苏格兰独立公投等事件的次第发生，民族主义再次抬头，世界主义受挫，可以预见，比较文学在近期可能会再次面临危机，也有再次沦为意识形态斗争牺牲品的可能。

---

① 刘献彪. 比较文学自学手册［M］. 长沙：湖南文艺出版社，1986：129.
② 刘献彪. 比较文学自学手册［M］. 长沙：湖南文艺出版社，1986：130.
③ Calhoun Calhoun. Cosmopolitanism and Nationalism［J］. *Nations and Nationalism*，2008（03）：427－448.

五、比较文学学科困局的中国方案

尽管比较文学学科在中国的发展过程中也不断在受到质疑，但是相比于这些质疑声，更多的是学者们从各个方面对这一学科的不断建构，使得比较文学在中国得到了更为充分的发展，迎来了学科的新生并彰显了学科的初心。正如有学者所言："通过审视可发现，中国比较文学界的'危机论'具有种种'伪'的特性，'危机'不过是'伪机'而已。首先，就国内而言，'危机论'根本就没有自己的强势声音，比较文学界一体化的局面已经形成。既然是危机，必然具备两个因素：质疑和建构。"① 但在国内，质疑一方一直都处弱势，特别是近几年，已经少有学者批驳比较文学学科的合法性，相反都倾向于从各个角度来修正这一学科。相比质疑方的弱势，建构方一直都处于强势。

在此过程中，对比较文学的构建一直站在传统文学观上，注重的是文学审美性，因而其意识形态的独立性比西方强很多。结合习近平主席发表的关于"共同构建人类命运共同体"② 相关讲话，"共同构建人类文学共同体"或许是破解比较文学美国学派与意识形态相勾连的一条极佳的解决途径。习近平总书记在讲话中提出："现在国际舆论格局总体是西强我弱，别人就是信口雌黄，我们也往往有理说不出，或者说了传不开，一个重要原因是我们的话语体系还没有建立起来，不少方面还没有话语权，甚至处于'无语'或'失语'状态，我国发展优势和综合实力还没有转化为话语优势。"③ 针对这一现状，国内许多学者有针对性地提出过许多建议。"对中国比较文学界而言，'我们'的声音应该是立足于民族文化根基之上，用自己的话语机制完成与西方的对话。"④ 注重"中国古代文论的古今通变、西方文论的中国化、'变异学'方法论指导下开展中西文论对话"⑤。曹顺庆教授在接受光明日报的采访时曾经对此提出过自己的见解。他认为比较文学学科理论话语体系的建构必须彰显"中国特色"。即首先要能够解决当下实际的比较文学危机问题，其次要努力学习并适

① 许相全."危机论"与"伪危机论"——对当前中国比较文学研究现状的反思［J］.商丘师范学院学报，2009（02）：38—39.
② 习近平. 共同构建人类命运共同体［N］. 人民日报，2017-1-20（01）.
③ 中共中央宣传部. 习近平总书记系列重要讲话读本（2016年版）［M］. 北京：学习出版社、人民出版社，2016.
④ 许相全."危机论"与"伪危机论"——对当前中国比较文学研究现状的反思［J］.商丘师范学院学报，2009（02）：38—39.
⑤ 曹顺庆，王昌宇. 文化自信与中国文论建设［J］. 江西师范大学学报，2018（06）：26—27.

当取法中国传统文化的智慧，并且与此同时要使"中国特色"本身具有世界胸怀和长远目光，同时要让"中国特色"精益求精，并成为"世界特色"。① 乐黛云先生在接受访谈中也提及：中国比较文学在相同性之外，更强调差异性和对比性，且中国比较文学一开始就是在中西两种异质文化之间进行，是在世界文学的大背景下发生的，将和而不同作为比较文学的精髓。② 由此可见，为了解决比较文学学科所面临的危机，中国学派一定是必不可少的力量，而坚持构建全球人类文学共同体，注重东西方的交流将会为比较文学的发展带来新的机遇。

总结

本文探讨了冷战时期，美国比较文学的发展及其战后的危机。此时期内，美国比较文学的蓬勃发展源于对抗苏联、联合欧洲的政治需要。为了对抗苏联，美国成立北约，为了加强政治军事联盟，美国利用比较文学作为与北约其他国家的黏合剂。纵观整个西方比较文学的发展，这并非美国的独创之举。恰恰比较文学深植于政治需要和意识形态之中，美国对此的利用也算是顺势而为。但文学与政治过于紧密的羁绊，无疑也成为日后西方比较文学学科危机的根因。因此，西方学者谋求淡化政治影响，或摒弃欧洲中心论以承认其他民族文化，来化解比较文学的危机，路径固然从理论上看未有大错，但由于西方比较文学自始至终都依托于政治，所以始终无法真正摆脱政治的阴影，回归学科本质。此时，若想解决危机，只能将目光投回东方。中国的文学研究更强调审美，与政治始终保持着谨慎的距离，才能提供走出困境的希望。西方的种种尝试，只有在中国方案极其包容的视角下，才能有付诸实践的可能，也才能让比较文学研究中"各美其美，美人之美，美美与共，天下大同"的人类文学共同体愿景变成现实。

［姚连兵为成都大学外国语学院教授、文学博士，研究方向为比较文学原理。何雨徽为英国伦敦国王学院比较文学专业研究生。本文为国家社科基金项目"亨利•雷马克比较文学思想研究"（20FWWB018）的阶段性成果］

---

① 曹顺庆. 比较文学中国学派助推"中国话语"［N］. 光明日报，2016－8－11（11）.
② 乐黛云，蔡熙. "和而不同"与文化自觉：面向 21 世纪的比较文学［J］. 中国文学研究，2013（02）：106.

情志范畴的文化探源、历史流变、理论内涵及当代时效性研究

◎李天鹏　申露涵

【摘　要】 情与志是中国古代文艺理论重要范畴之一。两者在古代文艺理论史中，内涵并不同一：最初情志以混沌不分的方式出现，到了春秋战国时期，情逐渐以个人立场（儿女情长）出现，志以集体立场（家国天下）出现，但在唐代二者逐渐走向了统一，在明清又走向对立。情与志此起彼伏的对立史是一部中国古代文艺理论简史。根据现代心理学，情与志的内涵皆统属于主体"心理活动"，因而在此"情志"并举。狭义地看，情志范畴常用来指代中国古代文艺作品的内容，与形、景、象等范畴形成对立，指作品的思想、情感；广义地看，情志范畴涉及中国古代关于文艺本质、发生、创作、作品等多方面内容，构成中国古代文艺理论本质论、发生论、作者论与作品论，是中国古代文艺理论体系的重要组成部分。中国古代文艺理论重要范畴研究，不能没有情志范畴。鉴于此，本文将从情志范畴的文化探源、历史流变、主要内涵、理论地位、当代研究现状及其当代批评实践展望等方面展开系统研究，对情志范畴进行全面把握。

【关键词】 情志；文艺理论；历史流变；时效性

一、情志范畴的文化探源及历史流变

中国古代文化是心性文化，以人为本的文化。徐复观就认为"中国文化最基本的特性，可以说是'心的文化'""中国文化认为人生价值的根源即是在人的'心'。"[①] 情志范畴植根于中国古代丰厚的心性文化沃土，其历史流变经历

---

① 徐复观. 中国思想史论集［M］. 台北：台湾学生书局，1993：242.

了情志不分、情志分离、情志对立统一到情志再分的四个过程。

（一）文化探源

情志范畴文化根植于中国古代心性文化沃土之中。心性文化的核心特征是关注主体的人生价值实现与浓厚的人道主义特征。根据人类文化发生学以及马克思辩证唯物主义，中国传统文化、语言、文字的诞生来自先民"观物取象"自下而上的认识方式。先民通过对周遭地理环境、自然事物的观察、提炼，创造了文字，进而产生了文化与文明。人类文明的产生有一个从自然到文化、从具体到抽象、从客观到主观、从客体到主体的嬗变过程。"情""志"二字的内涵同样如此。"情"字的最初内涵即客观事物的实际情况、情形与真实状态，如"情"字最早出现于《尚书·康诰》的记载："天畏棐忱，民情可见。"这里的"民情"作为社会民众整体之情，非情感之义，乃指民众整体所呈现的真实的社会状况。再看《左传》"大小之狱，虽不能察，必以情""吾知子，敢匿情乎？""鲁国有名而无情"，这里的"情"皆指客观真实而非主观情感，如"有名无情"是"有名无实"之义，是说吴国子张认为鲁国与他国结盟是名义上的，并非真实的结盟。由于最初"情"字内涵集中于真实的情况、实际的情形，因此先秦典籍中出现了大量"情"与"伪"并举的情况。如《左传僖公二十八年》："险阻艰难，备尝之矣；民之情伪，尽知之矣。"又如《易传》："圣人立象以尽意，设卦以尽情伪。"这里的"情伪"即真实情况和虚假情况的并称。随着社会的发展，客观事物真实的情况逐渐映射到主体，"情"到了战国时期便有了主观心理情感与情绪的内涵。如《庄子·德充符》："吾所谓无情者，言人之不以好恶内伤其身，常因自然而不益生也。"又如《荀子·天伦》："好、恶、喜、怒、哀、乐藏焉，夫是之谓天情。"荀子对"情"的定义非常重要，直截了当地确定了"情"的主观精神内涵，进而确立了"情"的主观与客观二元对立的意义框架。现代汉语"情"字依旧保留着这一框架，如情况、情景、情报，即客观内涵，亲情、友情、爱情，即主观内涵。

"志"的内涵最初也是自然客观的，取自草木崭露头角、初步发芽的状态。"志"的古文楷书由"之"与"心"二者构成。据《说文解字》，"之"甲骨文写作"𡳿"，意思是"出头""展露"。清代段玉裁对此解释为："'𡳿'象草木过中枝茎益大，'出'象草木滋上出达也。"[①] 可见，"之"最初的内涵是先

---

① 胡家祥. 志情理：艺术的基元 [M]. 南昌：百花洲文艺出版社，2017：8.

民通过对近在周身的草木生长状况的观察"取象"而来，具有发芽、初生、初见端倪之意。"志"字由"之"与"心"组合而成，是客观与主观的融合组构，意指心的发芽、开端、初见端倪，代指人心有了最初的指向、意指、向往、追求等。正因为如此，战国时期荀子对志的释义是："志也者藏也"，宋儒的释义是："志者，心之所之"，都指人心最初展露端倪、蒙生念头进而有所藏、所往、所指、所求。人心所包藏、向往的是什么呢？根据"志"的历史语义考古，"志"有两个内涵：记忆（包括记载、记录）与志向、抱负、理想。[①] 如《三国志》与地方志的"志"就是记忆或记载的意思，"志向"与"立志"就是抱负、理想、追求的意思。

从上述可知，"情""志"二字原始内涵皆是客观的，与客观事物及其状况有关，随着人类社会的进步发展，文化的繁荣壮大，情与志的内涵从客观内涵引申出主观内涵，从客体进入主体，并逐渐反客为主，成为语用的主导内涵，指主观的心理活动或精神状况。不同的是"情"强调个体化情感（爱情与个性），"志"强调群体化情感（家国天下）。这一分野奠定了中国古代文艺理论"缘情"说与"言志"说两大历史流派。需强调一点的是，情志的主观内涵诞生之后占据了中国传统文化乃至古代文艺理论的中心，成为其主导精神。这一主导精神表现为对"心性"的强调（从汉字结构来看，"情"与"志"二字皆是"心"字部首，可见主观内涵是两字内涵核心），对个体以及群体人生价值与生命意义的注重，具有浓厚的人道主义精神。如《尚书》的"无相夺伦，神人以和"（原始居民与天神的和谐共处、部落安居乐业）、道家自然无为的修身之道与小国寡民的社会理想、儒家"仁者爱人"的人道主义思想与大同社会、墨家的"兼爱"与"非攻"，无不关注个体与群体安身立命的存在方式，表现出对个体人生价值的内在超越与公正清明社会的理想追求。这种心性文化精神浸入情志文艺范畴之中。当我们对情志范畴进行文化探源时，就会发现作为文艺范畴的情志皆以心为本（虽然情志的源初内涵皆源自原始先民"观物取象"的自然之义，但这一内涵逐渐被先秦诸子"心性文化"的主观内涵所取代，跃升为情志范畴的文化根源与精神主旨）。不管是"感于物而动""率情而往"的个性解放之情，抑或"情不知何所起，一往而深"的情欲满足，还是"发愤著书""经夫妇，成孝敬，厚人伦""借物比德"的人生志向与抱负的抒发，都注重主体人生价值的实现与生命的内在超越，具有浓厚的人道主义精神。由此观之，作为文艺理论情志范畴其文化根源即中国传统的心性文化。

---

① 闻一多. 神话与诗 [M]. 武汉：武汉大学出版社，2009：162.

（二）历史流变

纵观中国传统文化五千年，情志作为主观精神内涵，其经历了四个阶段，即上古时期的情志不分、春秋战国到魏晋时期的情志分离、唐代时期的情志统一、明清之际的情志再分。

首先，上古时期是情志不分阶段。情志在秦汉之际逐渐形成了个体情感与集体伦理政教情感的分离，并在后来两千多年的文艺理论史中形成此起彼伏的发展脉络。在正式对立分离之前，还有一个情志不分的混沌阶段，正如我们所知"情""志"二字皆先有客观内涵，后有主观内涵，但二字的出现与使用在早期文化史上并不平衡。在古代典籍中，"情"字的出现与使用远远少于也晚于"志"字。"《易经》《春秋》和《老子》诸籍均无此字，《诗经》仅一见，《论语》也不过出现两次。"① 自然地"情"的主观内涵的产生要晚于"志"字。用它们代表主观心理活动或精神状况，"志"字顺理成章地早于"情"，或者说"志"字在产生主观心理意义之时，"情"字的主观心理内涵还未诞生。如"志"字最早有铭文，而"情"字未有。作为二字均有记载的文献《尚书》，它们的意义也完全不同。《尚书》中的"诗言志"的"志"是主观内涵。孙耀煜说："'诗言志'的'志'原初本义是指交感巫术所产生的一种指向性的精神力量，主要是指向自然万物，在想象中控制或制服自然的力量。"② 具体来说，就是原始人对万物、上天、天神的敬畏、祈祷、祷告、赞颂，其目的是祈求得到天神护佑，达到"神人以和"、天神合一，而《尚书》作为"情"字的最早文献，它的"情"乃客观内涵，如"天畏棐忱，民情可见"，指社会真实情况，作为主观内涵的精神状况的"情"此时期还未产生，直到春秋时期才产生了具体情感的表述。如《左传·昭公二十五年》："民有好、恶、喜、怒、哀、乐，生于六气。是故审则宜类，以制六志。"作为特殊的个别的"六情"，在此并未用"情"字概况，而是用"志"字来归纳概括。由此可见，在一段时期内③，"志"是作为个体与集体主观情感的统称而出现的，充当了后来的"情"的所指功能。这个时期也就是最初的情志混沌不分的时期。之所以会出现这种状况，跟人类智力、历史、文化、语言发展规律密切相关。"从发生学的角度看，语言发展的一般规律是由具体到抽象。现代人类学发现，在比较原始的部落

---

① 胡家祥. 志情理：艺术的基元 [M]. 南昌：百花洲文艺出版社，2017：98.
② 孙耀煜. 诗言志与原始文化——中国诗学源流论之一 [J]. 山西大学学报（哲学社会科学版），1991（04）：21.
③ 这个时期可能处于志字的主观内涵已产生与情字的主观内涵还未产生的区间。

里，人们给周围的每一棵树冠以相互不同的名称，几乎还没有'树'这样的抽象概念。"① 如此，作为抽象的"情"范畴在还未诞生之时，"志"就填补了这个空缺。这个时候，"情志"混沌不分，而随着"情"字主观内涵的出现，情志的初步分离就进入历史舞台。

其次，春秋战国到魏晋时期是情志分离阶段。情志分离存在一个相当长的时期，肇始于"情"字范畴主观内涵的出现。"情"字作为主观内涵大量地出现与使用的情况，在战国晚期。如孟子、庄子、荀子都从主观内涵上来使用"情"字，对情志的初步分离起到了关键作用。《庄子》有明确了的主观内涵的"情"："惠子曰：'既谓之人，恶得无情？'庄子曰：'是非吾所谓情也。吾所谓无情者，言人之不以好恶内伤其身，常因自然而不益生也。'"② 庄子与惠子的"无情之辨"的实质是"人的常情"（喜怒哀乐）与"自然之情"的争论，庄子主张"无情"之情，即顺应自然无欲、无己无为的道情，拒绝七情六欲的常情。可知，在庄子那里，"情"字已经蕴含丰富的主观内涵。比庄子稍晚的荀子则进一步用"情"概括人的各种主观情感，把"情"作为一个抽象普遍的情感范畴来使用："好、恶、喜、怒、哀、乐藏焉，夫是之谓天情""性之好、恶、喜、怒、哀、乐谓之情""性者，天之就也；情者，性之质也；欲者，情之应也"。荀子对性、情、欲三者的体用关系进行了辨析，并用"情"来统摄"喜怒哀乐好恶"，代替了春秋时期《左传》用"六志"代指"六情"的状况，标志着情志的正式分离。

汉代与魏晋南北朝两个时期，情志的分离在文艺理论上进一步发展。以《诗大序》和陆机的"缘情"说为代表。《诗大序》："诗者，志之所之业，在心为志，发言为诗。情动于中而形于言……先王是以经夫妇，成孝敬，厚人伦，美教化，移风俗……故变风发乎情，止乎礼义。发乎情，民之性也；止乎礼义，先王之泽也。"作为中国诗论的开山纲领之作，《诗大序》延续战国情志分离传统，并对情志进一步区分：个体感物而发即情，情"止于礼"就是志。可见"志"就是个人之"情"符合封建礼教之"情"，正式确立了情志的个人与集体的对立。《诗大序》虽然提出吟咏情性之说，注意了诗歌的抒情性与个体性特征，但又提出"发乎情，止乎礼仪"，实际上是把"情"纳入儒家伦理政治教化的"志"的范畴。情与志的分离演化在汉朝形成个人与集体、自我与社会、情与礼的情感对立，并把个人之情束缚于言志，言志统摄了个人之情，情

---

① 胡家祥. 志情理：艺术的基元 [M]. 南昌：百花洲文艺出版社，2017：99.
② 方勇. 庄子 [M]. 北京：中华书局，2015：92.

被包裹在温柔敦厚的政教之中，消解了情的自我个体性，其实质是情志的进一步分离与对立。到了魏晋时期，文艺理论上的情志分离对立形成泾渭分明之势，其标志是陆机《文赋》"缘情"说的提出，与"言志"说形成分庭抗礼之势，情志出现的分离与对立，形成了中国古代文艺理论言志与缘情的两大传统。言志派注重情的社会功利、实用，其情乃是集体主义的志向与抱负，其核心是家、国、天下；缘情派注重主体自我个性的解放与自由的追求，其核心内涵是个体生命体验以及爱情。

再次，唐朝是情志统一阶段。在中国文艺史上，情志的统一是一个短暂的时期，缘情与言志更多地呈现出此起彼伏的状态。经过了《诗大序》与魏晋南北朝时期的"尊情"传统后，唐代理论家不可能忽视二者内涵上的差异，并进行某种综合。这一工作交给了孔颖达。孔颖达生活在魏晋南朝之后的大唐，文艺理论已经经历了言志与缘情的两大传统，他的"诗言志"阐释不得不吸收"缘情说"传统，明确把情、志统一起来。他在《春秋左传正义》说："在己为情，情动为志，情、志一也"，《毛诗正义》又说："诗者，人志意之所适也。虽有所适，犹未发口，蕴藏在心，谓之为志，发见于言，乃名为诗……感物而动，乃呼为'志'"。孔颖达把"志"统摄为感物而动，"物"是宽泛的，包括社会、自然等，因此"志"就包括了世情之志与个体内在感情，"'诗言志'这个命题的美学内涵就远不是先秦典籍中的'诗言志所能够比拟的了。'"①

最后，明清之际是情志再分离阶段。唐朝之后，宋儒理学让"诗言志"变得更加实用化、政教化，对魏晋以来产生的"缘情说"再一次进行了压抑，最能说明这一现象的是宋儒周敦颐提出的"文以贯道"说，文艺成为封建伦理纲常的意识形态工具。到了明清之际，市民经济的繁荣，注重自我与个性思想解放的潮流随之诞生，如李贽童心说。此外，汤显祖受其影响，也再次高扬了缘情说："世总为情，情生诗歌""人间何处说相思？我辈钟情在此""因情生梦，因梦成戏"，把"情"上升到文艺本体论高度。汤显祖对"情"的高扬，是通过对传统言志说的解构实现的。具体办法即把"志"灌注入"情"，用情统摄志。"汤显祖认为'万物之情，各有其志'，崔、张志情就'志'本身，则是把'志'包含在'情'之中了。"② 汤显祖"以情释志"是借助志的传统力量以颠覆它，把情提升到比志高的地位，以对先秦以来诗言志政教传统进行反抗，后来清朝袁枚提倡"独抒性灵"说延续了这一传统。汤显祖与袁枚的"情"实质

---

① 叶朗. 中国美学史大纲［M］. 上海：上海人民出版社，2019：258.
② 周广璜. 情味境［M］. 北京：商务印书馆，2019：54.

是以个体化纯情、爱情、真情、性情去消解封建礼教或儒家伦理纲常，破除政治教化的外壳，使情志再次走向了分离。这一次分离较之先秦两汉的情志分离完全不同，前者以志摄情，后者以情驭志，可以说是情的最后胜利。当然如果加上晚清政治与文艺的现实状况，即落后衰退的社会催生了梁启超等文人对文艺群治与新民启蒙等功能的重视，那么明清之际的情志再分应是古代文艺史上的最后一次分离，进而完成了中国古代文艺理论情志范畴二元对立的发展史。

总而言之，从最初的混沌不分，到形成泾渭分明之势，再到初步的统一，最后到明清之际的"以情驭志"（加上并未详论的晚清时期的群治功能的强调），中国古代文艺理论情志范畴形成了一部完整的此消彼长的嬗变史，也是一部中国古代文艺理论简史。

二、"情（志）"内涵概括及其古代文艺理论地位

情志的内涵，简言之即作品传达的情感与思想，构成了中国古代文艺作品的全部内容，但情志并不仅仅停留在作品论，还涉及本质论、发生论、作者论，在古代文艺理论上具有举足轻重的地位。

（一）情志内涵

这里所说的情志内涵集中在作品论，即作品所传达的内容。从主体心理活动或精神状态来看，情志内涵是同一的，然而根据不同的心理性质，并结合情志范畴的文艺理论史，情志各有其内涵，各有所指，二者共同构成了中国古代文艺作品思想与感情两大内容。具体来说，志的内涵有三：巫术文化的神人意志、以仁礼为核心的政教意志、个体自觉的德行修养为核心的品志。情的内涵亦有三："染乎世情"的社会情感、"物色之动"的"物情"、个人的情欲或艳情。

志的三种内涵中第一种是巫术文化的神人意志。志的三种内涵主要围绕"诗言志"这一中国诗论的开山纲领展开，代表着"诗言志"理论的历史发展阶段。志的第一种内涵即"诗言志"发展的第一个阶段。根据《尚书》："诗言志，歌永言，声依永，律和声。八音克谐，无相夺伦，神人以和"①，"诗言志"的"志"乃原始部落祭祀时，巫师与神灵沟通所传达的祈福观念，代表部落首领及其氏族"神人以和"的愿望，"诗"则是这个时期巫师向天神进行祷

---

① 于民. 中国美学史资料选编［M］. 上海：复旦大学出版社，2008：10.

告的咒语。"诗言志"就是原始部落巫师祭祀咒语中表达的风调雨顺、神人以和的愿望。因此，志的第一种内涵即是原始社会巫术文化神人意志，但其核心是一种愿望、志向，具有浓厚的神秘的巫术文化特征。随着社会的进步，志的第一种内涵在先秦时期已消失殆尽，巫术文化逐渐被人本主义的礼教文化取代，诗言志的解释框架被儒家仁礼文化占据，志的内涵也随之改变。这就是"志"的第二种内涵，即以仁礼为核心的政教意志。这种内涵的典型特征是具有集体性，代表君王、国家、人民的利益。简单地说就是文艺"为君为民为臣为事为时"而作，抒发作者伟大的志向与人生抱负，即杜甫所言"致君尧舜上，再使风俗淳"，个人意志寓于君王、国家与人民的集体意志。这一内涵肇始于先秦儒家学派，以孔、孟、荀、韩、柳、白居易、二程等思想家为代表，注重文艺的社会政治功能论，以"言志"说、"尽善尽美"说、"美刺"说、温柔敦厚的诗教说、"文以载道"说为典型。志的第三种内涵是个人意志，同样受到儒家仁礼文化解释框架的影响，但它不同于第二种内涵的集体意志，而是更注重个人道德品格的追求，如坚韧、刚毅、清高、超拔、乾健、至大至刚等传统士大夫君子品格，往往可用品志、志气、志节等词来表述。在文艺理论上较为典型的理论是"比德"说，表现出借物言志的功能，例如古代文艺作品中"梅兰竹菊松"的意象。代表性的作品如孔子"岁寒，然后知松柏之后凋也"，孟子"吾善养吾浩然之气"，周敦颐"吾独爱莲之出淤泥而不染"，文天祥"人生自古谁无死，留取丹心照汗青"等。可以说，个人道德品格的内涵是从集体政教意志分离出来的一种内涵，往往是传统士大夫人生政治抱负难以实现，转向个体内在品格追求的表现，从外在超越走向内在超越。以上三种"志"的内涵基本代表了中国古代文艺作品在理性思想层面的内容。

　　情在中国古代文艺作品中，其内涵也有三种。第一种是"染乎世情"的世情，涉及王政得失、社会动乱、历史兴衰、前朝遗址、遗事、亲朋好友等社会内容，即钟嵘所说"嘉会寄诗以亲，离群托诗以怨。至于楚臣去境，汉妾辞宫；或骨横朔野，魂逐飞蓬；或负戈外戍，杀气雄边"[①]，表达了对社会历史深深的哀伤、悲悼、追忆等情，如屈原的《楚辞》、杜甫的"三吏三别"、陈子昂的《登幽州台歌》、杜牧的《阿房宫赋》、刘禹锡的《石头城》、苏轼的《赤壁赋》、张养浩的《潼关怀古》、罗贯中的《三国演义》、吴趼人的《二十年目睹官场之怪现状》等。这种作品内容以社会历史"大"情为主，因而往往是崇高、深沉的，与志的第二种内涵具有千丝万缕的联系，在理论言说上以"发

---

① 于民. 中国美学史资料选编 [M]. 上海：复旦大学出版社，2008：171.

愤""风骨""兴寄""不平则鸣"等为代表。笔者认为在这类文艺作品中情志内涵实现了真正的对立统一，是尽善尽美之作。第二种情的内涵即"物色之动"的物情，这里的物往往指自然山水，正如钟嵘所说："若乃春风春鸟，秋月秋蝉，夏云暑雨，冬月祁寒，斯四候之感诸诗者也。"① 诗人感物而动，与自然风光发生审美对话，物我两忘。或澄怀味象畅情于四方之外，如庄子的《逍遥游》、陶渊明的《归田园居（三）》、王维的《山居秋暝》、李白的《独坐敬亭山》等；或思乡念亲抒羁旅之孤独，如王维的《九月九日忆山东兄弟》、李白的《静夜思》、杜甫的《月夜》、张继的《枫桥夜泊》等；或悲己之凄凉怆然的人生际遇，如屈原的《楚辞》、杜甫的《登高》《老病》、苏轼的《行香子·秋与》等；或发自我遗世独立孤寂清高之情，如柳宗元的《江雪》等。总之，"物色动人"的物情是多元的，思乡怀亲念友、悲己、畅情遨游等，但它们的共同特点是抒发纯粹作者个人真情，以物起兴，感荡心灵，情景交融，意象圆融，在理论言说上以物感说、意象论、意境论、情景论为代表。情的第三种内涵即艳情、爱情、情欲、相思之情，专指男女之情。这类情感也是纯粹个人之情，与其他情感不同的是，男女之情具有强烈的反抗封建礼教、三纲五常的特征，蕴含着追求人性解放、个性自由、恋爱自由的思想。代表性的作品如《孔雀东南飞》《梁山伯与祝英台》、齐梁艳诗、晚唐《花间集》、柳永春闺浮糜之词、明清艳情小说等，在理论言说上以陆机"缘情"说、汤显祖的"至情"说、袁枚的"性灵"说为代表。

在作品层面，情志范畴的内涵几乎囊括了中国古代文艺作品所表达的所有内容：社会批判与美颂、个人志节、历史怀古、思乡、念亲、怀友、悲己、相思、畅游等，是一部中国古代文艺作品的内容诗学。

（二）情志范畴的古代文艺理论地位

情志范畴在中国古代文艺理论中占据着极其重要的理论地位，是中国古代文艺理论体系的重要组成部分。这不仅体现在上文对情志内容诗学的全面揭示，对中国古代文艺作品论做出的重要理论贡献，还表现在情志范畴涉及中国古代文艺理论的本质论、发生论、作者论。就本质论而言，情志范畴中的缘情说，对文艺作品的本质进行了审美规定，标志中国古代文艺自觉时代的来临，为艺术而艺术观念的成型，突出了文艺作品的审美功能。情志范畴中的言志说则对中国古代文艺作品进行了善的本质规定，突出了文艺作品的社会政治实用

---

① 于民. 中国美学史资料选编［M］. 上海：复旦大学出版社，2008：171.

功能，遏制了古代文艺作品走向极端的嘲风弄月的唯美主义倾向。二者结合，可以说对中国古代文艺作品的本质进行全面而科学的规定，并在文艺作品真善美的多元价值追求之间达到平衡。就文艺发生论而言，二者皆对文艺作品的发生进行了科学的揭示。这一理论统称为物感说，如《诗大序》"诗者，志之所之也，在心为志，发言为诗。情动于中而形于言"，钟嵘的"气质之动物，物之感人，故要摇荡性情，形诸舞咏"，刘勰的"情以物情，辞以情发"等。这些理论言说都主张文艺作品来自心与物的交感对话，对情（思）、物、言三者关系做了全面而合理的界定。就作者论而言，情志范畴抓住作者抒情言志的心理需要，对作者创作的意图、缘起、目的等内容进行了科学合理的揭示，如吟咏情性、感物吟志等，突出了作者的重要地位，加强了中国古代文艺作品的人本主义色彩。

总之，作为中国古代文艺理论重要的情志范畴通过它对中国古代文艺的本质、发生、作品、作者等内容的精辟论述，对中国古代文艺作品的本质、内容、创作、起源做出了卓越、全面而科学的阐释。可以说，离开了情志范畴，中国古代文艺理论体系是不完整的，中国古代文艺理论就缺乏本质论、发生论、作品论、作者论等内容。因此，情志范畴在中国古代文艺理论史上具有不可或缺的地位，它对当代中国特色文艺理论体系的建构依然具有重要的借鉴价值。

三、"情（志）"范畴研究现状及其不足

不管是古代文艺理论史，还是当代文艺理论史，情志范畴都具有极其重要的理论地位与价值。就当代文艺理论建设而言，情志范畴是重要的话语资源，但在当今"唯科学主义"话语的当代中国文论生态中其价值如何体现，它如何在当代文艺批评实践中担当重要的功能？这一切都建立在情志范畴研究现状的基础上。在此基础上，笔者将对情志范畴的研究现状进行归纳，找到其不足，进而展望情志范畴的当代价值的新路径。

从话语范式的异同来看，情志范畴的研究肇始于近代"西学东渐"新思潮，可追溯到王国维的《人间词话》《红楼梦评论》等著作对意境、悲剧等文艺理论问题的西方化研究，如"把'情'规定为'吾人对此种事实之精神的态度'，其性质是'主观的'、'感情的'"①，首次把中国古典文艺中的"情"作

---

① 叶朗. 中国美学史大纲［M］. 上海：上海人民出版社，2019：662.

了主客二分模式的界定。王国维的研究范式开启了近代以来中国古代文艺理论研究的科学主义模式。稍后的如梁启超、鲁迅、陈钟凡、闻一多、朱自清、朱光潜、宗白华、郭绍虞、罗根泽、童庆炳、陈良运等学者都自觉或不自觉地以西方科学话语对情志范畴有过研究，产生了重要影响，积累了大量优秀的学术成果。这些成果形式多种多样，有专题著作、资料选编、学科通史、理论教材、单篇论文等。如朱自清的《诗言志辨》、陈钟凡的《中国文学批评史》、朱光潜的《文艺心理学》、罗根泽的《中国文学批评史》、陈良运的《中国诗学体系论》、童庆炳的《文学理论教程》、胡家祥的《志情理：艺术的基元》、斐斐的《诗缘情辨》、邹荻帆的《诗言志辨》（《文艺研究》1984 年第 1 期）、马银琴的《论"诗言志"和"诗缘情"的关系及其理论嬗变》（《中南民族大学学报》，2019 年第 3 期）等等诸如此类，不一一列举。在此笔者从研究内容与研究性质两个层面来把握情志范畴的研究现状，研究内容呈现情志范畴研究的成果，研究性质披露情志范畴研究现状的不足。

从研究内容来看，情志范畴研究内容丰富，角度多元，涉及情志的文化探源、内涵界定、范畴梳理以及体系建构、现代转化、当代价值等几个方面。代表性著述有孙耀煜的《诗言志与原始文化——中国诗学源流论之一》（《山西大学学报》1991 年第 4 期）对情志的文化探源、陈良运的《中国诗学体系论》对情志的体系化建设、胡家祥的《志情理：艺术的基元》对情志范畴的系统梳理、李健的《中国古典文艺学与梅西的当代价值》和童庆炳的《中国古代文论的现代价值》对情志范畴当代价值的理论言说、林继中的《情志、兴象、境界：传统文论重组》（《文学评论》2001 年第 2 期）对情志范畴的现代转化的尝试等。这些研究从基础到上层建筑，从点到线再到面，对情志范畴展开了系统而全面的研究，具有重要的学术价值，对未来情志范畴的传承与创新奠定了基础性的工作。当然，在研究内容上也表现出研究视野陈旧、成果重复冗余等不足现象。

从研究性质来看，这类研究无不深深烙上西方模式的印记。西方模式即科学、理性、系统化、学科化、范畴化的研究模式，一言以蔽之即"科学主义"研究模式。在此，我们把情志范畴的研究现状概括为西方科学主义话语研究模式，这一研究模式在新时期集中表现为"中国古代文论的现代转换"这一学术热潮。不幸的是，这一科学主义话语研究模式恰恰是情志范畴研究现状的不足。西方科学主义话语的研究虽然为情志范畴带来了新的内涵，对其有创新的理解与转化，但其弊端是给中国古代文艺理论独特的话语模式带来毁灭性打击，乃至于中国古代文艺理论在当今患上严重的"失语症"，即我们离开西方文论话语、离开西方理性科学研究方法就无处言说的窘状。具体来说，情志范畴在当代中国文艺理论与批评中丧失了话语权。在批评上情志范畴失语了，便无法发出自己的批评之声；在理论上则表现为用西方科学主义话语对"情""志"内涵进行清晰的逻辑界定，导致"情""志"原初内涵的圆融整体化的存在方式被肢解得支离破碎，"蔽于一曲而暗于大理"。

总的来说，情志范畴研究已经积累了大量具有学术价值的研究成果，但逐渐呈现研究内容重复、冗余、缺乏创新性与研究范式严重西方化两点不足。

四、情志范畴的当代价值及批评实践展望

曹顺庆提出中国文论研究的中国化道路。笔者认为此道路是缓解乃至治愈中国文论"失语症"的良方。而针对情志范畴研究现状的不足，中国化研究是展开情志范畴当代价值的突破点。"中国化"研究并非全盘中国化，不是"原初中国"的还魂与反魅，而是中西异质话语的熔铸化合。这种化合的结果是产生一个全新的具有自主话语权的中国文艺理论话语规则，但这个全新的中国文艺理论话语规则并非无根基的，它建立在中国古代文艺理论话语规则的建构之上，而情志范畴作为古代文艺理论话语，其当代价值则表现在此，即为中国古代文艺理论话语提供理论资源。情志范畴是中国古代文艺理论的重要组成部分，其理论旨趣深深地烙印着传统文艺理论话语规则的致思方式、言说方式、意义生成方式、接受方式。因此，情志范畴进行古代文艺理论话语规则的研究不仅是其当代研究的新路径，新的增长点，更是为中国古代文艺理论话语体系建构提供了丰富的话语资源与理论支撑，这是情志范畴在当代不可或缺的理论价值。

除此之外，情志范畴在当代文艺理论建设中还具有重要的批评实践价值。通过中国古代文艺理论话语体系的建构并与西方异质性文艺理论话语进行对话、融汇，建构起当代中国文艺理论话语体系，进而对情志范畴进行中国化的重建。重建之后，情志范畴将在现当代文艺批评实践中承担起重要的批评功能。这不仅激活了传统文艺理论范畴的实践价值，还缓解了中国文论的"失语症"。可见，情志范畴在当代是大有可为的。

当然，我们并不能停留在纯粹的理论演绎言说之中。口说无凭，要实干，要真正地深入具体的文艺作品的批评实践中我们才能证明情志范畴的当代有效性。限于篇幅，情志范畴的批评实践在此无法展开，姑且以展望的形式，敞开一个理论空间，供读者参考借鉴。如何展望？在此举一个具体个案。比如，我

们可以用"诗穷而后工"对民国作家萧红的作品展开批评研究①。首先对"诗穷而后工"的原初内涵进行呈现，然后进行中西化合，实现该理论的现代重建，最后引入萧红生平及其作品，在理论、生平、作品三者之间交叉，论证萧红小说的艺术成就与其个人穷困的人生遭际存在莫大关系，是"人生之穷"成就了萧红在现代文学史的地位。以此类推，我们还可对鲁迅、茅盾、丁玲、巴金、莫言等作家展开批评。一个全新的中国化的当代文艺情志批评就呈现出来了。

［作者李天鹏为文学博士，成都大学文明互鉴与"一带一路"研究中心特聘副研究员；申露涵为山西大学文学院文艺学专业硕士研究生。本文系国家社科基金重大项目"东方古代文艺理论重要范畴、话语体系研究与资料整理"（项目编号：19ZDA289）子课题"中国古代文艺理论重要范畴、话语体系研究"阶段性成果］

---

① 李天鹏. 萧红再批评：中国古代文论"诗穷而后工"的当代时效性［J］. 中外文化与文论，2022（52）.

透镜之思：从《人间词话》的百年研究史和万花筒谈起

◎赵莉莎

【摘　要】　本文通过对《人间词话》的百年研究史和学术之争的探讨，试图发现其争之所因并思考关于文学阅读和研究的价值与焦点所在。

【关键词】　《人间词话》；百年研究史；价值

万花筒是一种光学玩具，只要往筒眼里一看，就会出现一朵美丽的"花"样。将它稍微转一下，又会出现另一种花的图案。不断地转，图案也在不断变化，所以叫"万花筒"。

德国作家安东尼娅·格鲁嫩贝格在《阿伦特与海德格尔——爱与思的故事》这部传记作品中第一章《世界土崩瓦解》的篇首提到的"他们对任何东西都不抱偏见，对任何东西都不采信仰的态度，他们批判一切，冷静得近乎冷酷，但另一方面，一切神秘玄想的东西都让他们为之动容，甚至是多愁善感的卷入其中而不能自拔，充满了好奇心，对一切谜团和神秘的东西都兴致盎然，对所有深刻的东西和背景世界的迷魅都饶有兴味，甚至让科学也要服务于迷信的研究，使科学降格为验证迷信的手段，或者把对科学的这一苛求伪装到神秘学的形式中去"①。

百家争鸣与龃龉之由

"然由上文之说，而遂疑思想上之事，中国自中国，西洋自西洋者，此又

---

① ［德］安东尼娅·格鲁嫩贝格. 阿伦特与海德格尔——爱与思的故事［M］. 陈春文，译. 北京：商务印书馆，2010：1—2.

不然。何则？知力人人之所同有，宇宙人生之问题，人人之所不得解也。具有能解释此问题之一部分者，无论其出于本国或出于外国，其偿我知识上之要求而慰我怀疑之苦痛者，则一也。同此宇宙，同此人生，而其观宇宙人生也，则各不同。以其不同之故，而遂生彼此之见，此大不然者也，学术之所争，只有是非真伪之别耳。于是非真伪之别外，而以国家、人种、宗教之见杂之，则以学术为一手段，而非以为一目的也。未有不视学术为一目的而能发达者，学术之发达，存于其独立而已。然则吾国今日之学术界，一面当破中外之见，而一面毋以为政论之手段，则庶可有发达之日欤？"①百年之前，王国维（静安先生）在《近年之学术界》这篇文章的结尾已经包含了这一重要问题，即学术之争到底是在争什么，又应该争什么。然而作古百年的静安先生肯定不会想到（或许早已料到）当年他思考的学术之所争问题已在他自己的身上争执了百年之久，且并未有偃旗息鼓的趋势，未来应该还是会继续争执下去，甚至会有愈演愈烈之势。比如对《人间词话》的中西渊源比例即中体西用还是西体中用之争等，不知道这位精通中西博古通今的国学大师对长久以来的这种现象是会紧皱眉头还是旷达地会心一笑呢。虽然他早在百年前对学术界有关现象的批评如今还言犹在耳，但仍然阻止不了这种现象的频仍出现和其流风余韵，而如今虽然时隔百年，但这些问题在本质上其实并没有什么太大的差别。那么作为当代学人的我们又应该怎样来看待这些现象和问题呢？为什么人文社会科学或称精神科学的研究总会出现这种百家争鸣的情况？其内在的本质性学理原因究竟出于何方？如果百年后我们还停步于前人所争执和纠结的某些问题甚至细节，还站立在前人的位置和高度上去重复劳动和陈词滥调的话，那我们的学术又谈何发展？甚或还很可能岌岌可危。那么又应该从何突破，以及怎样达成这种突破呢？理论的前行都需要什么条件，如果无法自创新声的话，那鲁迅的拿来主义便应该是最好的办法，当然这种拿来还需要消化，避免因为体质和饮食习惯的差异而产生肠梗阻，但即便如此，因噎废食也肯定是最差的一条出路，甚至是死路一条。

《人间词话》百年研究史（甚至所有文本的解读史）的本质其实是百年解释史或百年思想史。因为任何对语言文字的阅读比如文学批评的本质都是一种解释。解释就是去理解信息，只不过研究史是这些解释中更特别的一种，是由专家学者等知识界中的特定一部分人去进行的一种被特定规范过的理解和解释。它包含对文本本身的解释，也包含对研究的解释，即研究史是

---

① 王国维. 王国维文学美学论著集［C］. 上海：三联书店，2018：127.

对解释的解释，是综合性地去考查这些解释的流变和背后的原因，而这本身也是一种解释，而在这解释的过程中，如果我们忽略了影响研究的新发展，比如在使用传统的渊源学研究方法（训诂或考据等）进行研究的时候就容易出现一些问题，而这个时候我们应该停止对这种工具的使用，首先反过来思考工具的适用性，当然这种思考其实就是对渊源学本身进行的研究之思考，是对我们应该站在什么立场，面朝什么方向，使用什么视角，敞开什么胸怀来进行这种普遍意义上的解释学研究，或称为接受研究。现代接受美学已经告诉我们很多真知灼见，如果我们还闭目塞听的话，那只能是在传统的认知范式里打转子，难以走出深宅大院的高墙壁垒，或坐井观天地像寓言里的青蛙或鱼一样，（有一天，青蛙将陆地上的世界描述给鱼听，有的人身穿衣服，头戴帽子，手握拐杖，足履鞋子，水中的鱼脑子里便出现了一条穿着衣服，戴着帽子，翅夹拐杖，鞋子则吊在下身的尾翅上的鱼；青蛙又说，有飞的鸟，鱼的脑中又闪出的是一条飞鱼；青蛙又说，有车，带着四个轮子滚动，此时的鱼则出现的是一条带着四个轮子的鱼）带着更浓重的幻象和偏见去单一视角地观看和认识这个世界并筹划自己的未来，而这种筹划通常来说是会在现实面前败下阵来的，因为它并未包含其他可能会发生的一切可能性，甚至从来就不曾意识到还有其他可能性的可能和存在。阅读是对文本的解读，但它既反映接受者的个性和时代的变迁，也是阅读者的自我反观。鲁迅先生早就认识到了这其中的奥秘，并曾在《集外集拾遗补编·〈绛洞花主〉小引》中说："《红楼梦》是中国许多人所知道，至少，是知道这名目的书。谁是作者和续者姑且勿论，单是命意，就因读者的眼光而有种种：经学家看见《易》，道学家看见淫，才子看见缠绵，革命家看见排满，流言家看见宫闱秘事……"① 而更古老的《周易系辞上》也早就发现了这一问题的本质："仁者见之谓之仁，智者见之谓之智。"这说明中国的诗学文论里并不缺乏对这种现象的学理性认知。而这种认知直到 20 世纪才被海德格尔说的前理解，伽达默尔说的视域融合以及解释学说的"解释学处境"再次发现和确认，并使其更加地确实无疑。说我们每个人都是戴着有色眼镜来进行阅读和看世界的话也绝不为过。而前述寓言里的故事说明人们与自己陌生的他种文化接触时，很难摆脱自身的文化传统和思维方式，往往只能按照自己所熟悉的一切来理解别人。这就是通常我们所谓的误读效果。但关于误读这个词，我们仍然有话可说。关于接受与误读的问题，我们应该首先认识到认知主体的局限

---

① 鲁迅. 集外集拾遗补编［M］. 北京：人民文学出版社，1995：141.

性、认知对象的流变性、认识标准难以确立、语言功能的限制性等这些特点，在此基础上从本质角度来看的话，其实一切阅读都是误读，理想中的正读并不存在，那只是一种对意义的独裁性垄断，它当然也是一种解释学，但绝对是独断型解释学，而我们在任何时候需要的都是探究型，甚至视任何独断型的事物为最大的危险和盲视。所以当任何人使用"误读"这个词而不加特别说明的时候，其实就已经在误读了，而且是无意识的误读，是最大的误读，是排他性的。因为我们根本没有意识到这是一个有问题的词，就如同政治上的政治不正确一样。说别人错，就是说自己对，就是独裁就是暴政甚至是渎神，渎语言之神，渎文字之神。因为自从海德格尔说语言是我们存在的家园之后，语言就像自然神论里的大自然一样将我们环绕包围，给予我们养料，照料我们的精神。请不要忽视它甚至伤害它，否则人类早晚会意识到自己的盲目和愚蠢，并为此而付出代价，甚至是极大的代价，生命的代价。另外，在伽达默尔的集大成之后，还有各种各样的理论拓展，比如美国学者费什的读者反应批评理论，这一思想要求我们知道阅读并不是要逐字逐句去分析释义，相反，解释作为一种艺术意味着重新去构建意义，解释者并不是将诗歌视为代码并将其破译，解释者制造了诗歌本身。而文本意义生成的问题即同一个文本会生成什么意义是取决于很多影响因素的。其中既有文本本身的因素即表意的含混程度，也有读者的阅读方式因素即读者的文学能力等。还有最为著名的德国接受美学，尧斯和伊瑟尔两位学者在《研究文学史的意图是什么、为什么》（又译《文学史作为向文学理论的挑战》）一文中分析了作品是谁生产的这一问题：即本文和读者的结合，并区分了本文和文本的分别意指。文本是"任何由书写所固定下来的任何话语"；本文"是由作者写成，有待阅读的单个文学作品本身"，而本文与读者的关系则是本文未写出来的部分刺激着读者的创造性参与，阅读是创造，是完形。接受美学摒弃了历史客观主义的偏见和传统生产美学与再现美学的基础。他们说"本文是某种像竞技场似的东西，在场子里，读者与作者参与一场想象的比赛（游戏）……在这种创造的过程中，本文或者可能走得不够远，或者可能走得太远，所以我们可以说，厌烦和过度紧张形成了一个界限，一旦超越了这条界限，读者就将离开游戏领域"①。而影响文学接受史的因素则包括，接受屏幕、期待视野、解释共同体、个体差异等。装备完以上的理论武器并建基于

---

① ［英］沃尔夫冈·依塞尔. 阅读过程：一个现象学的方法［J］. 肖明译. 当代电影, 1988:
(05).

这样的思维视角后我们再来谈论一些问题就有了达成共识的基础，或者至少也会引发我们的进一步深思，而不是焦灼与胶着的固执己见或党同伐异或以偏概全。对于王国维的《人间词话》，百年来其实所有的研究者都在做着同一个工作，那就是翻译，翻译王国维的语言，翻译《人间词话》，而这里的翻译指的并不是字面意义上我们通常说的那种不同语种间的转换。对于翻译的认知，我们也需要拓展，必须首先建基于相同的立场才能继续探讨下去，这立场就是西方现代翻译研究的最新认知，比如布拉格学派的创始人之一雅各布森关于三种类型的翻译理论。①跨语际翻译——翻译自身。②语言内翻译——重新措辞，即所有的解释和定义。③符号间翻译——变形、变异，比如用图画、手势、音乐等表达语言符号。每一种符号和措辞都是对另一种符号和措辞的翻译，翻译成为我们理解世界的主要方式，这种翻译学理论扩展了我们对翻译的认知。理解和解释的本质其实就是一种翻译。

那么为什么王国维需要翻译，尤其是为什么他的《人间词话》需要翻译，这其实是和《人间词话》的特质特点特性紧密相关的。曾有人评价过王国维笔下的"文字如莲花般纯净，思想若嫩荷之抽枝"。这一评价用在《人间词话》这本只有三千余字的大家小书中也甚为贴切。王国维是中国人心目中最耀眼的国学巨匠之一，却也是最早试图以西方哲学、美学、文学理论来评鉴中国古典文学的杰出学者。也就是说在静安先生的思想里，有中、有西、有古、有今，而在《人间词话》里则有东西方的文、史、哲，有古与今的文学理论、文学批评、文学史，思想资源极其丰富。行文至此笔者想起了那句"空故纳万境"①。如芥子般小巧的体例之中却深藏着如此丰富的诗学文论瑰宝，只不过这诗学是含蓄的，即美国比较文学学者厄尔·迈纳定义的那种"含蓄诗学"②。《人间词话》能自出手眼，中西凑泊，但这种自出手眼中西凑泊又是以含蓄诗学的含蓄为其特点或称为代价的，造成了意义的含混和解读的无限空间。但其实作为语文学家的王国维，有能力写出任何形式的文章，可是他却在《人间词话》里主动放弃了早前《红楼梦评论》中的那种写作模式，而是选择了回归古典词话传统，用近乎创作诗词作品的感情去写出了这本理论型著作，使其在意指上并不

---

① 宋代苏轼的《送参寥师》"欲令诗语妙，无厌空且静。静故了群动，空故纳万境。阅世走人间，观身卧云岭。咸酸杂众好，中有至味永。诗法不相妨，此语当更请。"

② 美国比较文学学者厄尔·迈纳在《比较诗学》一书中指出，人类具有两种不同的普遍性诗学体系。一类是在视文学为一种独特的人类活动、独特的知识和社会实践的前提下，由文学作品体现出来的诗学。比如，荷马史诗体现的对诗歌的看法，就可以称之为"荷马的诗歌理论"。由于它蕴含在文学作品之中，是不明晰的，所以是"含蓄诗学"。

明晰，但却也收获了如他分析的那些古诗词作品一样的朦胧、隽永、包罗万象，而这种选择既在使得《人间词话》成为最美的历史流传物的同时也为它迎来了必然的终极命运，即最庞杂的理解，在各种前理解面前。王国维曾说过"最工之文学，非徒善创，亦且善因"①。文学如此，文论亦然。众所周知，中国传统美学范畴之一就是含蓄美，司空图的《二十四诗品》之十一中说含蓄是"不著一字，尽得风流。语不涉己，若不堪忧。是有真宰，与之沉浮。如满绿酒，花时反秋。悠悠空尘，忽忽海沤。浅深聚散，万取一收"②。万取一收，《人间词话》就是这样。我们对王国维和《人间词话》的热爱就来自于这万取一收，而爱罢却仍有所余，这余至少应该是导致我们对这本小书的格外重视和对其进行不断的当代阅读，去寻找其对每个时代（当代）的巨大价值，尤其是我们自己所身处的这个即承受着巨大的西方文化冲击又面临着娱乐至死之危险的特殊的时代。阅读王国维和《人间词话》是我们的选择，翻译王国维和《人间词话》是我们的任务，这里的翻译当然指的仍然不是译成外文，而是首先要真正地理解它，或者叫多角度地理解它，先把这部经典更好地翻译成现代汉语，这也是其后译（或重译）成其他现代世界的民族语言的前提条件，"翻译"《人间词话》，把美撒向人间。

心之所系与价值诉求

"学之义不明于天下久矣。今之言学者，有新旧之争，有中西之争，有有用之学与无用之学之争。余正告天下曰：学无新旧也，无中西也，无有用无用也。凡立此名者，均不学之徒即学焉，而未尝知学者也。"③ 静安先生在百年前就发现的学术之争问题其实有很多并不是真正的就学术争学术，而只不过是以学术的面目出现罢了，但其实争的不是学术的是非真伪，而是学术背后的某些非学术的东西。比如前述的渊源问题，其本质争的很可能是有关中国古代文论诗学是否还具有青春的活力和持久的生命力，是否在当代文化里还有继续存在的必要及应该如何继续存在的问题。是故步自封还是改良和改造，是革命式的内部推倒与重建还是全盘西化以西代中，甚而是源于几千年来的诗与哲学之争、政治和权力之争、文化霸权和话语霸权之争、传统

---

① 王国维. 人间词话［M］. 北京：人民文学出版社，2009：131.
② 司空图. 二十四诗品［M］. 罗仲鼎、蔡乃中注，杭州：浙江古籍出版社，2018：53.
③ 王国维. 王国维文学美学论著集［C］. 上海：三联书店，2018：245.

华夏文明与西方世界精神的孰优孰劣之争等，因为诗性和理性已作为符号化的标签被粘贴在东西方两大文明之中，中西哲学诗学的根本性差异在此也倍显无疑。但如果抛开上述的非文学之争的话，在某些出现的文学之争中其实还存在着方法论之争，即究竟是用自然科学的方法对文学进行研究还是用人文科学的方法之争。"伽达默尔认为近代自然科学和经验论框架下理解的经验概念过于狭窄，也正是这种狭窄化构成了对精神科学合法性的威胁。当实证主义把归纳法应用于社会、政治、道德领域时，由于社会、历史、精神现象的可归纳性远远低于自然现象，其精确性、可重复性、可检验性以及那种整齐划一的规律性远远低于自然科学，所以密尔把归纳法在这些领域的运用比作气象学。当精神科学依附于经验归纳法时，它在自然科学面前必然处于劣势地位，甚至失去其独立的合法地位。伽达默尔认为，近代经验科学以及经验论意义上的'经验'概念的最大问题在于，经验的历史性完全被忽视了：'科学的目标在于，使经验客观化，以至于使经验不再带有任何历史因素。自然科学实验是通过其方法论程序做到这一点的'，'就此而言，经验的历史性在科学之中没有地位'。"① 所以如果我们继续使用归纳法的实证主义来进行人文学科的研究，这种在自然科学里都无法百分百达到的客观性的研究方法，更遑论对于人文科学的适用了。密尔说得形象，它只是气象学研究。也许下雨，也许不下，预测概率而已，无法确定。那我们究竟应该采用什么样的立场和方法来对人文学科（比如《人间词话》）进行研究呢，很多时候这个问题的答案可能要取决于我们的研究心态和研究目的。比如假设我们想通过研究《人间词话》来得到某些确定无疑的东西或者是印证自己的观点，那就去收集出来那部分论据就可以了（但其实这其中的因果关系也是片面的，因为无法排斥相反论据的存在，所以才容易被论敌抓住阿喀琉斯的脚后跟），但仍然希望研究者能首先意识到观点这个词的意思，即站在研究者主体的立场所看到的东西。如果我们想追寻《人间词话》的创作目的，我们既要首先了解新批评的"意图谬误"和"情感谬误"之说，也可以承认任何作家在创作的时候很可能是有着自我表达的意图的，尤其是像王国维这种使命感极强的学者，这种意图可能真实存在，但更要承认历史客观主义的虚妄和我们永远无法真正的而只能是部分的抵达他的意图（即便真正抵达了也无法证明无从知晓），这是真相而非狂热的浪漫和理想之一叶障目。在这里其

---

① 牛文君. 诠释学经验是意识经验吗？——伽达默尔对黑格尔意识经验概念的引证〔J〕. 哲学研究，2013（05）.

实涉及的又是本文前面讨论过的解释学和解释学处境问题。

而价值研究则是可以摆脱客观主义之梦魇的。真理其实也正是存在于价值之中，而非在客体里。如果分析《人间词话》的价值，就需要明确我们的关注焦点，对于《人间词话》来说就是关注它的理论品质、创新精神、应用价值、深远影响等。若想让《人间词话》彰显出它的意义，尤其是对当代社会的绝大之价值，其实是需要百年前静安先生的这本小书和如今再读重读《人间词话》的每一个人共同努力的。《人间词话》虽然短短六十四则，但其中蕴涵丰富，不仅包括了全部的文学研究内容，而且还包含了思维方式、世界观、人生观、价值观，哪些东西是对我们解决当今世界的问题最为迫切的，我们最应该关注的？是美学上对某句诗词某个作家人言人殊的主观性美学趣味评判标准，还是伦理学上的静安先生心之所系的作家论人格说的文化基底？不言自明无须赘语。当然本文其实也只能拿起一面透镜来管窥《人间词话》，毕竟人不能同时踏入两条河流，而本文的透镜就是伦理学批评，伦理学批评容易令人联想到道德或政治性质的审查，但实际上伦理学批评并非是指传统的道德批评，更不是道德说教，也不是用一种狭隘的道德立场来对文学进行武断的筛选与评价或是对文学作品的道德后果作毫无根据的预判。伦理这个词的词义在这里"并不限于习惯和习俗，不限于好的和坏的行动或行为，而是包括不同于非人自然存在和物理存在的人类存在的全部领域。即不只属于伦理学范畴，也与认识论和心理学有关，与宗教和政治有关，一句话，与康德眼中可以成为人类学研究的一切有关"。[①] 伦理学批评讨论的是艺术作品的伦理本质，其将作品与读者的现实生活联系起来，首要目的是"与他人分享我们无可避免的感觉"，使他人了解我们，也使我们了解他人，最终有益于社会。美国当代女哲学家玛莎·努斯鲍姆这样概括伦理批评："关于正义问题、关于幸福和社会分配问题、关于道德现实论和相对论问题、关于理论的本质问题、关于个人的观念问题、关于情感与欲望问题、关于运气在人生中所扮演的角色问题——所有这些或者其他的问题，人们都从很多角度以极大的热情甚至紧迫感加以讨论过。"[②] 经典作家作品的文本样态丰富，阐释空间无穷，就像一座蕴藏着各种瑰丽宝石的文学富矿一样吸引着一代代的读者去进行不断的探索和挖掘。伦理学批评特别关注的是意义生成问

---

① ［德］尼采. 朝霞——关于道德偏见的思考［M］. 田立年，译. 上海：上海人民出版社，2020：9.

② ［美］玛莎·努斯鲍姆. 爱的知识：写在哲学与文学之间［M］. 李怡霖，于世哲译. 桂林：广西师范大学出版社，2024：251.

题、文本和话语的功能问题、文学的力量问题及其对当代人的价值等问题，并且关注文本能够呈现出的东西和被解读出的东西以及文学批评家应该如何挑选、引导、阐释、推广这些文本，以期和作者一起为文本创造出更大的价值。因此，伦理学批评的根本目的应该是着眼于对理论进行宏观把握和微观探索，对作品进行辨识和积极性阐释，以便更好地发现和构建文本的意义、价值或全新意义、全新价值，并利用文学传播具有普适性的永恒信念。在这样一个特殊的空前的时代里，我们尤其需要根据当代的特点，明确阅读的关注焦点，即进行所谓的当代阅读。当代阅读的关注焦点必然是在经典中去发现那些能抚慰人心的哲学、思想和人生智慧，让人们有力量去承受发生的一切，以强大的内心和非凡的坚韧克服贫困，解除痛苦，教导人们如何获得幸福，而经典文学无不展现人文关怀，关心人的存在处境问题，支持全人教育，提倡个人不同能力的全面发展（如体力，脑力，艺术与道德等能力），反对局限于单纯技术性或专业化的培养并注重生态主义。而对于如何进行上述研究和进行解释我们则倡导一种"修辞性阅读"[①] 的方法和路径。因为修辞学能让作品跟社会的现实需求有所联系，而文学作品的阅读效果又来源于修辞。伟大的布斯在有关修辞学复兴的演讲中说："如果认为修辞就是人们为了改变彼此思想却没有给出适当理由而做之事，那么我们完全可以说我们生活在一个前所未有的修辞时代。"[②] 亚里士多德对修辞的定义是"一种能在任何个别问题上找出可能的说服方式的功能。"[③] 修辞起到教训和鼓舞的作用，运用在读者身上能够唤起情感，形成态度，诱发行动，能够控制和影响读者。良好的修辞学"使同类参与到相互劝说的行为中去，即相互质询的行为，这极有可能成为一件高尚之事。""文学修辞既具有实用修辞的意识形态说服功能，也具有非实用性的审美功能，它既通过修辞格的使用制造审美效果，也通过其他修辞技巧的使用去影响读者的情感态度、思想观念和信仰价值体系，并使之采取一定社会行动。"[④] 其主要目的是通过阅读从经久不衰的文学名著中获得人生智慧，指导人类的生活实践。它的哲学基础可以归属于实用主义，实用主义的立场是"哲学或者思想的目的并不是要为我们揭

---

① 米勒对"修辞性阅读"的解释与说明是："我所称的'修辞性阅读'含义是注重我所阅读、讲授与书写的文本中修辞性语言（包括反讽）的内在含义。"

② ［美］韦恩·C. 布斯. 修辞学的复兴［M］. 穆雷，等译. 南京：译林出版社，2009：52.

③ ［古希腊］亚里士多德. 修辞学［M］. 罗念生译. 北京：生活·读书·新知三联书店，2005：23.

④ 赵奎英. 当代语言修辞学批评的建构——以布斯的小说修辞学研究为切入点［J］. 厦门大学学报（哲学社会科学版），2015（06）：1—9.

示世界的真实面貌，而是提出解决问题的方法，帮助我们更有效率地应对世界，实用主义面对的问题不是事物的原本是这样的吗，而是这种方法的实际影响是什么。实用主义代表人物约翰·杜威相信，哲学并非是一个观察者，从远处观察这个世界，而是要积极地参与到解决这些问题的过程当中来。"①

过去和现在属于彼此。过去是可以被理解的，它从未真正走远，但它也永远不会再回来，而是需要我们不停地寻找。

结语

威廉·布莱克在《沙子》这首诗里说："嘲笑吧，嘲笑吧，伏尔泰，卢梭，嘲笑吧，嘲笑吧，但一切徒劳，你们把沙子对风扔去，风又把沙子吹回。每粒沙都成了宝石，反映着神圣的光，吹回的沙子迷住了嘲笑的眼，却照亮了以色列的道路。德谟克利特的原子，牛顿的光粒子，都是红海岸边的沙子，那里闪耀着以色列的帐篷。"

古希腊神话里有位特殊的女神，她身着白袍，头戴金冠，左手提着一架天平，右手执掌利剑，身倚插斧束棒，棒上缠蛇，脚边卧犬，案头放权杖，书籍和骷髅。每样道具都有其深刻含义：白袍，象征道德无瑕，刚正不阿；王冠，因为正义尊贵无比，荣耀第一；天平，比喻裁量公平，正义面前人人皆得其所值，不多不少，不偏不倚；利剑，表示制裁严厉，决不姑息；插斧束棒，是权威与刑罚的化身；蛇与狗，分别代表仇恨与友情，两者都不许影响裁决。权杖申威，书籍载法，骷髅指人的生命脆弱，跟永恒的正义恰好相反。然而这些都还不是这位女神的最特别之处，有别于大多数女神的明眸善睐顾盼生辉，这位正义女神是白布罩目蒙眼全盲。这造型背后的深刻寓意尤其对以非理性精神为主的后现代主义环境来说更值得人们深思：人们总说眼见为实，而如今何为真实何为虚妄，目力有时完全不能信赖，甚至眼睛更会撒谎，感官尤其误人。司法应该纯靠理智，而人生有时亦应该闭上双眼，用心体会，更好地去认识自己、他人和世界，处理好三者之间的复杂关系。阅读经典的最终目的是通过对经典文本中永恒性和普遍性的挖掘找到人类应对他们当今所处的这个世界的正确方法，对读者的情感信念进行影响和改造有助于文学发挥它重塑人类生活的

---

① 英国 DK 出版社. 哲学百科［M］. 康婧译. 北京：电子工业出版社，2014：228—229.

重大作用。毕竟"学会如何正确看待自己和他人才是人生中最重要的事"①。

　　［作者为北京外国语大学博士生、大连外国语大学讲师，研究方向为比较文学与跨文化研究。本文为 2021 年度大连外国语大学科研基金项目"王国维《人间词话》的文学批评之批评研究"（批准号：2021XJYB30）的阶段性成果］

---

　　① 赵元. 文学批评家的道德观——读门德尔松的《道德行为者：八位 20 世纪美国作家》[J]. 外国文学，2016：（05）.

冈白驹《诗》学思想考论

——以《毛诗补义》为中心

◎居晓倩

【摘　要】　冈白驹是日本江户中前期少有的研习《毛诗》并存有著作的学人。其书《毛诗补义》贯穿了冈白驹的《诗》学思想，通过广泛征引和吸收中国各时期学人的观点和论述，冈氏试图从正、反两方面申说《毛诗》的合理性，以捍卫《毛诗》在日本《诗经》学界的地位和权威。虽不乏缺漏和臆想附会之举，冈白驹确实对《毛诗》传义有所拓展和补充，也对江户时期的《毛诗》传播与发展起到了良好的引领作用。是以通过对冈白驹《诗》学著作《毛诗补义》进行研究，可以窥探冈白驹异于时人的《诗》学思想。

【关键词】　江户时代；《诗经》学；冈白驹；《毛诗补义》

绪论

日本江户时期，朱子《诗》学空前繁盛，成为学人解诗的主要依据，也一直占据日本官方《诗经》解读的权威地位。但由于朱子《诗》学思想本身存在的刻板、单一等弊端，所以从江户前期开始，日本学界就陆续出现反对朱子《诗》学的声音，如朱舜水、山鹿素行、伊藤仁斋等人。冈白驹①也是江户中前期反对朱子《诗》学的代表，并有诗学著作《毛诗补义》一书。

《毛诗补义》成书于延享乙丑（1745 年）中秋望。现存版本为延享三年（1746 年）京师书房风月堂庄左卫门刊行的四孔线装和刻本，共 10 册，书高

---

① 冈白驹，字千里，号龙州，通称太仲，本姓河野，西播人（属今兵库县）。幼时曾随父母迁入摄津（即现在的大阪府北部的西宫，也就是现属于兵库县的西宫市）。早年学医，辗转于江户（东京）、长崎、大阪等地居住，后来弃医从文，专心于唐代小说的翻译，晚年回到京都，与志同道合之人研究经学。著有《春秋左氏传试》《史记试》《世说新语补治》《毛诗补义》《蒙求笺注》《孟子解》《小说奇言》《奇谈一笑》等著作。

为 26 厘米。该书共 12 卷,全书版式为四周单边、白口单黑鱼尾,行款为半页九行二十二字。书名题作"诗经毛传补义",内页又简为"毛诗补义"。清黄遵宪所撰《日本国志》收录此书,则题名为《诗经毛传补义》,为中国典籍中首录此书者[①]。该书正文之前有《毛诗补义序》《目录》和《毛诗补义附录》,其中《序言》为冈氏亲笔书写体。正文补义《毛诗》之体为例:首行列《诗序》,整体较诗歌正文低一字;次则另起一行,顶格列出诗文,每句之下紧接《毛诗》随文训诂,为双行小字;后亦另起一行,为作者按语,整体亦较正文低一字。按语主要依据诗文章节逐一进行论说,然后再对整篇诗文进行统说。书之末页背面又有"延享三年丙寅之春发行""京师书坊""风月堂庄左卫门登梓"等字样,明示该书的发行出版时间、机构和地点。目前该书在早稻田大学和日本国立国会图书馆均有藏本。

《毛诗补义》以尊序申毛为主,通过旁征博引中国文献语料,对《毛诗》进行申说和补充,又辅之对朱《传》进行批驳,对郑《笺》加以补正。可以说《毛诗补义》是冈氏《诗》学思想的集中体现,是以从《毛诗补义》入手,有助于探知冈白驹的《诗》学思想,也可进一步了解《毛诗》在日本江户时期的地位和传播情况。

《毛诗补义》成书背景

江户时代是日本儒学空前觉醒与繁荣的时代,日本学人不仅充分借鉴与吸收中国《诗》学思想,还注重从本国思想文化角度去解读和阐释《诗经》之学。一时间各种阐释著作频出,各研究学派林立争鸣,《诗经》研究蔚为大观。总结江户时期比较有影响力的《诗经》学派,主要有朱子学派、古义学派、古文辞学派、折中学派、考证学派等。江户时期的朱子学派,代表人物有藤原惺窝、林罗山等人。此学派在江户前期一直占据主导地位,追随学习者众多,尤其在 1615 年被立为官学后,发展更盛。后期虽受其他学派排斥批驳,依旧经久不衰,发展脉络几乎贯穿整个德川幕府统治时期。正如仁井田好古所言:"明氏科举之制,于《诗》独取朱一家,著为功令,于是天下无复他学。此风延及皇国,毛、郑虽存,皆绌而不讲,古义湮晦莫甚于此。"[②] 后来,随着《诗经》研究的不断深入,日本学人不再满足于程朱性理之学的呆板和程序,

---

① 黄宗宪《日本国志》卷三二《学术志》,清光绪刻本,叶 12。
② 张小敏. 日本江户时代《诗经》学研究 [D]. 太原:山西大学,2013:8.

开始出现对朱子学派的反抗之势。"江户中期，朱子'诗学'独尊的局面被打破，《诗》学由'一元'转向'多元'。江户中期町人文化的崛起，宣扬情欲、张扬个性成为这个时期的文化主流。《诗经》研究也出现任性解诗，多元阐释的新局面"。① 自江户中前期开始，便出现了以伊藤仁斋为代表的古义学派和以荻生徂徕为代表的古文辞学派，不断与朱子学派形成抗衡之势。古义学派②亦称"堀川学派""仁斋学派"，提倡直接研读中国古代经典著作，并依据孔孟著作及思想来解读六经，讲求人性的"天然本性"和"气质之性"，反对朱子的理气二元论③。古文辞学派④亦称"蘐园学派""徂徕学派"，主张运用汉文直读法来钻研记载"先王之道"的中国六经，即通过通晓汉语古文辞来理解中国古代文学经典中所承载的"道"⑤。后至江户末期，汉学复兴，日本学人又将研究视野重新聚焦《毛诗》，折中学派与考证学派出现，并成为此期可与朱子学派抗衡的代表。《毛诗补义》之作者冈白驹，主要活动在开始对朱子《诗》学产生怀疑与不满的江户中前期。虽然冈氏诗学观点亦充满着对朱子之学的批驳，但他并不属于同时期反朱学派的任何一派，其独特的诗学取向自成一系，并启发了日本《诗经》汉学的再度崛起。应该说，他是在充分借鉴中国《诗》学思想的基础上，吸取本国古学派的某些特质，又进行自我学术取舍的独成一派的特例。其对朱子《诗》学的反叛与批评以及对《毛诗》的极致推崇，给日本后来的《诗》学解读和《诗经》汉学的发展带来深刻的影响。

《毛诗补义》成书原因

探究《毛诗补义》成书原因，应主要有三：其一，受到中国明代复古思潮和抑宋扬汉之风的启发。其二，受到当时日本反朱学派的影响和带动。其三，来源于冈白驹幼年学习《毛诗》的经历以及自身的学术思考与取舍。前两点可看作其写作《毛诗补义》的外部原因，第三点可看作其创作此书的内在动因。

（1）明中后期的复古思潮和抑宋扬汉学风为冈白驹提供了较为成熟的思路和理论支撑。日本学者江村北海曾言："我邦与汉土，相距万里，划以大海，

---

① 张小敏. 日本江户时代《诗经》学研究 [D]. 太原：山西大学，2013：47.

② 以伊藤仁斋为代表的古义学派特点可参看王中田. 江户时代日本儒学研究 [M]. 北京：中国社会科学出版社，1994：41—46.

③ 王中田. 江户时代日本儒学研究 [M]. 北京：中国社会科学出版社，1994：41—46.

④ 古文辞学派以荻生徂徕为代表，其思想及学派主张可参见 [日] 永田广志. 日本哲学思想史 [M]. 北京：商务印书馆，1992：139—144.

⑤ [日] 永田广志. 日本哲学思想史 [M]. 北京：商务印书馆，1992：139—144.

是以气运每衰于彼而后盛于此者，亦势所不免，其后于彼，大抵二百年。"①
此说可从冈白驹身上得到印证。虽然冈白驹生活的日本江户中前期，相当于中国清康熙、乾隆时期，但其创作《毛诗补义》则主要是受到了中国明代《诗经》学风的影响。中国明代《诗》学尤其是明中后期的《诗》学，简而概之就是对宋元朱子之学的反抗之势。大约从明弘治、嘉靖时期开始，《诗经》汉学的复古之风悄然兴起，后来此学风渐入佳境，至明末时已蔚为大观。按刘毓庆之总结，明代的尊汉复古思潮大致可分三派：尊序抑朱派、杂采汉宋派和辩证汉说派②。尊汉抑朱派即指主张申述《诗序》，阐发诗旨并驳斥朱说的《诗》学派别，代表人物有吕柟、郝敬等。杂采汉宋派则会在中和汉宋《诗》学观点的基础上进行解诗，实际上就是弥合毛、朱之说。此派代表人物有杨守陈、姚舜牧等。辩证汉说派主要关注汉人之说，不唯在毛、朱之说徘徊取舍，而是将目光投向汉人之说，条分缕析，证其得失，代表人物有朱睦㮮、朱谋㙔等。三派之间虽有差异，但都统归于尊汉复古潮流之下，对《诗经》汉学充满关注。当那些具有明代鲜明特色的解《诗》书籍传入日本，便会得益于日本当时发达的印刷出版行业，快速地在日本传播开来，如明末何楷的《诗经世本古义》，就"分别由须原屋新兵卫、须原屋茂兵卫刊行，刊行之快，远超中世及平安时代"③。所以冈白驹在大量阅读明代《诗经》类典籍之后，深受尊汉复古学风的影响，对《毛诗》更加青睐，而对异于《毛诗》的解说疑窦丛生。

　　（2）同期反朱学派的不断造势，为冈白驹提供了良好的外部环境。江户中期的《诗经》学正处在朱子学派解诗顶峰后受到挑战与怀疑的第一次跌落期。正如前文所言，伊藤仁斋所创的古义学派讲求摒弃朱子学，直追古义，荻生徂徕所创的古文辞学派主张通过通晓汉语古文辞来参透六经，并达到理解和学习"先王之道"的目的。此两派虽有差异，但皆以变宋元义理为孔孟儒学为学派要义，故可统归于古学派的大范围之下，与当时显盛的朱子学派相抗衡。所处时代出现了与朱子《诗》学风格迥异的解《诗》之学，冈白驹必定会有所关注。并且冈白驹曾为冈岛冠山之门人，得到冠山器重，甚至在"冠山殁后，白驹称首"④。在学术上，冈白驹深受冈岛冠山的影响，而冈岛冠山又与荻生徂徕为好友，多有学术交流与合作。如此，或可推测冈白驹在创作《毛诗补义》

---

① 蔡镇楚. 域外诗话珍本丛书（第 5 册）[M]. 北京：北京图书馆出版社，2006：530.
② 刘毓庆. 从经学到文学——明代《诗经》学史论 [M]. 北京：商务印书馆，2001：70—71.
③ 张永平. 日本诗经传播研究 [M]. 北京：清华大学出版社，2018：227—228.
④ 张伯伟. 日本僧人《世说新语》注考论——江户学问僧之一侧面 [J]. 岭南学报，复刊第九辑，2018（11）：67.

时，会借鉴荻生徂徕反朱思想及其古文辞学派的可取之处。事实上，据张伯伟《日本僧人〈世说新语〉注考论：江户学问僧之一侧面》所言，冈白驹作《世说新语补试》一书便与徂徕之学有关。《世说新语补试》成书于 1749 年，与《毛诗补义》成书时间仅有四年之隔，当其写作《毛诗补义》时，就已受到荻生徂徕的影响也是极有可能的。

（3）冈氏自身的学术取舍与考虑是创作《毛诗补义》的内在动因。《毛诗补义序》言："余少治《毛诗》，惟恨《传》简，康成虽羽翼，与其义差池。尝据《尔雅》补训诂，辑诸家之得毛旨者，勒为一书。"① 由此可知，冈白驹作《毛诗补义》，源于年少时学治《毛诗》的一段经历。即使他在京都也攻读过朱子学，但仍然认为《毛诗》相比于朱子之说更优。当他看到日本学界皆对米子《诗》学极其狂热时，不免为《毛诗》之没落而感到惋惜。因此，他立志写作《毛诗补义》，旁征博引中国各时期的《诗》学观点来申说《毛诗》，以期唤醒日本学人对《毛诗》的研习热情，改变当时朱子诗学独尊的局面，以维护《毛诗》的地位。

《毛诗补义》征引特色

《毛诗补义》最大的特色就在于尊序申毛，而其尊序申毛的具体实现方法便是通过引用众多中国典籍语料和中国学人的《诗》学观点，从不同角度对《毛诗》进行申说和补充。以下将系统归纳《毛诗补义》之征引特色，并探究其征引各时期文献的目的与原因。

（1）引用先秦文献，以前说明《毛诗》，从源头展现《毛诗》之可靠性。冈氏引用先秦学者的观点，尤其是引用孔子、孟子、荀子等先秦著名儒家学人的观点，主要有三点原因。一是受日本当时古学派的带动。因为冈白驹所处时代，正是古学派逐渐兴盛并与朱子学派形成掎角之势的时期。其中从属于古学派的古义学派就明确提倡要依据孔孟著作及思想来解读六经。所以冈氏身处其中，定会受当时流行学派主张的影响。二是《诗经》本身就是经过孔子删繁整理后成为儒家教学经典的，所以引用孔子思想以解诗也是必然。三是《诗经》作为六经之一，先秦之人已多有学习和运用，如孔子、孟子、荀子等人的著述中就多有说《诗》、阐《诗》之语。并且通常认为先秦学人生活的时代距离《诗经》产生时代更近，解《诗》观点自然会更加贴合《诗经》原意，所以解

---

① ［日］冈白驹. 毛诗补义，延享三年风月堂庄左卫门刻本，第 01 册，叶 3。

说也更具可信性和权威性。因此，冈氏认为引用孔子、孟子等先秦学人观点，对于直寻《诗经》古义，佐证《毛诗》之合理性非常有帮助。

（2）引用《毛诗》同期《诗》学观点，互相观照、发明，协助构建与完善《毛诗》解《诗》体系。两汉时期是中国历史上《诗经》汉学产生并发展壮大的时期，本有齐、鲁、韩、毛四家《诗》传。但至汉末魏晋，三家《诗》逐渐散佚消亡，《毛诗》最终成为说《诗》主流。不过，虽然三家《诗》与《毛诗》分属今文经和古文经学派，存在派系差异，却也不乏观点相近之处。因为四家《诗》说之产生，都是从先秦儒家典籍中汲取解《诗》灵感的，后各成一派发展壮大，最终形成不同的解《诗》体系。总的来说，四家《诗》同宗同源，所以用三家《诗》来补充《毛诗》未尝不可。从《毛诗补义》所引两汉学人来看：郑众、郑玄、王肃等人，便是传习《毛诗》者；而刘向、孔安国便是传习《鲁诗》者；匡衡为《齐诗》学人；韩婴则是《韩诗》创始人。所引《韩诗》《韩诗外传》也都是韩诗学派的著作。

（3）引用后之异于《毛诗》者，加以驳斥，反衬《毛诗》之合理性。两宋时期，学人开始对汉学产生怀疑，这一时期的《诗》学主要分为两派：一为尊《序》派，一为废《序》派。废《序》派对《小序》产生怀疑，也不愿遵从《毛诗》、郑《笺》、孔《疏》解诗之法，往往自有新见，代表人物有欧阳修、苏辉、苏辙、郑樵、朱熹等人。其中，欧阳修作《诗本义》，"虽不轻议毛郑，然亦不确守毛郑"①，首开疑《序》之先。后朱熹作《诗集传》，对后世影响甚大。自朱子之后，多以朱《传》为宗，辅广《诗童子问》便是朱熹《诗集传》的忠实追随之作。冈白驹引用这些反对《毛诗》学人的观点，多带有批判意味。其对此类学人的态度是：合于《毛诗》或可申补《毛诗》者，则采纳之；不合于《毛诗》者，则否定之。如《陈风·防有鹊巢》篇，冈白驹便引欧阳修"谗言惑人，非一言一日之致。必谞积累而成，如鹊巢渐积以构成之"②之言来对《毛诗》进行申说。但在《郑风·褰裳》中，则又言"欧阳修非《序》谓：'以难告人，岂待其思而后往告。'此不深考耳"③，对欧氏之说进行反驳。总的来看，冈氏引用废《序》非《毛》学人的观点，主要是为《毛诗》拨乱反正，其中也偶有借鉴和采纳。

（4）引用后说中发明《毛诗》者，辅翼《毛诗》，壮大《毛诗》声势。《毛

---

① 胡朴安. 诗经学［M］. 郑州：中州古籍出版社，2016：82.
② ［日］冈白驹. 毛诗补义，延享三年风月堂庄左卫门刻本，第04册，叶26.
③ ［日］冈白驹. 毛诗补义，延享三年风月堂庄左卫门刻本，第03册，叶19.

诗补义》共引用 23 位明代学人的解诗观点，是引用学人数量最多的一个时期。前文已言，中国明代的《诗经》之学尤其是明中后期的《诗》学，就是对宋元朱子之学的反对。当明代《诗》学书籍大量流入日本，冈氏如若阅读到这些书籍定会深受影响。正如张小敏所言："尽管因为闭关锁国，中日之间并未建立正式的官方往来，但在日本唯一开放的口岸长崎，除生丝茶叶等实物商品外，还有一种特殊的商品——书籍，受到日本人的追捧而大量输入，为江户汉学的繁荣提供了重要的信息保障。在此浓郁的文化氛围中，明朝中晚期学风姗姗来迟，入主江户中期。"① 从冈白驹引明代学人观点和书籍的数量就能看出，他确实读过不少明代的《诗》学著作，并且这一时期的《诗》学思想也给他带来许多影响和启示。因为《毛诗补义》中所体现的《诗》学取向无不充满了中国明代中晚期的解《诗》风格。

（5）《毛诗补义》中未见引用日本学人著作及观点。结合冈氏此书的创作目的与特色来看，其不引用本国学者观点的首要原因，应该是冈白驹对当时日本的几种解《诗》流派和学说都不认可。冈白驹的尊序申毛思想在同时期的日本学界确实少见，古学派虽与冈氏观点有相似之处，但在根本上，二者的解《诗》理念和对《毛诗》的看法都存在分歧。所以张小敏将冈白驹归属于"尊序派"和"汉学派"②，并言"江户前中期近二百年间，除冈白驹《毛诗补义》在《诗序》理论的导向下拓展《毛诗》意义之外，几乎无人提及"③。因此冈氏没有引用日本学人观点也在情理之中。其次，冈氏自身受中国《诗》学思想影响过深，自然更推崇和信服中国《诗》学观点。《毛诗补义》可以说是一部日本人学习并借鉴中国《诗经》学派解诗成果的经典缩影。冈白驹应必定知晓日本《诗》学一直以来对中国的借鉴和继承，所以与其关注本国学人的说《诗》言论，不如直寻源头，从中国学人的著述中汲取原汁原味的《诗》学思想。亦如张小敏所说："关于日本学风中的中国影响因素，日本汉儒早有察觉。古贺侗庵说：'本邦学术文风大率仿象西土而为之，故西土盛行之后，百年内外方覃被乎本邦，洵时执之自然也。西土学术文风百年内外必覃被我，邦人

① 张小敏. 《诗经》在日本江户时期的接受与流变［J］. 山西大学学报（哲学社会科学版），2021（04）：9-14.

② 将冈白驹思想及作品归属于"尊序派"，是张小敏在 2013 年博士学位论文中提出的，后其于2015 年发表在《东北师大学报（哲学社会科学版）》上的《日本江户时代〈诗经〉学研究》一文中，又将冈白驹归入"汉学研究"一派。"汉学研究"相比于"尊序"来说，范围扩大，不过《毛诗》本就从属于汉学体系，所以"尊序申毛"也属于汉学研究体系。是以张小敏的两次归类，名称虽异，实质则无太大差别。

③ 张小敏. 日本江户时代《诗经》学研究［D］. 太原：山西大学，2013.

一染之后不轻变，非如西土易迁。'"① 也正是出于这种察觉，冈白驹选择直接深入到中国的文风当中去。

冈白驹《诗》学思想

在对冈白驹《毛诗补义》的成书背景、成书原因以及征引特色进行梳理之后，冈氏的《诗》学思想已经呼之欲出。不过若想要系统把握其《诗》学特色，可从其对待中国《诗》学发展三个时期的态度来一窥究竟。

（一）对待《诗经》汉学

《诗经》汉学启自两汉，以注重训诂解经为主，此《诗经》学风一直绵延至唐代，长达一千年，代表人物和著作有毛亨《毛诗故训传》、郑玄《毛诗笺》、孔颖达《毛诗正义》等。《毛诗补义》从其题名便可知，冈白驹作此书的主要目的是对《毛诗故训传》进行补充和申说。又从其篇章体例来看，其书先将《毛诗》列于首，再以按语对《传》义进行解说和补正，亦可言明冈氏对《毛诗》的推崇态度。并且《毛诗补义》除全篇通解《毛诗》外，还征引郑说160次、孔说68次，也能看出其对郑玄、孔颖达《诗》说的重视程度。

综上种种，冈氏对《诗经》汉学多抱有尊崇、信任和学习的态度。不过他对《毛诗》《郑笺》等的尊崇并不是不加分辨地全盘接受。他会在个人解诗的基础上，观照各说，判定正误。如认为前人解说有不确定之处，亦会提出己见。以往学人多认为冈白驹对郑《笺》的态度，就如同其序言所说的一样，仅仅补正《郑笺》之差池。实际上，《毛诗补义》引用郑说的这160条里，既包含修正郑说之处，也有对郑说的赞同和申说。遇有《毛诗》无解或解说不足之处，冈氏如果认为郑说可以补充《毛诗》，便会对其观点进行引用和申说，以达到补充《毛诗》的目的。"如《周南·卷耳》我姑酌彼兕觥"，毛传："兕觥，角爵也。"② 冈白驹便节引郑《笺》"觥，罚爵也。旅醻必有醉而失礼者，罚之亦所以为乐"③ 对《毛诗》作进一步解释。如遇郑玄申说《毛诗》存有偏差之处，则会否定郑说并言明己义，如《周南·关雎》篇，《毛诗》云"鸟挚而有

---

① 张小敏.《诗经》在日本江户时期的接受与流变 [J]. 山西大学学报（哲学社会科学版），2021（04）：9-14.

② ［日］冈白驹. 毛诗补义 [M]. 延享三年风月堂庄左卫门刻本，第01册，叶7.

③ ［日］冈白驹. 毛诗补义 [M]. 延享三年风月堂庄左卫门刻本，第01册，叶8.

别"，郑玄读"挚"为"至"，冈白驹则认为"挚"当与"鸷"通。① 至鸟，指鸟之性情纯至，而鸷鸟，则指大型猛禽，鸷鸟不群，定偶不乱，并游不狎。可见二者释义迥别。

（二）对待《诗经》宋学

所言《诗经》宋学，即指两宋时期形成并延续至明代的，以注重义理阐释为主的《诗》学派别。宋学中最具代表性的《诗》学著作便是朱熹的《诗集传》。朱熹之《诗》学思想不仅在中国备受推崇，还远播海外，风靡一时，成为日本江户时期的官学。冈白驹作为日本当时少有的推崇《毛诗》者，在《补义》中引用朱子说达116次，仅次于《郑笺》。但其对朱《传》并不只是纯粹地批判和反驳，也有赞同之处。当遇有不赞同朱说之时，冈氏或引何楷、邹忠胤等人的观点加以反驳，如《周南·卷耳》篇，朱熹言此诗为"后妃以君子不在而思念之，故赋此诗"②，冈白驹则直接引杨慎之语驳朱说之谬；或直接据己意进行批判，如《郑风·褰裳》篇，冈白驹认为"朱熹以此诗为淫女语其所私者之词"的观点有误，故反驳到"忠臣忧国之苦心，反堕媟秽之昵情。吁冤矣哉"③。当然，冈氏也有引用朱说申补《毛》之处，如《周南·葛覃》篇引朱熹对"污"的解释，便是采纳的态度。

此外，冈氏还在《毛诗补义》中指出，朱熹多有依附郑说而导致解《诗》有误之处。所以文中常见冈氏同时否定郑、朱二人之说的地方，如《小雅·六月》冈白驹言："朱熹以常服为戎事之常服，此本于郑《笺》。然戎服不可以常服言矣。"④ 由此可见，冈白驹洞悉朱说之误并非皆因其自身，也有根源于郑玄的。因此，其实在冈氏眼里，郑《笺》与朱《传》的地位是平等的，不存在厚郑薄朱的倾向。只是因为郑《笺》本身就以申说《毛诗》为主，虽其中也有异于《毛诗》之解，毕竟只占少数，所以与《毛诗》观点相合者自然更多。朱《传》则因多有新见而与《毛诗》龃龉，所以在《毛诗补义》中也就多见冈氏驳斥朱《传》之语。前人在对《毛诗补义》进行研究时并未充分论述此点，大多认为《补义》是对朱熹《诗》说的批判和反对。如此就容易造成一种印象，即冈白驹作书尊序申毛之外，主要是为了批判朱子《诗》学。实则冈氏批驳的矛头并不专指朱《传》，而是所有不合于《毛诗》的解诗观点，驳斥朱说只是

---

① ［日］冈白驹. 毛诗补义（卷一），延享三年风月堂庄左卫门刻本，第01册，叶4.
② ［日］冈白驹. 毛诗补义（卷一），延享三年风月堂庄左卫门刻本，第01册，叶8.
③ ［日］冈白驹. 毛诗补义（卷三），延享三年风月堂庄左卫门刻本，第03册，叶19.
④ ［日］冈白驹. 毛诗补义（卷六），延享三年风月堂庄左卫门刻本，第05册，叶26.

他实现尊序申毛目的的途径之一。

（三）对待《诗经》明学

前文已言，大约从明弘治、嘉靖时期开始，推崇《诗经》汉学的复古之风兴起，此后渐入佳境，至明末时已蔚为大观。从冈白驹多次引用何楷、郝敬、邹忠胤、徐光启、焦竑等人观点，就可知冈氏对明代汉学复古学风的赞赏和推崇。因为这些学人都是明代尊汉复古思潮的重要人物，他们的《诗》学取向也大都是在脱离朱说藩篱，关涉和回归《诗经》汉学。所以在冈白驹眼里，明代学人的观点就是他申说《毛诗》合理性和权威性的最好支撑，自然会多多吸收和采纳。

并且，冈白驹书中不乏人情解诗之处，他将自己置身于作诗者的位置，以人之常情去体悟和判断诗人的情感取向，即达到以己之情度诗人之意的境地。如《周南·桃夭》篇，朱熹认为"诗人因婚姻之得时，而叹其女子之贤"，冈氏则言："此诗概指一时之风俗言，岂凡女及时而嫁者，皆足称贤耶？"[①] 此便以人情反推，认为女子及时而嫁就称贤的说法有误，并认为此诗应是赞美一时之风俗，即纣王之后，得益于文王后妃之化行，社会形成了嫁娶以时、男女以正的良好风气。这种解《诗》思路其实也与中国明代兴起的阳明心学有关。虽然明末出现的阳明心学解《诗》思路，弊端明显，却也给中日两国的《诗经》研究注入了新鲜血液，影响了相当一部分学人。冈氏征引次数较多的明人何楷，便是结合阳明"心学"解《诗》的代表人物之一。所以冈白驹《诗》学思想亦有受阳明心学解《诗》特色影响之处。

总的来说，冈氏的《诗》学思想和著作的形成既受外部环境的影响，也有内在动因的驱使，二者缺一不可。其著作《毛诗补义》是一个充分借鉴中国各时期《诗》学成果的混合产物。主要以《诗经》汉学为理论根基，尤其是以《毛诗诂训传》解《诗》观点为其《诗》学准则，并以此为基础，用审视的眼光看待《毛诗》之后的《诗》学观点，采取的是一视同仁的态度，若不合于《毛诗》，于申《毛》无益，会予以反驳；若合于《毛诗》，于申《毛》有益，便会采纳。对待风格迥异的《诗经》宋学和《诗经》明学，他也能有所取舍地借鉴和利用。尤其是对明代《诗经》汉学复古思想和成果的运用，不仅对《毛诗》有所拓展和补充，也带动着日本江户时代《毛诗》的传播与发展重新焕发生机。可以说，冈氏的《诗》学思想和著作不仅为本土《诗经》学风带来新的

---

① ［日］冈白驹. 毛诗补义（卷一）［M］. 延享三年风月堂庄左卫门刻本，第 01 册，叶 10.

气息，开阔了后学的解《诗》眼光与思路，也为日本《诗经》汉学的复兴开辟出一条探索之路，推动了《诗经》汉学与《毛诗》学的发展与壮大。

（作者为四川大学文学与新闻学院博士研究生）

数字化时代经典作家的重构、研究与教学：以爱伦·坡为例

◎李歆蕤

【摘 要】 *爱伦·坡一直是美国文学史上的经典作家之中尤其受到流行文化青睐的一位。自20世纪末起，随着计算机的普及和互联网社会的形成，坡本人与他的作品很快经历了脱离纸本、数字化而后进入网络空间的过程。恰如身处互联网时代的人类正在自思维方式而至行为举止做出适应与改变，坡也在接受着这股时代浪潮的考验。在当代美国的互联网社会里，坡已成为一种文化符号，他的作品正以电子书、影音视频乃至表情包等多种新形式被重塑，并在社交网络中流行。相应地，这些变化也对当代美国的坡研究与教学活动产生了深刻影响，带来了诸多改变。本论文着重讨论上述现象，并以坡为支点，兼谈经典作家在数字化时代的存续发展路径及这一典型案例为新文科建设带来的启发。*

【关键词】 *爱伦·坡；数字化；网络空间；数字人文；交叉学科*

作为美国 19 世纪杰出的小说家、诗人和文学评论家，埃德加·爱伦·坡（Edgar Allan Poe，1809—1849）[①] 被誉为恐怖小说、侦探推理小说、科幻小说等多个小说流派的鼻祖或先驱及象征主义诗歌的奠基者。纵观近代美国文学史，在众多经典作家中，坡一直是备受流行文化青睐的一位。尤其是随着现代社会的持续高度发展，在信息网络技术飞跃、大众传媒手段革新及全球化浪潮等外部因素与现代主义及后现代主义诸多思潮的共同作用下，因其所富有的独特恐怖美学魅力，坡和他的作品再次赢得了大众瞩目，正以电子书、影音视频乃至表情包等多种数字化形式焕发着新的生机，并在社交网络中迎来一次讨论的复兴。而这些变化也毫无疑问为当代美国的坡研究与教学带来了诸多改变：

---

① 以下简称"坡"。

一方面，信息技术的辅助促进了相关学者对本领域总体研究状况及研究趋势的认知，蓬勃发展的数字人文方法更使得研究对象的情况得以用可视化数据或图表的方式直观呈现，为解决坡研究领域的长期疑问提供了一种新的可行路径；另一方面，得益于坡与流行文化和网络文化的亲密关系及其丰富的多媒体呈现，许多教师尝试以他作为示例，探讨当前经典作家作品教学过程中的创新突破问题。在下面的章节中，本文对这些现象进行了讨论，并以此为支点，进一步探讨经典作家在数字化时代的存续发展路径及这一典型案例为交叉学科与新文科建设带来的启发。

一、网络空间中的爱伦·坡

1998 年，海沃德·埃里希（Heyward Ehrlich）在美国爱伦·坡研究领域的重要期刊《埃德加·爱伦·坡评论》（*The Edgar Allan Poe Review*）上开辟了名为"网络空间中的坡"（Poe in Cyberspace）的专栏，其后二十年间，围绕着这一主题，埃里希发表了一系列研究文章，他的系列文章展现了坡在互联网中存续状况的全貌，讨论的内容涉及 21 世纪网络空间中坡的方方面面，为了解作家的数字化态势提供了相对便捷的索引。借用他的说法，我们可以将其考察的首个十年结束时的 2008 年看作所谓的"网页 1.0"（Web 1.0）和"网页 2.0"（Web 2.0）时代的分界线，不难发现，在后一个阶段，坡以更加多样化的面貌活跃在我们当前的互联网社会中。①

第一，值得关注的是爱伦·坡作品转化为电子文本的情况。由于拥有广泛的受众，大多数坡的短篇小说和代表性诗歌都在互联网公共图书馆开始建立之时就被扫描为电子文本上传和收藏，以便用户在线阅读下载。但是，21 世纪初期，坡作品的电子文本在存储和使用方面还存在一些问题：①通常由于运营机构自身原因，许多曾经提供电子文本的网站的地址或主体内容发生改变，无法成为一个稳定的数据库。②互联网上最早的坡的电子文本缺乏页码和来源信息，无法证明其真实性，这就使得它们在很大程度上无法满足学术标准。不过，这些困难在之后都得到了解决。杰弗里·萨沃伊（Jeffrey Savoye）负责的巴尔的摩坡学会（Poe Society of Baltimore）官方网站成功建立了目前世界上最大的爱伦·坡电子文库，在上面可以免费获得不同版本的坡的小说与诗歌

---

① Heyward Ehrlich. *Ten Years of "Poe in Cyberspace"* (1998—2008) [J]. The Edgar Allan Poe Review，2008（1）：48.

全集，还有他的散文、书评等其他资料。此外，萨沃伊还在网站上增加了其他栏目，以完善坡的电子档案，主要包括以下方面：补充性的历史材料，比如与坡同时代的其他人有关于他的文章与评论，或是双方往来的书信；可供当代学者随时查阅的、两个世纪以来坡研究领域重要成果的在线存储库；坡研究领域学术活动的通告，如会议与讲座信息；对有关于坡的常见问题的讨论，如他的生平经历、他与编辑的关系、他的死亡之谜（是否与酒精、毒品和心理疾病有关）、他在保留下来的肖像资料中显示出的外貌特征、他对文学以外领域广泛的兴趣，等等。这些信息主要面向学界以外的普通读者、高中生和本科生，旨在提供来源可靠的证据澄清环绕着坡的常见误解；巴尔的摩当地的纪念景点信息，例如巴尔的摩坡博物馆、坡的坟墓、坡在教会医院的死亡地点。同样的，巴尔的摩坡学会网站，以及后来建立和完善的其他一些数字化图书馆，致力于保证所收藏电子文本的学术质量，在入库前增加了鉴定环节。得益于进一步发展的光学字符识别技术（OCR）和拼写检查程序的帮助，经过努力，这些新数据库中电子文本中的错漏之处显著减少，学术参考价值逐渐与纸质文本持平。

很显然，电子文本数据库的建立和完善，极大地减少了 21 世纪坡研究者可能面临的困难，鼓舞了更多人参与到这一领域之中，也进一步提升了坡的全球声誉。世界各地专门介绍坡的网站数量激增，在 2003 年时，东欧、北欧、中东、澳洲、南美洲等地区新增的网站数量甚至令人惊讶地超过了一直以来都是坡研究中心的美国本土和西欧国家，出现了许多使用西班牙语、葡萄牙语、希腊语等非英语语种的网站。这种现象从侧面说明坡作品及相关材料的数字化在为非英语地区拓宽接触和了解他的途径方面效果尤其明显。以埃里希为首的一批研究者还对数字化图书馆给出的电子指南和各种来源、支持不同文件格式的电子文本阅读器进行了分门别类的说明，这些配套工具的完善让研究者更加习惯在线工作。对此，他特别做出了两点提示，一是容易获取的电子文本可能会带来盗版和学术抄袭风险的上升。二是需要采取必要措施来保护本地的研究资料。正如他所言，快速发展的网络计算机越来越容易受到同样快速发展的计算机病毒的侵害，甚至有导致全球"电子瘟疫"的风险，只有事先掌握反制措施，才不会任由坡的小说《未来之事》中"当技术进步伴随着相互抵消的技术危险时，进步只是一种幻觉"① 的讽刺成为现实。

---

① Heyward Ehrlich. *Poe in Cyberspace*："*Is Faster the New Slower? Welcome to the Future!*" [J]. The Edgar Allan Poe Review，2006，7（2）：90.

除电子文本外，坡的数字化进程还包括另一个重要部分，即互联网中与"爱伦·坡"这一关键词相链接的音视频——就像坡在他的职业生涯中已经认识到文学的命运在很大程度上依赖于印刷机、蒸汽机、铁路、邮政系统、电报和摄影带来的媒体信息革命，他死后显赫的名声不仅依赖其他语言的翻译者，也依赖于从 19 世纪晚期开始、在其他媒体上工作的艺术家和转译者对他本人和作品持续性的青睐。许多著名的电影和广播演员都曾录制过坡作品的音频，或是扮演他的角色，在改编电影中出演。21 世纪后，一大批这样的演出以 CD 和 DVD 的形式重新发行，可以在互联网上购买，还有一些录音向用户免费开放。坡的生平和作品还成为教育电视纪录片的主要内容，比如 1995 年美国公共广播公司（PBS）的系列纪录片节目《美国大师》（American Masters）推出的"灵魂的恐怖"（"Terror of the Soul"）专期，评论坡生活经历与作品内容的"A&E Poe"节目频道，以及马里兰州公共电视台播出的坡的传记视频，这些随后也都被上传至互联网。参考埃里希的整理，2007 年前后互联网中坡视频的分类与分布情况大致如下：204 个影视视频，155 个动画视频，67 个音乐视频，63 个滑稽视频，34 个生活视频（比如一些学校演讲），13 个新闻和政治视频（主要是祭扫坡墓地的仪式），8 个游戏视频，6 个宠物视频（主要是因为坡笔下的黑猫、乌鸦等动物而产生联想），4 个以巴尔的摩为主的旅行视频，4 个其他类别视频，如《威廉·威尔逊》和《泄密的心》的教学视频。而在现场表演、动画、定格动画、音乐视频的大类中，也有一些与坡有关的材料，比如借用了他作品中意象的音乐剧、动画人物、流行乐队的歌曲等等。总体而言，这些视频既包括纪实性内容，也包括各类改编，体现出互联网用户对坡及其经典作品的创造性接受。

在 2008 年以后的"网页 2.0"时代，两种新趋势尤其引人注意：首先，社交网络的迅速发展使有关坡的交流呈井喷式增加。和先前的台式电脑与笔记本电脑一样，智能手机正在成为坡研究的载体，YouTube、Facebook、X（原Twitter）和维基百科等流量飞速增长的社交软件为该领域提供了新材料。截至 2010 年，YouTube 上已经出现了 5000 多个包含"埃德加·爱伦·坡"这一关键词的视频，是 2007 年统计时互联网中坡视频总数的十倍。谷歌搜索的结果显示，坡在各类博客上被提到了将近 100 万次，在 X 上也被提及近 100 万次，而在 Facebook 上则被提及近 300 万次。而大致也在这一时段，爱好者与研究者以"粉丝"身份相继在上述网络社交平台中以坡的名义开设账号，经过十余年运营，截至 2023 年 11 月底，坡的"个人主页"（实质为粉丝主页）已在 X、Instagram 和 Facebook 这三大主流社交软件中分别积累了 9 万、5.9

万和惊人的 359 万粉丝，相比上一轮统计时的数据又有了指数式的飞跃。同样在 2010 年，数字材料开始谋求在补充甚至取代印刷材料方面发挥更大的作用，这也影响了坡作品的电子文本情况，具体表现为以亚马逊为代表的电子图书销售商对电子文本的规模化销售。这一年在亚马逊的图书分类中按关键字搜索可以得到 6227 个匹配项，这些电子书和以前存储在非营利性网站、以学习交流为目的的数字资料的性质有很大区别。虽然坡一直是大众熟知的作家，但毫无疑问，过去关于他本人和作品的交流从未达到如此规模，从结果来看，海量的讨论也在拓宽研究思路、提供新的热点问题等方面对坡的学术研究起到了正向作用。因此，正如埃里希所言，我们可以认为，坡在"网页 2.0"时代的互联网中实现了复兴。

第二，随着云科技和大数据技术等计算机技术的发展，运用谷歌这一类搜索引擎开发的新程序，可以通过检索互联网中"埃德加·爱伦·坡"的相关词条来对坡相关讨论的频率、话题、时间地区分布等问题进行可视化分析，从而掌握讨论的整体情况与趋势。由于这种分析基本隶属于数字人文研究的范畴，故将在本文第二部分中再详细叙述。

此外，通过考察贾西娜·弗鲁辛斯卡（Justyna Fruzinska）2020 年发表的论文《"我有 99 个问题，但蒙特亚白葡萄酒不是其中之一"：互联网表情包中的 19 世纪美国作家》（"'I Got 99 Problems but Amontillado Ain't One': Nineteenth-Century American Writers in Internet Memes"），我们可以对当前美国社交网络坡存在形式的灵活多样获得进一步的认识。这篇文章对坡等四位美国文艺复兴时期的代表性作家在互联网流行表情包中的表现进行了调查，她关注这些经典作家吸引网络用户的原因，也关注他们被描绘的方式，由于表情包可以被视为如今的一种（后）现代民俗，在反映互联网社会的共同规范和价值观方面具有特殊意义，因此，分析 19 世纪作家的表情包情况，有助于促进人们对其在当代文化中地位的认识。文中举出了三个比较有代表性的例子，体现了新时代互联网社群拆解和重现经典作家的几种不同思路：第一个表情包将坡与他著名的"童养媳"弗吉尼亚之间的故事与根据斯蒂芬妮·梅尔（Stephanie Meyer）的系列书籍改编的流行幻想电影《暮光之城》（The twilight saga）并列，这种联系仅仅来源于由外貌和健康状况等外在因素而在普遍印象里唤起的薄弱似曾相识感，体现了社交网络中关于坡的讨论中一些跳脱的、具有随意性的发散联想。第二个示例则正好相反：它由美国迪士尼卡通《小熊维尼》（Winnie the Pooh）中的一个场景组成，以熟悉的迪士尼风格绘制，内容却模仿了《泄密之心》的著名桥段，其中维尼不只代表着小说的叙述者，更暗指了坡本人。表情包的标题"埃德加·爱伦·维尼"（Edgar Allan Pooh）和图中身着 19 世纪风格的燕尾服、与坡的经典形象相仿的小熊维尼形象直接透露了这一点。这张表情包出色地汇集了众多元素，它通过 Poe/ Pooh 的双关语点明了选择《小熊维尼》这一素材的直接原因；流行文化中大众总是将坡短篇小说中人物的黑暗特征嫁接到他本人身上，因此坡被置入他笔下的凶杀场景中；最后，这张表情包通过将《泄密的心》扭曲阴郁的情节与天真可爱的童话世界相关联，营造出了一种黑色幽默的效果。第三个例子体现了摇滚、嘻哈等流行文化元素在互联网的坡表情包中的使用。这张表情包具有"微核说唱"（Nerdcore）① 的风格，描绘了一个戴着墨镜、神情轻松的坡，说明文字为"孩子，如果你走进地窖，那么我为你感到难过/我有 99 个问题，但蒙特亚白葡萄酒不是其中之一"②，这是对 1993 年美国说唱歌手 Ice T 的著名歌曲《99 个问题》（99 *problems*）中歌词的改编。由于 2004 年另一美国著名说唱歌手 JAY-Z 的专辑中再次引用了这段歌词，所以它在社交网络中变得非常出名。很显然，该表情包再次将坡和他的短篇小说《一桶蒙特亚白葡萄酒》中的人物混为一谈，通过对他本人形象的改造，强调了故事里蒙特雷索杀死福尔图纳托时异常悠闲自若的态度。总之，坡总能迅速融入流行文化的特点在表情包这一信息含量极为有限、信息传递方式极为碎片化的数字化领域再一次适用——或许应归功于丰富多彩的传记、扑朔迷离的各色传说和哥特式风格的短篇小说共同在他身上造就的神秘光环，刺激着互联网用户的兴趣，使他们乐于参与，以表达对这些话题的个人解释。

二、数字人文视域下的爱伦·坡研究

数字人文（Digital Humanities）研究是在 21 世纪计算机科学领域取得"大数据""云科技""人工智能"等技术突破的前提下兴起的一种新的研究范式，或者说是计算机科学与人文学科交叉而形成的一门新学科。数字人文研究的基本方法是采取数字技术对人文领域的相关问题进行分析，在文学研究方面，通常是从宏观上把握文学创作的概况，把与文本相关的数字环境、多媒体信息也纳入考察范围内，通过词频软件、大数据统计等手段，将对文本价值与

---

① "微核说唱"是说唱流派的一种，其音乐主题可能包括科幻小说、科学、计算机等所谓的"书呆子/极客"话题，有时也被称为"极客说唱"（geeksta rap）。

② Justyna Fruzinska. I Got 99 Problems but Amontillado Ain't One: Nineteenth - Century American Writers in Internet Memes [J]. *The Journal of American Culture*，2020，43（3）：210.

意义的阐释转为对可视化文本信息的说明。数字人文研究能够帮助文学研究者高屋建瓴式地把握互联网时代与某一作家或作品相关的海量信息，从而取得对相关领域潮流与趋势的认知，也能够帮助他们发掘从前没有注意到的细节，或是为研究领域某些悬而未决的疑难问题提供新思路。依托于丰富的数字化成果，目前，这种研究范式正被越来越多地运用到坡研究领域之中。

正如上文所言，以长年进行跟踪考察的海沃德·埃里希为代表的美国研究者开始更多地认识到在"网页 2.0 时代"，可以利用逐渐兴起的大数据技术对互联网中坡的存续情况进行可视化分析，从而把握其在互联网中发展的当前形势与未来趋势。在 2009 年的《网络空间中的坡：谷歌的第一个万亿页面，"网页 2.0"时代及其他》（"Poe in Cyberspace: Google's First Trillion Pages: Web 2.0 and Beyond"）一文中，埃里希指出，本着双向性、交互性等"网页 2.0 时代精神"，以谷歌为代表的门户网站正在积极为其搜索引擎开发新程序，而这些新功能可以帮助改进现有的坡研究。① 首先，搜索引擎的"时间线"功能可以将每一年里与关键词"埃德加·爱伦·坡"具有相关性的信息的提及情况组合成可视化折线图。由于时间线创建的依据是信息，而非真实的时间顺序，因此通过该图表，可以直观地了解到当人们谈论到坡时，这 200 年中哪些年份最常被提及——分别是他出生和去世的 1809 年和 1849 年，他创作出绝大多数知名小说的 1835－1845 年，以及正值坡 200 年诞辰、举行了一系列学术研讨会和庆祝活动的 2009 年。在此基础上，还可以按照年段、年、月的排序进一步细分，例如，当选择 19 世纪 40 年代这一整个年段时，可以发现，吸引最多关注的是坡的逝世之年，而在这一年中，最常被提及的则是 10 月，他的逝世之月。运用这一功能，我们能够迅速锁定最值得坡研究领域关注的年份，同时，通过追溯一些特定年份成为高峰期或低谷期的原因，可以进一步分析哪些客观因素会对坡及作品的整体关注度产生影响。

第二个重要的程序是"谷歌趋势"（Google Trends），它按照年份、月份和地理来源对每一个话题的谷歌搜索数量进行记录，最早可以追溯到 2004 年。截至 2015 年，根据谷歌趋势的数据显示，过往十年里爱伦·坡在全球互联网上的搜索量一直具有很强的季节性，固定每年 10 月达到顶峰，在 7 月份降至最少。10 月份搜索量的激增很明显是因为万圣节的影响，人们热衷于装扮成坡本人和他的小说人物，而 7 月份的减少可能是因为暑假使学生群体了解坡的

---

① Heyward Ehrlich. Poe in Cyberspace: Google's First Trillion Pages: Web 2.0 and Beyond [J]. *The Edgar Allan Poe Review*, 2009 (1): 87.

需求降低。谷歌趋势报告还揭示了另一个出人意料的现象：当前全球范围内坡的最大搜索量出现在非英语地区和国家。2004 年，排前三位的分别是他加禄语地区、西班牙语地区和瑞典语地区，英语地区已经跌至第四位。到 2014 年时，按照国家来分类，对坡最感兴趣的前十个国家依次是萨尔瓦多、哥伦比亚、墨西哥、厄瓜多尔、美国、波多黎各、菲律宾、智利、洪都拉斯和阿根廷。显然，这十年里有关于坡的搜索的最大增量发生在拉丁美洲，而搜索量增长幅度相对较小的则是俄罗斯和澳大利亚，美国本土的搜索量一直保持中间排名。这个结果与上一部分介绍过的世界范围内新建立的坡网站分布情况基本吻合，也与 21 世纪后坡研究领域的一些变化遥相呼应。以坡的影响研究领域为例，当前，对其作品在西欧和日本等国家地区传播与接受情况的考察不再一枝独秀，也逐渐出现了许多探讨他对南美洲、北欧、地中海地区等地区文学影响的研究成果。此外，谷歌趋势的数据还展示了坡相关文学作品的搜索量排名，得出最受欢迎的短篇小说前三名是《黑猫》《泄密的心》和《陷坑与钟摆》。由于最后一篇小说在中国读者心目中恐怕并不能视为坡的代表作，知名度稍低，在国内坡研究领域也不像前两篇小说那样热门，因此中国的坡研究者应当会对这种差异感到惊讶。

最后是谷歌图书（Google Books）为处理互联网中海量的在线书籍而开发的软件程序：Books Ngram Viewer（以下简称 Ngram）。Ngram 近似于专门针对电子书的谷歌趋势，其数据库涵盖了 16 世纪以来 8 种语言的 800 多万册书籍，任何人都可以通过 Ngram 查询某一词汇或短语过去 500 年内在这些书籍中的出现频率和变化趋势。自然，它也可以用于研究特定的作家或作品名，比如，当搜索"埃德加·爱伦·坡"时，它的定量时间线会将坡的全名在各种书籍中出现的频率进行逐年波动可视化呈现。由于 Ngram 的检索范围仅限于在线图书，所以它的结果要比应用上述两种程序得到的结果更具有学术参考价值。这些数据可以作为一个简略的指南，帮助研究者了解坡在一段时间内被著作提及和引用的情况。最后，得出的主要结论是：1936 年坡出现在英语书籍中的频率达到了迄今为止的最高峰，21 世纪后这一频率尚未达到接近峰值的水平，而法语、意大利语、西班牙语书籍中坡出现频率的峰值都在 21 世纪。不难发现，在地区分布的问题上，Ngram 和谷歌趋势两者的数据呈现出的结果大同小异。或许，这也从侧面证明，当前学术界的研究风向在较大程度上与互联网中的讨论存在相关性。

除以上致力于可视化总体趋势与进程的宏观统计分析外，数字人文方法在当前美国坡研究中还有另一种运用，即深入文本内部，尝试对本领域内由来已久的"悬案"另辟蹊径。这里以汉娜·迪恩（Hannah J. Dean）和赖安·博伊德（Ryan L. Boyd）的成果为例稍加说明，他们的论文《深入那片黑暗中窥探：对抑郁症在埃德加·爱伦·坡的生与死中作用的计算分析》（*Deep into that Darkness Peering：A Computational Analysis of the Role of Depression in Edgar Allan Poe's Life and Death*）介绍了将"语言学调查与字数统计"（Linguistic Inquiry and Word Count，简称 LIWC）程序应用到坡研究的全过程，通过分析作品中有关情绪和心理状态的词汇的可视化统计结果，探究了坡从青年时期到 1849 年离世二十多年间的心理健康情况。LIWC 程序是一种目前现代实证心理学领域常用的文本分析工具，已在数百项研究中被证明非常适合检测以书面形式呈现的潜在抑郁情绪。在它的辅助下，先前的研究发现包括：绝对主义词汇使用频率的增加与情感障碍的严重程度之间存在正相关关系；第一人称单数代词（I，me，my，mine）使用频率的增加最有可能暗示着抑郁症；患者对与负面情绪和认知过程有关的词汇的使用频率也能够帮助医生做出抑郁症诊断，等等。因此，迪恩和博伊德尝试运用 LIWC 程序来客观分析坡的语料，以期解决坡身上一个长久以来一直困扰着人们的谜题，那就是他是否患有抑郁症，他的死亡是否有可能是抑郁情绪驱使下自杀行为导致的结果。

两人使用的所有文本都来自巴尔的摩坡学会网站的电子文库，筛选的标准是，每一个文本至少要有 100 字，注明了创作年份和月份，并且必须是学术界公认的爱伦·坡本人的作品（作者身份无争议）。最后选定一共 421 个文本，包括 63 篇短篇小说，49 篇诗歌和 309 封信件，汇总后每一样本的平均字数为 1026.45 字。迪恩和博伊德首先使用 LIWC 2015（即 LIWC 程序的最新版本）对文本中在心理学维度上有意义的词汇进行扫描，例如表达自我关注的词汇、体现出积极或消极情感的词汇、反映了社会化进程的词汇，等等。它的统计方法相对简单，扫描分析的结果会以每一类别词汇在文本中所占百分比的形式呈现，也就是说，如果文本中每 10 个词汇中有 1 个被归类为认知过程词汇，那么 LIWC 2015 就会判定该文本中含有 10% 的认知过程词汇。其中，有五种不同类型的词汇一直被确定为抑郁症或自杀倾向的诊断指标：第一人称单数代词、第一人称复数代词（we，our，us）、负面情绪词（坏、悲伤、愤怒）、正面情绪词（好、快乐、骄傲）和认知过程词（思考、理解、知道）。通过标准化和综合化处理，可以将识别到的坡每一年的作品中以上五类词汇的占比情况转化为评分，与测定抑郁情绪的基准线分数进行比照，观察它是否偏离正常范围、或在多大程度上偏离了正常范围，以此来确定抑郁倾向特别明显的作品和年月。换言之，观察坡一生中每一年的抑郁症语言学分数，可以在一定程度上确定他可能经历过特别明显的情绪失常的时间节点。此外，如果将抑郁症分数以时间排序绘制成图表，我们还可以了解坡的情绪走向，得知某一段时间内他的心理状态不稳定到何种程度，进而推测这种抑郁情绪是否已经严重到足以驱动他选择自杀的地步。

图1反映了 LIWC 2015 对爱伦·坡短篇小说的分析结果，可以发现，坡1845年至1846年所创作小说的言语中流露出最多的抑郁情绪，而在这两年的故事里最能体现出抑郁症倾向的，根据迪恩和博伊德的结论，是 1845 年 7 月发表的《反常之魔》。这篇小说充斥着叙述者的夸夸其谈，他描述了一直煎熬着自己的一种奇异的心理状态，也就是所谓的"反常之魔"。最终，在这种反常心理的驱使下，叙述者做出了神经错乱般的古怪举动，并在喃喃自语中自投罗网，吐露了多年前犯下的谋杀罪行，"反常之魔"爆发的表现的确与心理疾病的发作很类似，因此，1845 年可能是一个特殊的年份。两人认为这一年坡抑郁情绪的加重是因为同年他也达到了事业顶峰：坡的作品在 1843 年才开始取得成功，那年 1 月发表的《泄密的心》因其怪诞诡谲的风格吸引了公众的注意力，紧接着，6 月在《美元报》（*Dollar Newspaper*）上刊出的《金甲虫》为坡赢得了 100 美元的奖金，这两者的成功提高了作家的文学地位，而次年 8 月《黑猫》发表后取得的积极反响又进一步地支持了这一成功。最终，它们和 1845 年问世的诗歌《乌鸦》一起为坡赢得了美国文学史上的永久地位。然而，无论是坡自己曾经表露过的对名声的复杂心态——他曾经明显表示名声并不构成他创作的动因，自己也不在乎别人的评价，但在之后却又提出了截然相反的观点[①]，还是 LIWC 2015 的语料分析结果都显示，坡的成功成为他相当大的压力来源。迪恩和博伊德分析，这种前后矛盾的态度可能暗示着他因为人气突升而产生的一种根深蒂固的紧张感。虽然作家这个职业从本质上来说追求名望，但与名望相伴而来的、公众毁誉参半的评价似乎有损坡的心理健康。更重要的是，尽管声名鹊起，但坡从未从自己的成功中获得足够的经济利益，一生都生活在贫困中，这种对比很可能进一步威胁他的心理状况。另外，1847 年是坡的妻子弗吉尼亚病逝的年份，之前几年她的缠绵病榻想必也给坡带来了很大痛苦。然而，一个值得关注的发现是，尽管如此，1847 年却未出现任何异

---

① Hannah J. Dean and Ryan L. Boyd, Deep into that Darkness Peering: A Computational Analysis of the Role of Depression in Edgar Allan Poe's Life and Death [J]. *Journal of Affective Disorders*, 2020，vol 266: 225.

常值，坡小说中的抑郁情绪还呈现出下降趋势，这可能颠覆了一些将坡的死亡归因于弗吉尼亚之死的普遍看法。不过，从心理学角度分析，这种情况却是合乎一般规律的，有理由相信，弗吉尼亚的病逝可能反而起到了缓解坡心理压力的作用。也就是说，虽然坡对弗吉尼亚的死亡感到悲痛，却不再被她的疾病折磨，他有可能在妻子的死亡中得到了情感上的暂时解脱。

最后，根据 LIWC 2015 语料分析的总体结果，迪恩和博伊德总结，虽然无法对爱伦·坡进行明确的临床诊断，但他应当确实受到抑郁症困扰，甚至是一位重度抑郁症患者。并且，从相关数据生成的图表中可以看出，坡的情绪还长期处在一种波动状态中，相隔不远的年份其抑郁程度经常发生陡增或陡降。因此，也有可能他实际上是一位双相情感障碍患者，波动代表了他的情绪在抑郁和躁狂之间的循环。总之，这一项数字人文研究以实证方式对"坡是否患有抑郁症"这一问题进行了尽可能地挖掘，证实和完善了现有的猜测，虽然最终仍然没有获得足够依据来证明抑郁症是否直接影响了坡的死亡，但也在一定程度上揭开了谜题的一角。

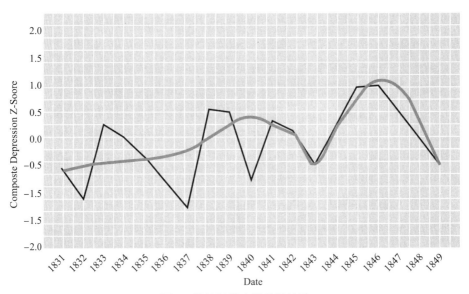

图 1　坡的短篇小说分析结果

三、数字化时代的爱伦·坡教学

通过以上论述，我们对 21 世纪以来爱伦·坡的数字化情况已有了较为全面的了解。丰富的数字化资源不仅为坡研究领域带来了改变，也为一批经典文学教学者提供了一个合适的切入点来进行顺应数字化时代新趋势的教学实验与改革。在经典文学的传播范围不断收缩，现实功用不断遭受质疑的当下，因其沟通专业性、学术性的文学研究与娱乐性、知识性的文学阅读之间的桥梁作用，教学这一能够辅助突破"学术研究"与"大众文化"壁垒的中间环节的作用日益受到重视。部分教学兼研究者公布了他们的教学思路及课堂设计，作为可供参考的蓝本。以此为基础，本节将对三种授课对象不同、教学目标各异，但都依托于信息技术手段与坡的数字化资源的教学形式进行说明。

首先，是传统的课堂教学。以乔安妮·吉莱斯皮（Joanne S. Gillespie）的课堂报告《如坡一般表达自己》（*Expressing Yourself Poe−etically*）为例，我们可以清楚地看到多媒体资源与社交网络平台如何在坡教学的各个环节发挥作用。吉莱斯皮计划建立一个既能充分激发学生的兴趣和自主能动性，同时又充满挑战性的课堂环境，并尝试将阅读、创作、艺术、戏剧及计算机操作与经典文学的学习相融合，希望课程最终能够"培养多元智能，突显学生的个人学习风格，并利用数字工具"。① 在具体实践中，她引导学生通过"精读原著—改编原著—书写博客—合作艺术项目—创意写作（以坡的风格复写儿童故事）"等一系列流程来完成坡单元的学习。不难发现，坡固有的信息资源库是这一精彩的教学设计得以实现的根基：在最初的精读原著环节，吉莱斯皮播放朗读音频，利用听觉感知来促进学生们对坡故事内容及情感的理解；当开始艺术创作环节前，她也提供了一些示例，其中包括以坡本人和他作品为卖点的商业海报，而学生们则通过三维建模、动画创作和制作幽默图像等方式表达对坡的感受；他们同样也在吉莱斯皮使用免费网络学习平台 NICENET（http://www.ninenet.org/）创建的博客中阐述这些观点、提出问题和加入其他的坡讨论群组。

其次，是以群组（或一对一）交流形式展开的远程线上教学。这种授课的对象或为来自其他国家和文化的非英语母语者，因此加深教习双方的文化理解与共情是教学的重要目标之一，同时教学设计需具有更多的趣味性和参与度，对所学内容的入门难易也提出了要求。克拉丽斯·莫兰（Clarice Moran）的《跨越太平洋的双手：通过手机应用开展跨大西洋合作》（*Hands Across the Pond：Transatlantic Collaboration Through a Mobile Phone App*）一文中展示的通过手机免费即时通信应用程序 WhatsApp（即微信）群组交流进行的一次远程线上教学实验就体现了上述特点。这次教学实验旨在锻炼职前英语教师

① Joanne S. Gillespie, Expressing Yourself Poe−etically [J]. *Middle School Journal*，2011（5）：40.

的实践能力，并提升他们对不同种群及不同文化背景的英语学习者特殊需求的认知，实验以 17 位以英语为母语的美国职前教师和 28 位来自西班牙马德里、对英语文学感兴趣的非英语母语青少年为对象。参与者通过线上交流学习坡的短篇小说《泄密的心》，并最终以此为主题合作完成一篇"数字作文"——提交一个音视频文件。我们可以看到，潜在的多媒体语境促成了《泄密的心》被选为这一实验的教学目标：在最初的群组交流结束后，所有参与者都阅读了这篇小说的英文图画版本，并在 YouTube 上观看了关于这个故事的电影。① 以此为基础，参与者对小说的主题进行了头脑风暴，并制作描绘这些主题的音视频，西班牙学生通过 WhatsApp 讨论视觉图像和音乐，提出构想，职前教师则承担了实际的视频制作工作。这些作品由音乐、视频、文字和静态图像组成，是多媒体的汇编，赋予了小说主题新的意义表达。最后，所有参与者都在各自国家的电影节上观看了成品。② 在整个合作过程中，参与者们必须深度讨论流行文化中的共同主题，以使成品契合双方的流行文化品位，从另一个角度来说，坡作品与流行文化的高度适配为这一合作提供了先决条件。

最后，是面向全世界学习者的系统性讲解爱伦·坡的 MOOC（massive open online courses，大规模开放在线课程，中译"慕课"）课程。美国的 MOOC 在 2012 年已经达到相当的规模，11 月 12 日，《纽约时报》的头条新闻甚至宣布过去的一年是"MOOC 之年"。与以往的在线课程不同，它以开放和免费著称，任何有互联网连接的人都可以接入课堂。MOOC 的另一个特征是大规模，课堂人数不设上限，例如，斯坦福大学早期的一个关于人工智能的 MOOC 课程就吸引了 16 万名学生。到 2013 年年中时，它最大的供应商已经通过 84 个教育合作伙伴向全世界 400 多万名学生提供了 423 门相当于大学课程水平的 MOOC 课程。鉴于坡在哥特小说、科幻小说、侦探故事和诗歌等多个领域的贡献，他被选入了三门最早开设的文学类 MOOC 课程，分别是密歇根大学开设的"科幻小说和幻想"课程，Saylor 免费在线公开课网站（htttp：//www. saylor. org/）开设的"美国文艺复兴"课程和哈佛大学开设的"19 世纪美国诗歌"课程。在这些 MOOC 课程里，学生将在线阅读坡的《一桶蒙特亚白葡萄酒》《泄密的心》《丽姬娅》《椭圆形画像》《反

---

① 电影地址：https：//www. youtube. com/watch?v=q5wAqADsMMU，2023－11－8.

② 成品示例：https：//www. youtube. com/watch? v = zJPzIYOdwrk&feature = em － upload ＿ owner；https：//www. youtube. com/watch?v=J9HErHGw－Sw；https：//www. youtube. com/watch?v=UUcBier ＿ AKE；https：//www. youtube. com/watch?v=－c3dDIqZrZQ&feature=youtu. be，2023－11－8.

常之魔》和《莫格街凶杀案》等作品，以及这些小说的重要评论，同时了解如何将对文本的理解与其创作背景进行有机结合。通常，MOOC 课程的每个单元都包含视频播放、文本阅读、布置论文作业、小组讨论论文、测验和课后交流等多个部分，评分的依据则是论文的写作情况，这些教学环节的最终目的是提高学生的学术思考能力。海沃德·埃里希认为，MOOC 的普及可以被视为 21 世纪教育领域对信息革命的回应，与 19 世纪该领域回应工业革命的全民扫盲运动类似。

正如上文中设计教学实验的莫兰所言，对于许多信息时代的学生来说，通过数字平台学习并不是一种新的体验，因为他们可以使用视频、游戏、社交网络和其他学习管理系统，使他们能够相互交流，并在教室的墙壁之外学习。"学生在课外学到的信息可以刺激他们在课堂内寻求更多的信息。换言之，学习促进更多的学习"①。在这一浪潮中，我们可以看到坡教研领域做出的快速响应。

四、结语

本文是对文化现象的研究，集中考察了数字化时代作为经典作家的爱伦·坡在当前美国网络空间中的重构，以及这些新变化在坡研究与教学领域引起的回响。虽然仅仅对坡这一个案进行了讨论，但也可以从中管窥当前文学的跨学科发展动向，为促进相关研究者与教学者思考略尽绵薄之力。第一，交叉学科活动的开展离不开数字资源库的完善和多媒体呈现。第二，虽然目前新文科建设更多的是一种自上而下的纲领，但坡相关跨学科实践的成功却建立在流行文化对其自发自觉的认同基础之上，呈现出自下而上的特征。一方面，这种认同源于坡本人及其作品的独特魅力和与之相关的文化记忆，难以被复制或模仿；另一方面，坡绝非孤例，事实上流行文化一直在积极地参与对经典作家及文学作品的解构与重塑，网络社群中文学家表情包的出现就是一个典型的例子。通过这种改造，"作家们被降到了大众文化的水平，变得更有亲和力……他们不再是博物馆的展品，因为（互联网用户）有可能在个人层面与他们接触"②。换言之，文学经典固有的严肃性既是阻碍接受的壁垒，又因为兼具挑战性而构

① Clarice Moran. Hands Across the Pond: Transatlantic Collaboration Through a Mobile Phone App [J]. *Journal of Interactive Learning Research*，2017（4）：12.

② Justyna Fruzinska. I Got 99 Problems but Amontillado Ain't One: Nineteenth-Century American Writers in Internet Memes [J]. *The Journal of American Culture*，2020（3）：214.

成了对互联网用户吸引力的重要部分，我们应当充分认识并把握这种两面性，在数字化时代解构经典浪潮的冲击下，积极寻觅和把握复兴的新机遇。

（作者为四川大学文学与新闻学院博士研究生，比较文学与世界文学专业，比较文学方向）

西方戏剧治疗学前沿及其中国本土化传播初况

◎左淑华

【摘　要】 戏剧治疗学涉及戏剧性游戏、情景演出、角色扮演、演出高峰和戏剧性仪式等因素，这些因素将中西文化交流跨界联姻，促进中国戏剧治疗学研究本土化，旨在改善人类心理健康。然而，兼容心理学与文学艺术的戏剧治疗领域在中西文化交流中却并未引起重视，戏剧治疗学在中国学术界的研究进展相对缓慢。本文认为，加强戏剧治疗学领域学术交流与人才培养，有利于推动个体身心健康与社会和谐，有利于推广中国传统文化与戏剧治疗学融合发展。

【关键词】 戏剧治疗学；中西文化交流；跨界研究；本土化传播

引言

人类物质文明日益丰富，精神世界却不断遭受现代文明发展产生的巨大冲击，本体异化，精神空间遭受挤压，引发心理疾患，产生生存危机。戏剧之情感宣泄功能为人类追寻宁静家园提供庇所，千年以前亚里士多德就宣昭天下戏剧情绪之宣泄功能，故应精神虚乏之趋，戏剧治疗学应运而生。戏剧治疗学涉及戏剧性游戏，情景演出，角色扮演，演出高峰和戏剧性仪式，与临床医学等领域产生交集。

西方研究新进展

在西方，"戏剧治疗学"概念在 20 世纪才开始登上历史舞台。20 世纪 20 年代莫雷诺（Moreno）在纽约创立了心理剧治疗剧场，20 世纪 40 年代初，心理剧治疗手段日益成熟，开始广泛应用于学校、医院、军队以及公司管理层。1976 年英国成立了全球首个戏剧治疗师协会。1979 年，美国戏剧治疗协会成立。1980 年，理查·谢克纳在纽约大学开设具有戏剧治疗特色的人类表演学课程，招收相关专业人才并进行专业培训，正式将戏剧表演艺术与医学治疗技术结合起来，深刻分析研究戏剧艺术对于现代医疗的实践作用，从戏剧治疗术角度分析文学艺术的社会价值。自此以后，戏剧治疗学作为交叉学科，迅即扩展至全球。戏剧治疗学研究代表人物有蕾妮·伊姆娜，罗伯特·兰迪和菲尔·琼斯等，代表作品分别为《从换幕到真实：戏剧治疗的历程、技巧与演出》，《躺椅和舞台：心理治疗中的语言和行动》和《戏剧治疗：概念、理论与实务》及《戏剧治疗》。近年来，通过兰迪等戏剧治疗界先驱者们的开拓，戏剧治疗艺术在国际上引起强烈反响，衍生为音乐治疗，舞动治疗，声音治疗以及绘画治疗等全新领域，从而诞生"创艺疗育"这个全新概念，引领当今戏剧治疗研究新趋势。

　　西方戏剧治疗学研究起步较早，各种理论体系和实证研究相对完善。但由于戏剧治疗学属于跨界研究，相关研究成果相对较少。从研究目的与研究视角而言，国外研究与国内大致相同，主要分为疾病患者辅助性戏剧治疗、学生心理问题疏导和成年人精神压力排遣三大类。在第一大类研究中，疾病患者既有精神病人，亦有其他与精神相关的病症。最近几年来，关于运用戏剧疗法进行辅助治疗的相关研究成果大致如下：Ruxandra Foloştină 等罗马尼亚学者在《居民区中心智力残障成人社交能力开发的戏剧治疗与故事叙述之应用》一文中探讨了严重智力残疾成年人住宅中心长期住院问题，研究对象年龄在 20 至 42 岁之间[①]；荷兰学者 MarijeKeulen-de Vos 等在论文《性格紊乱违法者情感状态：戏剧治疗技术实验性研究》中针对人格紊乱病症患者，研究戏剧疗法治疗狂燥者的情感缺失问题，注重情绪治疗和管理[②]。Carmel O'sullivan 关注到了戏剧治疗对自闭症患者的积极影响，运用戏剧干预手段，通过艺术性和教育性调解，为参与者创造生动有趣的教学和学习策略，提升他们的社会意识和沟

---

① Using Drama and Therapy and Storytelling in Developing Social Competences in Adults with Intellectual Disabilities of Residential Centers，Ruxandra Foloştină，Loredana Tudorache，Theodora Michel，Banga Erzsébet，Nicoleta Duta，5th World Conference on Learning，Teaching and Educational Leadership，WCLTA 2014，2015，1268—1274.

② Evoking emotional states in personality disordered offenders：An Experimental pilot study of experiential drama therapy techniques，Marije Keulen-de Vos，Elsa P. A. van den Broek，David P. Bernstein，Roos Vallentin，ArnoudArntz，Netherlands，53，The Arts in Psychotherapy，2017，80—88.

通能力①；Michael Reisman 则从精神分裂症患者权利的角度，指出对待精神分裂症患者的核心医学模型，探索发展转型的戏剧治疗技巧，关注给予病人权利的精神分裂治疗新兴康复模型②；Hod Orkibi 在《基于戏剧小组治疗的精神疾病污名化影响》一文中，采用对比手法，检测了以戏剧为基础的小组治疗对于五位精神疾病患者自尊和歧视的影响，以及对比分析七位没有罹患精神疾病的大学生的影响③；意大利学者 Alessandro Pellicciari 探讨戏剧治疗对饮食混乱症儿童的治疗作用，认为戏剧治疗可以进行辅助治疗，促进康复④。

关于在校学生心理问题研究，最近研究成果主要聚焦于戏剧治疗对健康心理素质的塑造治疗作用。Hod Orkibi 在《青少年戏剧参与之于有效课堂行为预测：心理剧变化过程研究》一文中，重点分析心理剧治疗对于青少年课堂行为表现的影响。通常青少年被指定接受相关治疗，所以可能存在反抗现象，给治疗过程和效果带来极大负面影响。Hod Orkibi 认为心理剧疏导治疗则会取得更好效果⑤。在 Jason D. Butler 揭示了戏剧治疗在教育学方面的运用，认为应当鼓励学生以擅长的方式参与治疗活动⑥。Jonathan Barnes 针对儿童交流障碍症，提倡运用戏剧治疗提高参与治疗孩子的表达流利度、词汇量和专注力⑦。Hod Orkibi 的另一篇论文《课堂行为，青少年自我观念与孤独：心理剧过程与结果研究》重点探讨通过定期戏剧疗法，研究青少年中期行为（过程变

---

① Drama and Autism. Carmel O'sullivan ［A］. Encyclopedia of Autism Spectrum Disorders，2015，1－13.

② Michael D. Reisman. Drama Therapy to Empower Patients with Schizophrenia：Is Justice Possible? *The Arts in Psychotherapy*，2016（50）：pp. 91－100.

③ Hod Orkibi，Naama Bar，Israel Iliakim. The effect of drama－based group therapy on aspects of mental illness stigma，*The Arts in Psychotherapy*，2014，pp. 458－466.

④ Alessandro Pellicciari，Francesca Rossi，Luisa Lero，Elena Di Pietro，Alberto Verrotti，Emilio Franzoni. Drama Therapy and Eating Disorders：A Historical Perspective and An Overview of A Bologness Project for Adolescenes，*The Journal of Alternative and Complementary Medicine*，Vol 19，Number 7，pp. 607－612.

⑤ Hod Orbiki，Bracha Azoulay，Dafna Regev，Sharon Snor. Adolescents' Dramatic Engagement Predicts Their in－session Productive Behaviors：A Psychodrama Change Process Study，*the Arts in Psychotherapy*，2017（15）：pp. 46－53.

⑥ Jason D. Butler. The Complex Intersection of Education and Therapy in the Drama Therapy Classroom，Canada，53，*The Arts in Psychotherapy*，2017：pp. 28－35.

⑦ Jonathan Barnes. Drama to Promote Social and Personal Well－being in Six－and Seven－year－olds with Communication Difficulties：the Speech Bubbles Project，*Perspective in Public Health*，2014，Vol 134 No 2，pp. 101－109.

量）与自我概念和孤独感（结果变量）之间的关系①。

关于成年人精神压力排遣的第三类戏剧治疗进展则相对不足，文献相对较少，较为突出的成果为澳大利亚学者 Joanna Jaanistea 的《老年痴呆症患者治疗——生活质量得到改善了吗》② 与 ShoshiKeisaria，Yuval Palgib 的《舞台上的生命十字路口：针对老年人群人生回顾与戏剧治疗》③。前者主旨为运用戏剧治疗阿兹海默症老年患者的生存状态。Jaanistea 认为，参与者通过戏剧治疗，能够明确表达意见和感受，并且有意识地表现自身生活状况和质量；Palgib 运用"回顾生命"的戏剧治疗方式，结果表明在自我接受、人际关系、感知意义、察觉健康衰老和压抑症状方面治疗的有效性，以及与组员的互动。

从国别研究角度看，不同国家的研究方法也存在不同。迄今为止，下列国家在戏剧治疗学领域取得较大成就：美国、英国、加拿大和以色列。除此以外，最近几年，罗马尼亚、意大利、爱尔兰、荷兰和澳大利亚五个国家才出现零星相关研究成果。就戏剧治疗体系化程度而言，目前引领全球走在顶尖前沿的国家分别是美国、英国、德国、以色列、罗马里亚等，其中英美和以色列发展研究最为透彻，临床实践最为深入。美国戏剧治疗的研究成果最为丰富。Jason Frydman 的论文《角色理论与执行功能：建构戏剧治疗与认知神经心理学融合范式》④ 从神经心理学角度出发，研究戏剧治疗对认知神经心理的积极影响；Michael Reisman 的《通过戏剧治疗增加精神分裂症患者自主权：公正有可能吗》探索发展转型的戏剧治疗技巧，寻求症状控制的精神分裂治疗的核心医学模型⑤；Jessica Young 的《拉班：介于舞动治疗与戏剧治疗之间》通过深入回顾文献和支持性案例研究，构建理论模型，提出拉班运动分析（LMA）和角色理论，丰富并影响了创意艺术疗法实践。⑥。以色列戏剧治疗研究处于

---

① Hod Orkibi, Bracha Azoulay, Sharon Snir, Dafna Regev. In－session Behaviors and Adolescents' Self－concept and Loneliness: A Psychodrama Process－outcome Study, *Clinic Psychotherapy*, 2017, pp. 1－9.

② Joanna Jaaniste, Sheridan Linnell, Richar L. Ollerton, Shameran Slewa－Younan. Drama therapy with older people with dementia－Does it improve quality of life? *The Arts in Psychotherapy*, 2015, pp. 40－48.

③ Shoshi Keisaria, Yuval Palgi. Life－crossroads on Stage: Integrating Life Review and Drama Therapy for Older Adults, *Aging & Mental Health*, 2017, Vol 21, No. 10, pp. 1079－1089.

④ Role Theory and Executive Functioning: Constructing Cooperative Paradigms of Drama Therapy and Cognitive Neuropsychology, Jason S. Frydman, *The Arts in Therapy*, (47) 2016, 41－47.

⑤ Drama Therapy to Empower Patients with Schizophrenia: Is Justice Possible? Michael D. Reisman, *The Arts in Psychotherapy*, 2016, 50, 91－100.

⑥ Laban: A Guide Figure Between Dance/Movement Therapy and Drama Therapy, Jessica Young, Laura L. Wood, *The Arts in Psychotherapy*, 2018 (57), 11－19.

世界领先水平，学术界涌现多篇重量级研究论文，如以色列全球戏剧治疗顶级专家 Hod Orkibi 的论文《基于戏剧小组治疗的精神疾病污名化影响》①，《青少年戏剧参与之于有效课堂行为预测：心理戏剧改变进程研究》② 以及《课堂行为，青少年自我观念与孤独：心理剧过程与结果研究》③ 涉及主题分别为对比手法研究戏剧治疗视阈下的大学生精神疾病患者与精神健康大学生的对比；心理戏剧治疗视角下青少年课堂表现以及戏剧治疗干预下青少年自我与孤独之间的变量。英国对于戏剧治疗的研究成果较为突出，例如 Susan Cassidy 的研究论文《安全，计划，赋能与积极参与：戏剧治疗中从医人员与客户体验变化进程实际理论研究主题》④，旨在探讨戏剧治疗师和戏剧治疗客户如何体验治疗方面的效果变化，以及确定变化过程是否与戏剧治疗方法保持一致。加拿大在戏剧研究方面成果亦较为显著，研究方法比较成熟，侧重以理论研究为主。Calli Renee Armstrong 探讨戏剧治疗变革过程，认为虽然戏剧治疗干预可能会带来相反结果，但同时亦会带来更丰富和更深层的戏剧投射，这些投射结果值得重视。《实证步骤：戏剧治疗变化进程可操作化与发现》⑤ 中，罗马尼亚的 Ruxandra Foloștină，意大利的 Alessandro Pellicciari，爱尔兰的 Carmel O'sullivan，荷兰的 Marie Keulen-de Vos 以及澳大利亚的 Joanna Jaanistea 从自闭症，情绪管理，老龄人口，智障人士，饮食紊乱等多个角度展开探讨。总体来说，美国戏剧治疗学研究成果数量最多，更多偏重于理论方面，以色列研究成果理论与实践结合最为全面，而英国多数研究成果基于临床实践。其他国家的研究成果尽管凤毛麟角，却也显示出戏剧治疗学遍地开花、星火燎原之势。

---

① The effect of drama－based group therapy on aspects of mental illness stigma, Hod Orkibi, Naama Bar, Iliakim, Israel, *The Arts in Psychotherapy*, 2014, 458－466.

② Adolescents' Dramatic Engagement Predicts Their in－session Productive Behaviors: A Psychodrama Change Process Study, *The Arts in Psychotherapy*, 2017 (15), Hod Orbiki, Bracha Azoulay, Dafna Regev, Sharon Snor, 46－53.

③ In－session Behaviors and Adolescents' Self－concept and Loneliness: A Psychodrama Process－outcome Study, Hod Orkibi, Bracha Azoulay, Sharon Snir, Dafna Regev, *Clinic Psychotherapy*, 2017, 1－9.

④ Safety, play, enablement, and active involvement: themes from a grounded theory study of practitioner and client experiences of change process in drama therapy, Susan Cassidy, Andrew Gumley, Sue Turnbull, United Kingdom, 2017, *The Arts in Psychotherapy*, 174－185.

⑤ A Step toward Empirical Evidence: Operationalizing and Uncovering Drama Therapy Change Process, Calli Renee Armstrong, Mira Rozenberg, Margaret A. Powel, Jade Honce, Leslie Bronstein, Gabrielle Gingras, Evie Han, *The Arts in Psychotherapy*, 2016 (49), 104－108.

中国本土化耦合

作为学术研究与学科建设，戏剧治疗在中国起步较晚，进展相对缓慢，台湾地区的研究要稍早于大陆地区。张晓华教授于 1995 年邀请美国戏剧治疗界大师罗伯特·兰迪教授在台湾戏曲学院建立了一系列戏剧治疗工作坊，取得较大社会影响。1996 年台湾艺术学院戏剧系首次开设戏剧治疗课程。台湾地区也陆陆续续涌现出一批戏剧治疗师，并且翻译了一些西方戏剧治疗文献资料和著作。在学校和社区，心理戏剧工作坊也陆续成立，在单亲儿童心理治疗领域发挥了重要作用。香港于 2009 年成立香港戏剧治疗师协会，拥有两名注册戏剧治疗师，2010 年香港举办戏剧治疗工作坊与研讨会。

20 世纪 90 年代以前，戏剧治疗在大陆的相关发展和研究则几乎是一片空白。虽然教育部早在 2002 年就把戏剧纳入我国中小学课程教育体系，迄今为止没有建立一个系统的课程规划和成立一个完整的戏剧治疗团体。20 世纪 80 年代，开始出现陈国鹏和钟友彬关于心理剧治疗疾病的文献介绍。20 世纪 90 年代，大陆开始出现戏剧治疗方面的文献介绍，如朱江的莫诺和社会计量学研究以及李学谦关于心理剧治疗的文献介绍。直到 2007 年厦门大学才创立艺术治疗专业，2011 年正式招收戏剧治疗专业研究生，进行戏剧治疗领域系统人才培养。在医学临床应用领域，开始戏剧治疗临床实践。吉林省梅河口第五中学利用戏剧治疗学积极干预班级建设中学生心理指导与调节。因此在抑郁症，智障，精神科，监狱、高职院校职业规划以及公司企业团队建设等领域，戏剧治疗学正陆续得到研究和运用。伴随临床实践，相应产生了一些戏剧治疗学的研究成果，如北京回龙观医院屈英等撰写的《戏剧治疗慢性精神分裂症的对照研究》，武汉精神卫生中心刘慧兰的《戏剧治疗在心理治疗病房运用之初探》，于桂翠的《戏剧治疗对儿童心理健康成长的影响效果》，牛小娜的《表达性艺术治疗对抑郁症残留症状疗效随机对照研究》等研究成果。

针对研究对象，国内在戏剧治疗方面的研究主要分为三类：精神病人戏剧治疗法、学生心理问题疏导和企业员工精神压力排遣，其中大部分研究成果聚焦于戏剧疗法对精神病患者的疗效，合理采取有效方法疏导精神疾病课题研究最为普遍，主要包括施善葆的《神奇的"戏剧疗法"》；潘佩佩的《时代发展下从古老治疗仪式到当代戏剧治疗的转化》；周显宝的《从面具到真实——戏剧治疗理论与实践》；杨俊霞翻译的以色列研究学者阿塔·席特龙的《医学小丑与戏剧治疗》；解眉的《戏剧治疗：游戏与仪式——日常生活与戏剧治疗中的自我呈现》。

在第二类研究对象（学生/儿童）中，戏剧治疗心理疏导作用尚处于初步研究阶段，张楠楠的《戏剧治疗在高职院校职业规划团体中的运用》，利用戏剧治疗帮助高职大学生了解与接纳自我，提升自信，树立恰当的职业目标，建立自我定位①；于桂翠的《戏剧治疗对儿童心理健康成长的影响效果》，以学前班儿童为研究对象，采用团体戏剧治疗方法，研究戏剧治疗对儿童心理健康的影响效果②；商丹的《戏剧治疗——表演使人成长》一文探讨了戏剧疗法，尤其是戏剧表演，运用各种表演技巧对人精神的积极影响③。其他相关成果包括陈卫平的《高校艺术心理治疗研究新视野》；李帮琼的《心理剧——有效的学校团体心理咨询方式》。在第三类研究对象（企业员工）中，戏剧治疗对于精神压力排遣的作用研究处于萌芽阶段，在国内，极少有公司采取戏剧治疗对精神压力大的员工进行辅导。针对此方面的研究成果非常稀少，目前只有沈圣杰的论文《戏剧治疗在中国社会工作情境中的应用研究》和余玲艳的论文《团体戏剧治疗方法在企业绩效管理中的应用》，共同点为借鉴应用心理学中戏剧治疗方法解决企业绩效提升中碰到的一些问题。

此外，随着中西方文化交流深入发展与"一带一路"建设，戏剧治疗中国本土化亦成为新的发展趋势，引起了学术界关注，产生了一批研究成果，包括邵燕的《浅谈"戏剧治疗学"的教育本土化问题》，她在论文中提出"照搬国外理论显然与我国的'国情'有些不符"，认为"戏剧治疗学"在我国高等教育中面临着民族化、本土化教学的问题；④ 轩希的《我国心理剧治疗的发展与展望》主要揭示了心理剧在大陆发展的艰难处境，适用领域和未来展望；⑤ 李世武的《重解傩戏：戏剧治疗的视角》解释了傩戏的治疗作用及其原因，揭示了迷狂宗教驱魔仪式剧成为戏剧治疗学、傩学、宗教人类学、医学人类学共同话题。⑥

中国古代戏曲与近现代民间戏曲教育启迪意义与戏剧治疗有渊源，亦顺应戏剧治疗心理与精神抚慰功能。作为戏剧治疗实践范畴的典型代表，中国民间常见的古老戏种"傩戏"就与戏剧治疗学在心理学上达到契合，"客观上，傩

---

① 张楠楠. 戏剧治疗在高职院校职业规划团体中的运用 [J]. 教育与职业，2010（24）：89—91.
② 于桂翠. 戏剧治疗对儿童心理健康成长的影响效果 [J]. 现代教育科学，2012（4）：43—45.
③ 商丹. 戏剧治疗——表演使人成长 [J]. 东方养生，2014（5）：95—101.
④ 邵燕. 浅谈'戏剧治疗学'的教育本土化问题 [J]. 成功，2009（4）：212—213.
⑤ 轩希. 我国心理剧治疗的发展与展望 [J]. 企业导报，2015（17）：58—59.
⑥ 李世武. 重解傩戏：戏剧治疗的视角 [J]. 云南艺术学院学报，2018（1）：53—58.

戏能强身健体，也能进行深层心理的沟通和治疗。"① 通过舞台还原各种民间故事传说，达到改造感化人的目的。纯粹情感宣泄显然并非此类戏剧表演的终极指向。此后历朝历代戏曲都从不同角度立场满足了情感宣泄与大众精神寄托。针对不同目标群体，不同戏曲体现案主不同类型精神诉求，模仿各种人生情境，满足人类快感欲望。春秋战国时期以后一直到唐朝的中国宫廷优戏活动如《史记·滑稽列传》《东海黄公》就属于此类代表。元代戏曲《单刀会》《窦娥冤》《救风尘》《望江亭》等激切直白，锋芒毕露，讥讽社会，抨击时政；维护传统伦理道德，歌颂善良与正义，传统人格理想与社会理想，充满疾恶如仇情绪，满足极端弱势群体精神寄托。另外，歌颂爱情与命运，抗争门第、财产、权势以及"父母之命"等传统社会婚姻形式，绝非仅仅是情绪宣泄，而是转向教化为目的，如《西厢记》乃古代年轻人冲破人性桎梏与宣泄精神的原初表达，抨击科举与婚姻制度，揭露扭曲的封建社会体系，揭示人性矛盾冲突与抗争，树立传统伦理楷模。②

结语

在临床医学和生存危机等跨界角度，戏剧治疗学发挥了中西方文化交流的桥梁作用。从临床医学角度看，戏剧治疗学涉及的心理疾病为中西方在医疗系统的合作提供契机。中医倡导的养生之道对戏剧治疗本土化建设起到推动作用，上海和北京等城市的精神卫生中心不断地通过临床实践，结合国内外心理治疗学者讲座和培训，在医疗领域展开越来越多医疗实践合作，对于促进我国戏剧治疗学发展大有裨益，中国国内戏剧治疗学相关研究空白也表明多学科跨界建设的必要性和前沿性。从生存危机角度看，人类面临生态环境持续恶化现状，精神世界不断被挤压异化。戏剧治疗学能够让中西方面对心理危机时联合起来，共存共赢。无论是东方戏曲抑或西方戏剧，它们先天具备的"仪式"功能和"宣泄"价值，让人类能够排解内心积郁，共寻宁静心灵家园，赎回"本真自我"。从人类古老的"丰收仪式"，到阿尔托的"残酷戏剧"，从格洛托夫斯基的"质朴戏剧"到加缪的"荒诞派戏剧理论"，戏剧表面形式化实质回归它的质朴母体"仪式"，从精神建设层面链接交叉了中西方文化交流空间。戏

---

① 陈雨婷. 池州戏的戏剧治疗功能探究——以《刘文龙》为例 [J]. 合肥工业大学学报，2018（04）：90—94.

② 刘彦. 中外戏剧史 [M]. 南宁：广西师范大学出版社，2005：65—80.

剧治疗赤裸裸地剥离生活光怪陆离的表皮，展现心理危机下人类如何向死而生，为中西医学人文交集提供魔法舞台。无论是兰迪还是伊姆娜，他们都注重从心理学角度探讨戏剧治疗的作用与历史渊源，从关注人类生存角度探讨戏剧的舞台作用。同理，戏剧治疗师莫雷诺亦认为戏剧治疗的角色扮演在心理学上融合了现实和虚构，过去和现在，能够让人类预示未来，重构当下自我。戏剧治疗终极目标指向人类心理健康，戏剧治疗史实践亦证明，文学艺术研究可以与临床医学实践结合，文艺研究同样具备现实意义。

［作者为上海电机学院外语学院讲师，美国得克萨斯大学英语系访问学者，主要从事英语语言文学文化研究。本文系教育部规划基金项目"新时代西方戏剧治疗视角下中国文化自信研究"（项目批准号 18YJAZH101）阶段成果］

精神性回归：德国表现主义电影的文化书写

◎程　呈

【摘　要】　第一次世界大战后的德国诞生了诸如《卡里加利博士的小屋》等一系列以表达精神性诉求为主旨的电影，深刻反映出了战后德国人普遍向内在世界回归的精神面貌。学界以精神性作为文化符号，将这类影片进行概念的界定，认为它们的创作理念延续了 20 世纪初期表现主义艺术的文艺思想，将这类影片称为表现主义电影。这种精神性理念作为表现主义电影的文化基础，与尼采的哲学艺术思想和威廉·沃林格的艺术观念形成呼应，书写了表现主义电影的文化形态与美学特征。

【关键词】　精神性；《卡里加利博士的小屋》；表现主义电影；文化书写

　　第一次世界大战之后，德国面临着严峻的经济、社会危机，然而此时的德国电影工业却在这样萧条的社会环境下异军突起，使德国迅速成了继美国之后世界第二大电影工业强国。事实上，在第一次世界大战爆发之前，德国电影工业的发展是十分缓慢的，当时德国电影市场份额大多都被进口影片所占领，随着战争爆发，许多国家开始利用电影进行反德宣传，其中不少具有反德内容的影片也进口到了德国，这不得不使德国开始重视电影的宣传功效。1917 年 11 月，德国对多家电影公司进行整合，成立了"环球电影股份公司"（Universum Film A. G. 简称'Ufa'，中文普遍译为乌发公司），其主要目的是便于德国政府进行宣传教化。战争期间，乌发公司吸纳了大批优秀的电影工作者，他们为促进德国电影工业的发展做出了巨大贡献。此外，德国在战时颁布了电影进口禁令，这条禁令一直持续到了 1920 年年底，这在很大程度上避免了德国电影同外国电影的市场竞争，为德国电影的发展提供了相对稳定的生存环境。除了政府的扶持之外，德国严重的经济问题也在无形之中促进了电影工业的繁荣。战后，德国政府采取大规模印制钞票的方式来支付战争赔款，这更加剧了原本在战时就已经存在的通货膨胀问题。"1919 年 1 月，马克币和美元在国际金融市场上的兑换率由 1914 年的 4.2：1 跌至了 8.9：1"[①]，而"1919 年到 1922 年之间，马克币和美元的兑换率由 8.9：1 贬值到 191.8：1"[②]。如此迅速的货币贬值迫使人们急于将手中的钞票出手。在战后物资匮乏的时期，较之于购买衣物这些生活必需品来说，观看电影是相对容易的，当时的德国人也愿意将手中的钞票消费在看电影上，这使得战后德国电影院一直保持着较高的上座率。与此同时，货币贬值引发高通胀率，德国在电影出口方面可以以相对于其他国家更低的价格将本国电影销往国外，在价格上是极具竞争力的。

可见，德国政府的大力扶持以及战争引发的经济问题都在一定程度上为德国电影工业的繁荣发展创造了有利条件。1920 年，一部极具实验性的影片《卡里加利博士的小屋》在德国公映，影片运用独特的创作手法，呈现出风格化、形式化的影像风格，旨在揭示内在精神世界的扭曲与畸变，深刻地反映了第一次世界大战后德国人普遍向内在精神世界蜷缩的面貌。该片一经上映便引起了广泛关注，一时间风靡全球，也迅速催生了一批同类型电影的创作。学界将这类影片称为"表现主义电影"，并将其视作 20 世纪初期表现主义思潮在电影艺术中的延续。这类电影将精神性作为文化符号，既反映了当时的社会文化环境，又呼应了彼时的文艺思想风潮，具有典型的时代性特征。

一、精神性诉求：《卡里加利博士的小屋》

表现主义电影是第一次世界大战影响下的产物，时代性造就了它与战后德国社会文化环境的关联。战争的惨败造成了德国严重的损失，给民众带来了极大的心理冲击，随后《凡尔赛和约》的签署又在德国激起了强烈的民愤，德国人将其视作丧权辱国的条款，甚至还有人称之为"凡尔赛骗局"。这样的民族性创伤迫使德国人不得不重新审视他们一贯尊崇的社会文化秩序。一时间，德国国内危机四伏，暴动、刺杀等迭起，社会动荡不安，经济凋敝，失业率剧增。现实生活遭遇如此社会巨变，德国民众普遍滋生出避世的精神诉求，全面退回到内在精神世界中寻求庇护。电影理论家克拉考尔认为，那一时期的德国

---

① Dietrich Orlow. A History of Modern Germany：1871 to Present ［M］，Englewood Cliffs，N. J.：Prentice Hall，1995：134.

② Dietrich Orlow. A History of Modern Germany：1871 to Present ［M］，Englewood Cliffs，N. J.：Prentice Hall，1995：136.

人习惯于对权威产生依附心理，然而战争来袭，权威覆灭，民众对现实生活逐渐失去了信念感。面对满目疮痍的战后世界，他们既无法承担起重建战后秩序的重大责任，又难以面对战争所带来的创伤与痛苦。面对这样的困境，德国人更倾向于选择一种避世的态度，蜷缩到精神世界中寻求慰藉。"数百万德国人，尤其是德国中产阶级，他们似乎都切断了自己与处在协约国压力、内部暴力争斗以及通胀环境下的那个世界的联系。他们仿佛遭遇了恐怖的冲击，这冲击颠倒了他们的外部存在与内心生活的关系。表面上，他们继续如常生活；心理上，他们退缩到了内心深处。"① 社会环境与精神面貌的变革也带来艺术思想观念的转变，此时德国的电影工作者更倾向于将内在的精神与情感通过艺术创作的形式宣泄出来，观众也希望能够在艺术的世界中寻求精神的寄托。在这样的环境下，表现主义电影应运而生，它们强调对内在精神的揭露，注重情感的表达和宣泄，反映出了这一时期德国人向内在世界退守的精神诉求。

　　1920 年 2 月，由罗伯特·维内执导，卡尔·梅育和汉斯·杰诺维兹共同编剧的影片《卡里加利博士的小屋》在柏林大理石剧院上映。该片在上映之初就获得了极大的关注。有评论家对此称赞道："学界传统意义上认同的艺术品一般包括绘画、雕塑、建筑、音乐以及文学。电影目前还尚未列入艺术品的行列当中。如果有的话，最好的例子应该就是《卡里加利博士的小屋》了。"② 然而，影片在刚上映时却遭到了两位编剧的反对，他们认为影片对原作进行了颠覆性的改动，严重违背了他们创作的初衷。原作讲述了一个名叫卡里加利的博士带着助手恺撒在小镇上演出，他告诉观众恺撒可以预知人们的生死。令人惊骇的是，每一个被恺撒预言的人都在第二天离奇地死亡。主人公弗朗斯西察觉到卡里加利博士的阴谋并对他进行秘密调查，发现卡里加利博士是一家精神病院的院长，在他的办公室，弗朗西斯找到了一份记录：18 世纪有个名叫卡里加利的人在意大利游历，他对自己的灵媒进行催眠，并利用他杀人。院长对卡里加利产生了浓厚的兴趣，并对其如法炮制，以此来证实他的催眠术。最后，弗朗西斯戳穿了院长的阴谋，院长震惊万分，开始发狂咆哮，最后被医护人员所制服。然而，电影却在这个故事的基础上添加了另外的开头和结尾，故事情节发生了巨大的反转。影片开头，弗朗西斯坐在医院的长椅上对身边的病友讲述自己的"经历"，由此引出影片的故事内容，所述情节与原作大致相同。

---

　　① ［德］齐格弗里德·克拉考尔. 从卡里加利到希特勒：德国电影心理史［M］. 黎静译. 上海：上海人民出版社，2008：57.

　　② Jerome Ashmore. The Cabinet of Dr. Caligari as Fine Art［J］. *College Art Journal*. 1950，09（04）：41.

故事讲完以后，影片又回到弗朗西斯在精神病院的场景，弗朗西斯看到了院长，此时的他因幻觉迷乱了心智，认为院长就是自己故事中的卡里加利博士，便疯狂地反抗。医护人员将他制服后带到病房里。院长对他进行诊断之后，对旁人说："我明白了，他认为我就是卡里加利，现在我知道该怎么治疗他了。"

这样的改动彻底颠覆了原作的性质。原作中的卡里加利是权威的象征，他手握至高权利，同时又不受约束，因此萌生了贪欲企图加害他人。而受害者不仅是被他杀害的普通民众，也包括恺撒这样执行杀人的工具。两位作者在原作中假借卡里加利来讽刺德国威廉二世政府，指责他一意孤行将德国卷入了世界大战之中，给整个民族带来了不可磨灭的创伤。弗朗斯西则象征了反抗权威的勇士形象，在最后的结局中，勇士战胜了权威，表达了剧作者重塑现实世界的美好愿望。然而影片却将作者的意图完全消解了，片中，精神有问题的人不是卡里加利而是弗朗西斯，整个故事全都是弗朗西斯疯狂的臆想，而卡里加利却是一副普度众生的救难者形象。这暗示了权威是至高无上且不可撼动的，人们只有依附于权威才能获得真正的救赎，一切反对势力都会被视为疯狂而受到制约。事实上，影片的故事情节与当时德国人的精神面貌更加吻合。面对权威，人们习惯性地选择妥协，当信念崩塌时，人们无法直面现实世界的恐惧，而更倾向于蜷缩在自我的精神世界之中。另外，电影最终并没有对弗朗西斯的病情进行交代，这让影片的结尾获得了开放式的解读——弗朗西斯究竟是真的疯了，还是他被卡里加利所控制？无论是哪种含义，可以肯定的是，弗朗西斯都无法逃脱被权威束缚的命运。因此，这部影片也在警醒着对权威习惯性妥协的德国人，他们所依附的权威是否真的可以使他们获得庇佑。"一场心理革命似乎已在集体意识深处跃跃欲试。通过将卡里加利的权威获胜的现实与同一权威被推翻的幻觉结合起来，影片反映了德国人生活的双重面貌"①。

在艺术创作手法上，这部影片对表现主义绘画和戏剧的艺术形式有所借鉴，电影画面呈现出极度夸张、变形的视觉效果。首先，在电影的布景方面，该片邀请了三位表现主义画家来担任影片的布景师，他们对整部影片的场景都采用了表现主义绘画的风格样式进行设计。片中除了极少数实物道具，诸如床、棺材、长椅等还保持它的原貌以外，其他大部分道具都进行了变形处理，如扭曲的路灯，倾斜的地面和墙面，歪歪斜斜的门、窗、台阶等。三位布景师认为，电影是动态的绘画形式，富有强大生命力。因此，电影画面不应当局限

---

① ［德］齐格弗里德·克拉考尔. 从卡里加利到希特勒：德国电影心理史［M］. 黎静译. 上海：上海人民出版社，2008：65.

于现实世界所呈现的形态，而应该着重揭露精神的力量，凸显内在的情感张力。其次，在人物形象以及场面调度方面，影片借鉴了表现主义戏剧的舞台形式，将人物的形象与风格化的场景紧密结合起来，构建出一种整体性的视觉效果。以影片中恺撒将女主人公简从家中掳走的场景为例，恺撒托着昏迷的简走上一个形态怪异的"之"字形小坡地，他全身被一袭浓重的黑色包裹着，与身后白色的背景呈明显对比。在他周围，几根粗壮的黑色线条不规则地竖立在坡地上，与他黑色的身体形成呼应。恺撒和这些黑线条共同镶嵌在了画面之中，与身后的布景融为了一体。最后，在演员的表演方面，该片也借鉴了表现主义戏剧夸张的表演模式，呈现出扭曲变形的肢体动作，极富激情与张力，与现实生活中的人物形态形成巨大反差。例如，院长受到了卡里加利游历记录的诱惑，激发了强烈的贪欲，与卡里加利合为一体。他开始出现幻觉，认为墙上、天上到处都写着"你一定要成为卡里加利！"院长颤颤巍巍地来回踱步，双臂张开，拼命地想要抓住这些字，他的身体和他身后那棵张牙舞爪的枯树相得益彰，映衬出整个疯狂的世界。

这样实验性的尝试让《卡里加利博士的小屋》开启了全新的艺术电影探索之路，影片用扭曲、夸张、变形等风格化元素揭露了内在精神世界的疯狂与病态，呈现出强烈的反现实性特征，深刻地反映出了这一时期德国人的精神面貌。因此，当这部影片上映时，这种先锋的电影形式不仅没有引起观众的陌生感，反而使他们产生了深刻的共鸣。

二、精神性争议：表现主义电影的界定

《卡里加利博士的小屋》的大获成功引发了这一类电影的创作热潮。在此后的几年时间里，德国相继拍摄了多部同类型的影片，这些影片被后来学界统称为"表现主义电影"，并将其视作20世纪初期表现主义文艺思潮在电影艺术中的延续。然而，究竟哪些影片称得上是表现主义电影，关于这一概念的界定，学界一直都存在争议，争论的焦点正是围绕着《卡里加利博士的小屋》而展开的。大卫·波德维尔和克里斯汀·汤普森在《世界电影史》（第二版）中做了相关的论述：

> 历史学家已经用各种不同的方法对此运动进行了界定。一些人认为，真正的表现主义电影就像《卡里加利博士的小屋》，使用了起源于戏剧表现主义的变形的、图形化的场面调度风格。这样的电影也许只产生了半

打。另外一些历史学家则把许多电影看作表现主义，因为这些电影全部都包含某些类别的风格化变形，它们具有与《卡里加里博士的小屋》中图形风格化同样的作用。根据这种宽泛的界定（也是我们在这里所采用的），在 1920 年至 1927 年发行了近两打表现主义电影。[1]

根据这一说法，对德国表现主义电影界定的争论主要有两种不同的观点，第一种狭义的观点认为表现主义电影要以《卡里加利博士的小屋》为范本，严格按照表现主义戏剧的布景风格和场面调度进行设置，所呈现的电影风格实际上就是表现主义戏剧在银幕上的翻版。持这种观点的人认为只有 1920—1924 年间的 6 部作品称得上是表现主义电影，分别是：《卡里加利博士的小屋》《盖努茵》《从清晨到午夜》《托尔古斯》《拉斯科尼科夫》和《蜡像馆》[2]。另一种广义的观点则扩大了认定的范围，认为只要电影在一定程度上运用了这种夸张的风格，且它们都与《卡里加利博士的小屋》具有相同的精神内涵，那么这些电影都可以看作是表现主义电影。这种观点认为德国表现主义电影运动的时间是 1920—1927 年之间，共拍摄了 23 部作品。

由此可见，狭义的观点将电影先锋性的艺术手法作为界定标准，并认为只有遵从了"卡里加利式"影像风格的电影才能被称作表现主义电影。广义的观点则将电影的内在精神思想作为了界定标准，认为影片在影像风格上并不一定要与《卡里加利博士的小屋》保持高度一致，而是要通过这样的风格形式来揭示内在的精神性。因此，两种观点争论的焦点在于，表现主义电影的界定标准究竟是影像风格，还是精神内涵。

事实上，表现主义电影作为表现主义思潮的一部分，从根本上还是要回归到"表现主义"的概念来进行界说。在此参考《新编牛津艺术词典》的解释：

> 一个用于艺术史和艺术评论的术语——指的是为表现情感效果而运用变形与夸张。这个术语有几种不同的使用方式，也可以用于几种不同的艺术形式。在绘画艺术中，它可以广义地描述所有时代所有地方的艺术，只要这种艺术将敏锐的主观感觉置于客观观察之上，因而所反映的是艺术家的精神状态而不是与我们在外部世界所见相符合的图像……更常见的情

① ［美］大卫·波德维尔，克里斯汀·汤普森. 世界电影史（第二版）［M］. 范倍译. 北京：北京大学出版社，2014：140-141.

② Dietrich Scheunemann. Expressionist Film：New Perspectives ［M］. Rochester，NY：Camden House，2003：2.

况，是将这个术语用于现代欧洲艺术总的一种潮流，它以强烈非写实色彩
和扭曲、简化的造型来凸显内在的感受。更狭义而言，这个术语仅用于这
个潮流的一个方面——一场大约从 1905 年到 1930 年在德国艺术中形成主
导力量的艺术运动。①

　　这里对表现主义的解释体现在三层不同的含义上：第一层含义泛指从古至
今世界范围内任何强调内在情感的创作，且这些作品的思想情感都是大于其内
容形式的。第二层概念则更为普遍，指的是现代欧洲的一种艺术潮流，且该潮
流强调以一种反现实性的手法来进行艺术创作，以此来凸显艺术家的内在情感
与精神力量。第三层概念则更具体地将表现主义视为 20 世纪初期到 20 世纪
30 年代之间诞生于德国的现代艺术运动。从上述定义可以看出，表现主义既
指向了一种具体的、可知的文艺思潮和文艺运动，同时它又泛指了一种抽象
化、概念化的风格与形式。它既没有统一的指导纲领，也没有固定的创作范
式，其艺术共性就在于用非现实性的风格化创作手法来进行情感的表达，突显
艺术家内在的精神力量与主观感受。正如表现主义画家康定斯基在他的著作
《论艺术的精神》中指出的那样，艺术是精神的集中体现，艺术创作是用形式
的外衣来体现精神之内涵。艺术家则是美的捍卫者，而"凡是由内在需要产生
并来源于灵魂的东西就是美的"②。

　　基于上述观点，笔者认为广义的界定标准更符合表现主义电影的文化内
核。表现主义艺术并不囿于固定的创作形式，而是强调通过各种反现实的艺术
创作方式达到对精神性的揭示。然而，狭义的划分方式将电影的影像风格作为
界定的依据，认为只有在银幕上严格还原了表现主义戏剧风格特征的影片才能
够称为表现主义电影，这一划分方式将电影的视觉呈现作为界定标准，却在很
大程度上忽略了表现主义所要表达的精神内涵。事实上，表现主义电影并不仅
仅是对表现主义绘画和表现主义戏剧的模仿，而是通过这种风格化的美学形式
来揭露内在精神世界，因此，它的界定方式不能简单地局限于电影的创作形
式，而应当深入到其精神性的文化本质。上述广义的观点就采用了这一划分方
式，认为共有 23 部电影称得上是德国表现主义电影，详见下表：

---

① ［英］伊恩·希尔韦尔斯. 新编牛津艺术词典［Z］. 王方，王存诚译. 北京：人民美术出版社，
2015：279.
② ［俄］瓦·康定斯基. 论艺术的精神［M］. 查立译、腾守尧校. 北京：中国社会科学出版社，
1987：70.

德国表现主义电影创作年表①

上映年份	电影导演	影片名称
1920	罗伯特·维内	《卡里加利博士的小屋》
1920	汉斯·韦克迈斯特	《阿高尔：权力的悲剧》
1920	保罗·韦格纳 卡尔·伯泽	《泥人哥连出世记》
1920	罗伯特·维内	《盖努茵》
1920	卡尔·海因茨·马丁	《从清晨到午夜》
1920	汉斯·科贝	《托尔古斯》
1921	弗里茨·朗	《疲倦的死》
1921	卡尔·海因茨·马丁	《月亮上的房子》
1922	弗里茨·朗	《赌徒马布斯博士》
1922	F. W. 茂瑙	《诺斯费拉图》
1923	阿图尔·罗比森	《夜之幻影》
1923	G. W. 帕布斯特	《宝藏》
1923	罗伯特·维内	《拉斯科尼科夫》
1924	利奥波德·耶斯纳	《大地之灵》
1924	弗里茨·温德豪森	《石头骑士》
1924	保罗·莱尼	《蜡像馆》
1924	弗里茨·朗	系列电影：《尼伯龙根之歌：西格弗里德》和《尼伯龙根之歌：克里姆希尔德的复仇》
1924	罗伯特·维内	《奥拉克之手》
1925	F. W. 茂瑙	《伪善者》
1925	阿图尔·冯·格拉赫	《灰屋历代记》
1926	F. W. 茂瑙	《浮士德》
1927	弗里茨·朗	《大都会》

可以看出，1920—1924 年是表现主义电影发展的鼎盛时期，大部分作品

---

① 图表制作参考［美］大卫·波德维尔，克里斯汀·汤普森. 世界电影史（第二版）［M］. 范倍译，北京：北京大学出版社，2014：139－140. 同时也参考 https://www.imdb.com 的相关数据。

都集中在这段时间内。在此以后，德国战后的危机与矛盾逐渐开始缓解，进入了一个相对稳定的时期。尽管表现主义电影的创作仍在继续，但大部分电影创作开始向写实主义回归①，因此 1925—1927 年可以看作是表现主义电影的衰落时期。

概而言之，表现主义电影诞生于德国，是 20 世纪初期表现主义文艺思潮时间在电影艺术中的延续，持续时间为 1920—1927 年之间，共 23 部作品。这类影片以精神性作为其文化基础，在不同程度上借鉴了表现主义绘画、戏剧等艺术创作手法，将夸张变形的视觉元素与电影创作结合起来，营造出富有特殊意味的影像效果，从而揭露内在精神的本质。

三、精神性理念：表现主义电影的文化书写

表现主义电影对精神性的揭示与彼时德国的哲学文艺风潮相互照应，这在一定程度上乞灵于尼采的哲学观点，表现为对传统哲学"理性"思想的强烈反抗。尼采认为，理性主义者往往将所谓理性提高到至高无上的支配地位，建构出一个并不存在的想象世界，并将其作为一切活动的根源，这种行为本身就是荒谬的；而在理性的操控下，一切人类的本能都被认为是"恶"，这种对人类精神意志的否定正是需要予以抨击的。他认为用"理性"来控制本能，"坚决主张'理性'就是埋葬生命的危险的暴力"②。除了批判传统形而上学之外，尼采对基督教神学也予以抨击，他提出"上帝死了"这一观点，上帝死于他的无能，他没有办法给人提供一个可以救赎的世界。这里的上帝实际上也是某种理念的化身，基督教神学所创造出的世界与所谓的理性世界一样具有虚构性，是一种伪崇高的假象，与人的自由意志之间形成了对抗。尼采认为，世界的主宰既不是理性也不是上帝，而是一种本性力量。这种力是源于生命的、自发的、本能的，并且只有它足够强大才能够使事物存在并发展，这个力量就是尼采所认为的"权力意志"。他认为"权力意志"才是世界存在的本源，一切存在形式都是"权力意志"的表现。尼采对"权力意志"的强调肯定了主体生命的积极性，肯定了生存的意义，建构了一个不崇尚理性、不信仰上帝，并且充

---

① 1924 年以后，德国经济开始复苏，社会矛盾也在一定程度上得以缓解，社会秩序逐渐趋于稳定的态势，此时的文化环境也开始发生了改变。表现主义直抒胸臆的情感宣泄已经无法适应稳定时期的文化发展趋势，一股更为冷静客观的写实潮流开始兴起，学界称之为"新客观派"。

② ［德］弗里德里希·尼采. 权力意志——重估一切价值的尝试［M］. 张念东，凌素心译. 北京：商务印书馆，1991：51.

分肯定人的价值的积极哲学观。在艺术方面，尼采推崇古希腊悲剧形式，认为古希腊悲剧反映出希腊人肯定生命之美的文化样式。尼采指出，古希腊悲剧由两种不同的艺术力量相结合而产生，一种是日神力量，代表着现象的外观之美；另一种是酒神力量，象征着"个体化原理崩溃之时从人的最内在基础即天性中升起的充满幸福的狂喜"①，即一种回归本质的精神冲动。"酒神因素比之于日神因素，显示为永恒的本源的艺术力量，归根到底，是它呼唤整个现象世界进入人生"②，而日神则是酒神呼唤的对象，以美之外观展现出来，成为艺术。尼采的观点印证了战后德国人面临的严峻困境：旧的传统秩序已经崩塌，人们所依赖的权威和救世主再也不能为他们提供庇护。他们既不能在现实世界中得到依靠，也无法从理念世界中寻求慰藉，只能够回归精神的力量来获得救赎。而艺术家正是从这股精神力量中得到灵感，并运用在艺术创作当中。

　　除了尼采之外，德国艺术理论家威廉·沃林格也从理论层面强调了艺术的精神实质。他在著作《抽象与移情》中发展了里格尔的"艺术意志"理论和理普斯的"移情说"。他认为艺术意志是一种潜在的内心要求，"这种要求是完全独立于客体对象和艺术创作方式的，它自为地产生并表现为形式意志。这种内心要求是一切艺术创作活动的最初的契机，而且，每部艺术作品就其最内在的本质来看，都只是这种先验存在的绝对艺术意志的客观化"③。艺术作品则是艺术意志向外部世界投射的产物，不论是艺术创作还是艺术鉴赏，都应当回归到这一内在本质上。他还指出，审美主要体现为移情审美与抽象审美两种形式，然而长久以来，人们都习惯于以移情的审美方式来进行艺术鉴赏，将一些外部环境因素带入到审美活动中，并赋予其某种既定的文化属性，这导致了人们在艺术鉴赏时往往受到外因的干扰，在审美活动展开之前就已经对审美对象进行了预设，这在很大程度上阻碍了人们对艺术本质的探索。因此，他认为还存在着一种抽象审美冲动是与移情相对的，指的是人们进行艺术欣赏时，将一切外在于精神与情感的现实因素抽离之后产生的纯粹感性的审美活动，并且他还指出只有通过抽象审美来进行艺术鉴赏才能体现艺术真正的价值。沃林格认为，任何时代任何地区的艺术形式都有其诞生的缘由和意义，对艺术的评判不能仅靠移情的方式，带着某种预设的目光去审视艺术作品，而应当真正重视艺术的精神内涵。

---

① ［德］弗里德里希·尼采. 悲剧的诞生［M］. 周国平译. 南京：译林出版社，2011：8.
② ［德］弗里德里希·尼采. 悲剧的诞生［M］. 周国平译. 南京：译林出版社，2011：117.
③ ［德］沃林格. 抽象与移情［M］. 王才勇译. 北京：金城出版社，2010：7-8.

可见，无论是尼采还是沃林格，他们的观点都强调了艺术的内在精神性。尼采表达了对理性的批判以及对主体精神力量的崇拜，这是对传统哲学强有力的反叛，在一定程度上促进了表现主义文艺思潮的诞生；沃林格的观点则更进一步地为表现主义艺术创作正名，这种强调艺术意志的精神性理念对表现主义电影的创作风格产生了深刻的影响。尽管这些影片并没有形成统一的范式，但基于这一理念，它们仍在一定程度上呈现出一些共同的美学特点，主要体现在电影的影像风格和故事题材两个方面。

在影像风格上，表现主义电影在不同程度上结合了夸张、变形等风格化手法进行创作。其中，少数影片将这种影像形式贯穿始终，如《卡里加利博士的小屋》《蜡像馆》，等等；而大部分影片都将其作为一种特殊的创作手段，与实景拍摄结合在一起，营造某种特定的电影氛围。以影片《诺斯费拉图》为例，该片主要采用了实景拍摄的方式，影片的场景、布景以及道具大多都呈现自然真实的状态。在此基础上，导演对片中部分场景、画面进行了表现主义风格化的处理，强化了影片阴森恐怖的氛围。例如，从女主角艾伦卧室的窗户向外望去可以看到对面的楼房造型怪异，墙壁上的窗户残破不全，看上去就像是阴森恐怖的黑洞，与房间内整洁明亮的陈设形成鲜明的对比。这样的设计象征着屋外是恐怖的世界，人们只能躲在室内寻求安全感。再如电影《宝藏》，该片采用实景拍摄的方式展现室外环境，画面结构稳定，光线明亮，场景真实自然；而室内墙面凹凸不平，房屋的横梁与立柱联结在一起呈蘑菇状的曲线，看上去就像是粗犷的、未经雕琢的原始洞穴形象，呈现出阴暗幽闭的视觉效果。影片通过展现室内外两种截然不同的风格，形成了强烈的视觉反差。人物从明亮有序的外部世界回到幽暗闭塞的屋内，象征了人们退缩到原始的生活状态，向精神世界蜷缩。

在故事题材上，表现主义电影大都讲述了非现实性的奇幻故事。这些电影，有的从神话传说与民间故事中汲取灵感，如《泥人哥连出世记》就源于希伯来传说中用黏土和石头堆砌假人的故事；《浮士德》则是来自于德国民间流传的浮士德博士与魔鬼签订契约的故事；《诺斯费拉图》则改编自吸血鬼题材的小说《德古拉》，是电影史上首部以吸血鬼为主题的影片。还有一些影片虽然没有直接借用这些神话或民间传说，但也在构思上对它们有所借鉴：《疲倦的死》讲述了一个人的未婚妻为了救自己的爱人而与死神做交易的故事，这与浮士德传说故事的情节有所类似；《盖努茵》则塑造了一个凶狠放荡的女巫形象，可以说是以女性形象出现的魔鬼。这些影片的内容超越了现实生活，弱化了现实环境因素，凸显了内在世界的精神与情感。克拉考尔将这些电影进行了三种类型划分，分别是："暴君""命运"和"本能"。他认为《卡里加利博士的小屋》是战后"暴君"影片的代表，片中的卡里加利博士就是暴君形象的化身，他享受着权力，也利用权力来侵害他人。而在《诺斯费拉图》中，残虐的暴君变成了吸血的魔鬼，侵犯着人类的生命安全。"暴君"影片又衍生出一系列以"命运"为母题的影片：《疲倦的死》中，年轻的女孩几次都想要杀死暴君，但每一次暴君都能得到死神的襄助而幸免于死亡；《尼伯龙根之歌》中死亡与复仇导致了毁灭，实际上就是"有罪终有报"的宿命。"本能"影片则反映了不受控制的本能意识所带来的一系列恶果，如《盖努茵》中放荡的女巫以杀死男人为目的，毫无节制地寻欢作乐实际上就是本能情感的抬头。事实上，这三种类型彼此之间也相互指涉，所谓的"暴君"，就是随意操控他人命运的独裁者；"命运"题材影片中出现的一些死神、魔鬼等，实际上也是玩弄控制他人的暴君；"本能"有时也通过暴君的行为予以展现，卡里加利博士之所以毫无顾忌地侵害他人，根源在于他的行为受到了本能贪欲的支配，展现出了对权力的无限渴望。这三种类型的影片在本质上都揭露了人类内在的精神与原始的情感，尽管它们在影片中各有其侧重表现的内容，但它们都共同指向了对精神性的揭示。

四、结语

德国表现主义电影是特定时代、特定文化发展下的电影艺术形式。精神性作为德国表现主义电影的文化符号，奠定了表现主义电影的文化基础，书写了独特的文化形态与美学特征。这种特殊性也意味着这类影片随着一个时代的到来而诞生，也必将因为这一时代的结束而走向终结。到 20 世纪 20 年代中后期，随着德国的经济逐渐好转，国内的矛盾和危机也在一定程度上得到了缓解，表现主义电影创作的激情也开始慢慢冷却，1927 年《大都会》的上映标志着德国表现主义电影运动的结束。

尽管德国表现主义电影运动历时较短，但是却对世界电影史的发展产生了举足轻重的影响。在 20 世纪 20—40 年代期间，由于国内的紧张形势，大量的德国电影人纷纷离开德国前往好莱坞，这样的人员流动最终必将导致文化的迁徙。在这次移民潮中，茂瑙、保罗·莱尼和弗里茨·朗三位重要的表现主义导演先后前往美国，他们在好莱坞发挥才干的同时也必然会为好莱坞注入全新的文化元素，这在很大程度上促进了德国表现主义电影文化与美国好莱坞电影文化的交流。两种不同的文化相遇之后必然会碰撞出全新的形态，事实上，这也是德国表现主义电影在好莱坞的文化环境中诞生了全新的文化样式。因此，尽管德国表现主义电影运动走向了终结，但表现主义电影的文化影响却一直在延续。

［作者为武汉纺织大学传媒学院讲师，硕士生导师，武汉大学戏剧影视文学博士。主要研究方向为电影理论和西方电影史。本文系 2020 年度教育部人文社会科学研究青年基金项目"文化全球化视野下好莱坞与德国表现主义电影的文化交往研究"（20YJC760010）阶段性成果］

从对所谓普世思想的批评角度剖析欧洲文化认同的心理障碍

◎蒲雅竹

【摘　要】　当代欧洲认同与欧洲一体化的进程中，欧债危机、民主赤字、难民潮、合法性问题、乌托邦色彩等，先后考验着欧洲各国与欧盟的坚定信念与政治智慧。在以政治认同为核心的当代欧洲认同和欧洲一体化观念中，文化与社会因素的重要作用仍不容忽视。在欧洲历史上，其所谓普世价值与思想是一条明显的线索，体现在欧洲文化与社会的方方面面，参与着构建欧洲整体的文化认同。因此，本文以对这种所谓普世思想的批评为视角，结合主体/他者身份关系的演变过程，观照在不同时代显露出的欧洲文化认同的心理障碍与矛盾，并认为对欧洲政治文化历史进行相应的反思，也可以更好地推动现实层面上的政治认同实践。

【关键词】　普世；欧洲一体化；欧洲文化认同；主体/他者

引言

当我们在谈论欧洲认同与欧洲一体化的相关议题时，首要考虑的是合法性问题，以及随之而来的政治认同。代表欧洲一体化的欧盟，时至今日依然没有完全发挥出自己的功能与作用，甚至在深化欧洲一体化的进程中屡屡受挫，这表明了欧洲认同的根本矛盾：它是否代表了所有欧洲公民的集体意愿？或者说欧洲公民对统一的欧洲是否产生了真正的认同？这些问题都表明欧洲认同依然存在合法性的困难。

"对合法性起界定性作用的认同是政治性质的，而非社会性质或文化性质的"①。政治认同形成的关键并不是一套原则和价值的产生（比如现今规则体系与价值观念近乎完备的欧盟，依然没有获得完全的政治认同），而是政治认同的过程，即在形成欧洲认同的过程中，"人们认识到自己属于同一个团体，因为他们逐渐分享，而且也修正并重新解读那些价值和原则"②。但要形成以欧洲公民大众认同为基础的政治认同，仍无法离开文化的参与，并且只有从文化的角度切入，才可能塑造具有同质性的欧洲公民政治文化。虽然现在的欧洲公民政治文化认同还在进一步探索与尝试性的建构中，但只要我们重返历史，仍然能够在欧洲历史发展的各主要阶段，找寻到共通的文化要素。构成欧洲文化的基本要素中，便包含了欧洲人倍加推崇的所谓普世价值与视他者为自我镜像的文化观念。从普世这一观念在欧洲历史进程中衍生出的内涵和发生的变化，可以理解欧洲文化认同存在的根本矛盾与心理障碍。

一、普世思想的溯源与嬗变

在推动欧洲一体化发展的过程中，欧洲一直致力于从内部找寻或建构起黏合欧盟各国的社会文化信仰等根本性价值观念，确立欧洲文化之根始终是文化知识精英们格外关注的方面。循着历史的轨迹，他们上溯至几千年前的古希腊、古罗马文明，期冀通过那段辉煌历史，找寻或建构独属于自己的所谓普世价值，来为欧洲涂抹上一层共同的历史、文化抑或是浪漫的神话底色。

（一）普世思想的早期形态

欧洲普世观念的雏形，最早孕育自古希腊文化的世界主义，同时，基督教也是其重要源头，普世观念的广泛流行离不开宗教力量的推广。尽管世界上许多古老的文明与宗教都具有普遍意义的思想倾向，但相比之下，基督教有着更加强烈的将所谓普世理想转变为现实的愿望。因此，经过一代又一代基督徒的虔诚信仰与传教士的传播，普世主义思想成为基督教文明中的一股重要思潮，并且逐渐演化成为大多数欧洲人共有的精神信仰。

在古罗马帝国时期，基督教会开始大力宣传和推广所谓普世价值，世俗统治者也改变了最初对基督教进行打压与迫害的态度，转而与教会携手合作，利

---

① ［意大利］弗里奥·塞鲁蒂. 欧洲人的政治认同？［M］. 马胜利，邝杨. 欧洲认同研究. 北京：社会科学文献出版社，2008：42.

② ［意大利］弗里奥·塞鲁蒂. 欧洲人的政治认同？［M］. 马胜利，邝杨. 欧洲认同研究. 北京：社会科学文献出版社，2008：42.

用宗教的普世观念，加强并扩大其统治。基督教文明在中世纪成为欧洲最主要的社会意识形态，实现了欧洲世俗权力传统的政治观念与教会对同一精神信仰的追求的同步，欧洲大一统观念随之应运而生。

统一的欧洲观念的形成，并不是仅靠内部因素就可完成，主体身份认同的认知与建构离不开外在的他者的映射。11—13世纪的欧洲十字军东征，从文化的角度可以视为一场欧洲文明与伊斯兰文明的对峙，也是欧洲大一统观念的生动诠释。伊斯兰国家作为一个典型的他者形象，促进了欧洲自身的身份认同。中世纪后期，教会权威的垮台，在欧洲诸国分裂割据的混乱格局中兴起的民族主义和民族国家，使得欧洲大一统的观念遭到削弱，但世俗化之后的所谓普世思想，依然得到了启蒙运动的支持。"按照启蒙思想家的理性标准，几乎所有的非西方国家和地区都处于非文明社会阶段……因此，文明的西方人有权利和义务去教育他们，去统治领导他们，使他们逐渐进步到文明阶段"①。基于此，这种所谓普世思想非但没有和民族主义针锋相对，反而作为引导欧洲人对外扩张的行动纲要与精神驱动力，在民族国家之间延伸到海外的激烈竞争中，为欧洲的殖民侵略者和帝国主义者粉饰着他们的不光彩行径。

所谓普世价值，指为某些群体所共享的价值观念，并被认为是具有可推广的合法性与合理性。到了近现代，欧洲的这种所谓普世价值，追根究底是他们对普遍理性的推崇。对理性的推崇也驱使欧洲人从古希腊的根上去找寻自己的身份，建构欧洲文明。欧洲的所谓普世价值，是欧洲的共同命运、共同情感和政治一体化的重要基础。欧洲历史发展过程中积淀并延续下来的物质、文化、思想、宗教、社会等遗产，构成了这种普世价值的大体框架与核心内容。然而，在欧洲近代资本主义发展的过程中，尤其是民族国家和民主制度形成之后，这种所谓普世价值究竟是得到了认可和强化？还是遭到了削弱？其地位的变化对欧洲一体化和共同命运的构建，究竟产生了什么样的影响？这些都是值得探究的问题。

（二）进入现代社会的欧洲普世思想

15世纪以后，随着新技术通过伊斯兰国家源源不断地传入，欧洲开始迈入一个崭新的发展时期。与旧世界慢慢挥手告别，欧洲人通过开辟的新航海路线，乘风逐浪，开始探索与发现未知的新世界。在15—18世纪这段漫长的历史中，欧洲人经历了最终奠定世界霸主地位的重大转折，而其所谓普世思想在

---

① 李尔平. 论普世主义与欧洲一体化［J］. 学术探索，2003（10）：36—39.

这些关键的时间节点也表现出独特的形态。

地理大发现和启蒙运动是欧洲历史从中世纪走向近代史过程中的重大事件。前者为后来欧洲一系列的航海运动、海外殖民扩张和帝国主义的形成拉开了序幕，也使欧洲人的视野与眼光从向内转而向外。而发起并推动启蒙运动的知识分子和社会精英们，则从古希腊罗马文明和文艺复兴的遗产中提炼出民主、科学、理性的欧洲文明形态特质，进而将欧洲文明推崇为文明的典范和放之四海而皆准的所谓普世价值。带有欧洲观念的所谓普世价值通过内部与外部的结合，为欧洲在全世界的进一步扩张提供了合理性依据，制造出了自欺欺人的效果。

伴随着地理大发现、海外扩张和启蒙运动，欧洲在 17—18 这两个世纪进入资本主义发展的前期，无论是内部转型变化，还是对外扩张影响，这两个世纪成为西欧发展的关键节点。这一转型期也是欧洲内部战争连绵的时期，只不过这些战争的性质开始发生了显著的变化。"战争从过去的宗教战争、王朝战争逐步地转向国家体系、国家之间的战争"[①]。"欧洲不再是'王朝的欧洲'，而是国家之间的欧洲"[②]。在向外扩张影响方面，"19 世纪是西方殖民扩张的一个很关键的时期，通过通商、传教等形式西方国家在殖民地建立统治"[③]。内部和外部的种种现实状况、欧洲人思想观念和社会制度的变化，共同形成了19 世纪西欧的近代民主制度。同时，帝国主义的发展与民族国家的形成相互交织，关系纷繁复杂。"近代欧洲以海外殖民扩张为基础建立起来的帝国，国家的民族主义与帝国的普世主义并不是完全对立的，而是在一定程度上巧妙地融合起来了。这就使得由民族国家发展而来的近代欧洲帝国在很大程度上具有民族国家的特征……简言之，它们（近代欧洲殖民帝国）是民族国家时代的帝国"[④]。

帝国的概念是开放的、多元的、不断延伸的。有学者将帝国放入历史长河的演变中进行考察，认为帝国的形式和概念是不固定的，变化多义的，是西方文化的某种话语和思维方式。但是，这种话语和思维方式带有明显的道德优越感和西方中心主义色彩，认为欧洲是文明的典范，对外的战争、征服和扩张是出于"文明的使命"和"道德的责任感"。从马克思主义批评视角来看，帝国

---

① 陈乐民. 欧洲文明十五讲［M］. 北京：北京大学出版社，2004：134.

② 陈乐民. 欧洲文明十五讲［M］. 北京：北京大学出版社，2004：189.

③ 陈乐民. 欧洲文明十五讲［M］. 北京：北京大学出版社，2004：196.

④ 刘文明. 帝国概念在西方和中国：历史渊源和当代争鸣［M］//刘新成. 全球史评论第十五辑. 北京：中国社会科学出版社，2018：13—14.

主义与商品生产、金融资本等资本主义基本要素密切相关，"发达资本主义国家在其内部垄断化过程中，日益整合内部政治和经济结构，使得资产阶级和国家机器联合起来"①。帝国主义发展的巅峰，即国家资本主义，实质上推行和采用的是一套关于金融资本的政策，在殖民扩张和西欧各帝国主义国家竞争不断加剧的过程中，日趋"国际化"与"民族化"。

从上述观点来看，帝国主义与民族国家的概念是有所对立的。帝国是多元、延展并吸纳的，而民族国家以边境线为势力范围的界限，同化境内民众而排斥境外者，努力建构基于单一领土之上的单一民族为主的独立的政治共同体。因此，自罗马帝国以降的普世帝国观念，开始向民族国家观念转变。而伴随着民族国家兴起的海外殖民扩张和殖民帝国主义，其宣扬的所谓普世价值观念必然只是掩饰国家海外竞争、统治海外殖民地的一块遮羞布而已。

17—18世纪欧洲启蒙运动被称为"理性的时代"（the Age of Reason），推崇理性与科学，并且将用于认识自然的理性与科学推及至对人类社会及社会变化的认知。启蒙运动本是发端于思想界和知识界的一场时代之变革，目的是摆脱偏见与迷信，用理性之光点亮人类世界。它的遗产之一是加速了自文艺复兴以来的欧洲社会的世俗化，并强化了个人权利观念。另外，启蒙运动期间，欧洲历史上被宗教统治割断的知识与理论体系得到了承袭、激发和散播。基督教治下的所谓普世世界观演变为了鼓吹关心和了解这个世界的新的所谓普世思想，这与欧洲的民族主义、殖民扩张和帝国主义发展时期交互重叠，其产生的效果便是将欧洲对殖民地的经济掠夺和向全世界的扩张合法化、理论化，甚至美化为了"文明的使命"或"教化的天职"（La mission civilisatrice）。"理性的时代"颇为讽刺地固化了某种非理性的认知偏见与传统：欧洲的文明与非欧洲的野蛮之间的二元对立。19世纪的达尔文生物进化论、基督教的宗教遗风，再加上启蒙运动的推波助澜，固化了殖民扩张和帝国主义时期的欧洲的内在优越感，将自己视为文明的最高典范，形成了欧洲中心主义的文明观。

二、普世思想与主体/他者二元对立

从古希腊文明开始，到当代欧洲对建立普遍认同和价值观念的重视，都贯穿并反映着主体/他者的二元对立思维模式。究其根本，欧洲文明和欧洲一体化仍然是围绕欧洲中心观建立起的。以欧洲为中心的所谓普世价值在各个重要

① 李政鸿，曾怡仁. 马克思主义视角下的欧洲一体化［J］. 世界经济与政治，2011（11）：80.

的历史时期，都有其独有的表现形式，但其或虚伪、或狭隘的对立面也总是在他者形象的映射中得以讽刺般地体现。因此，欧洲人根深蒂固的二元对立思维模式，不仅与欧洲人宣扬的所谓普世精神相违背，更直观地反映了欧洲自我文化认同的缺陷与障碍。

（一）殖民扩张与帝国时代的欧洲中心主义

从欧洲自诩的普世价值诞生之初，二元对立的思维模式和欧洲中心主义观念基因，就一直深嵌其中。15—17 世纪，欧洲由于科学技术的突飞猛进，从而实现了航海技术的突破，在新大陆的冒险为欧洲人换回了大量的黄金白银，也为欧洲成为世界霸主奠定了关键的物质基础。在这种情况下，充盈的物质感和无限膨胀的欲望，驱使欧洲人迫切地"需要论证，它那根植于基督教和古希腊罗马的文明高于世界其他一切文明。只有凭借这种信念，才能要求一切和欧洲国家对抗的文化都接受欧洲的优越性，从而接受欧洲的经济政治控制。这样，欧洲才能为 16 世纪以后在海外建立殖民帝国找到合理并且合法的依据"①。

"西方的'帝国'一词源于古代罗马的 imperium，其含义经过中世纪基督教社会的继承发展，一直延续到近现代的西方，作为一种'帝国的理念'贯穿于整个西方文化中"②。从帝国概念的起源可以看出，一方面它始终与一种至高无上的统治权紧密联系在一起；另一方面也指这种统治权之下一片生活着多个民族的辽阔领土。因此，罗马帝国不仅拥有了其统治的合法性和正统性，也兼具了所谓普世理念，这"恰好与基督教会把基督教世界视为一个整体的'基督教世界'（Christendom）理念相吻合"③。实际上，"西方帝国观念中的普世主义，从思想史的角度来看，最早源于亚历山大帝国的希腊化，将希腊文明视为一种普世文明，它遍布于文明世界"④。而到了近代帝国主义扩张与殖民时期，西方人又以教化野蛮民族为文明使命，为自己的帝国主义的行为寻找合法性。这种我们/他者二元对立造成了西方中心主义和帝国主义意识形态的普世统治观念。罗马帝国和中世纪基督教普世思想留下的遗产，与近代民族国家的

---

① ［荷兰］彼得·李伯庚. 欧洲文化史［M］. 赵复三译. 南京：江苏人民出版社，2012：324.

② 刘文明. 帝国概念在西方和中国：历史渊源和当代争鸣［M］//刘新成. 全球史评论第十五辑. 北京：中国社会科学出版社，2018：25.

③ 刘文明. 帝国概念在西方和中国：历史渊源和当代争鸣［M］//刘新成. 全球史评论第十五辑. 北京：中国社会科学出版社，2018：8.

④ 刘文明. 帝国概念在西方和中国：历史渊源和当代争鸣［M］//刘新成. 全球史评论第十五辑. 北京：中国社会科学出版社，2018：9.

帝国主义殖民活动交互叠合，共同掩盖了西方帝国主义国家殖民扩张掠夺的本性，反而通过宗教、自由经济、贸易、文明撒播、责任担当等大加粉饰与颂扬。

在欧洲加剧向外扩张、经济和军事实力迅速提升的历史阶段，精神和文化信仰的加持，为欧洲人非正义的掠夺行径披上了一层正义与神圣的外衣。文明、文化、教养、道德、使命等具有正向色彩的词汇，成为那一时期欧洲的代名词。实际上，欧洲在物质条件、社会发展和文化自信心方面的大步跨越，都离不开来自其他文明体系的影响和贡献。东方文明如亚洲、阿拉伯国家、东罗马拜占庭帝国在文化、商业、技术等领域对欧洲的输入，不仅活跃了欧洲的商业经济与社会，也大大推动了欧洲人的科学思维的发展。美洲则为欧洲提供了商品、消费和市场。非洲的黑人奴隶为欧洲及美洲的开发提供了大量的劳动力。欧洲人通过与其他文明在经济、技术、文化、人员等方面密切交流而逐渐富有起来之后，这些累积起来的财富、金钱和军事威力迅速转化为欧洲的权势，"欧洲国家从权势中产生了优越感……这种优越感又把向外扩张看成欧洲的'使命'，用它来为向外扩张、征服更大的地区作辩护"①。欧洲国家通过精心包装的"使命"来推行所谓的普世价值，意欲"帮助"其他国家进化为所谓"文明"的国度。这种欧洲中心主义文明观始终以他者作为对立面，来映射出自我文明的高贵。

在当代语境中，所谓普世思想已经从古希腊的一种哲学派别、基督教的信仰理念演变为主导与支配时代的一种意识形态，从而具有了政治和社会功能性。一直以来，"欧洲人的思想把普适性奠基于一种特殊的人类主体观念"②，在欧洲人头脑中的这种人类主体观念，长期以来都带有欧洲中心主义认同的偏见。再加上启蒙运动、工业革命和帝国主义时代的推波助澜，欧洲人将这种所谓普世主义思想从历史中剥离出来，使其成为一种纯粹理性和实践理性相结合的，并相互强化的产物，产生了文明优劣论、主体与他者的支配与从属关系。欧洲以外的其他土地上孕育的文明统统都是次于欧洲文明的，欧洲人从欧洲以外的他者那里，不仅获得了特殊的优越感，并以此建构着具有支配性的主体身份。究其本质，所谓普世思想的目的是消灭一切个性和异己，压迫反抗与斗争以维持统治者的支配地位。因此，普世概念的初衷与欧洲倡导的所谓普世思想

---

① ［荷兰］彼得·李伯庚. 欧洲文化史［M］. 赵复三译. 南京：江苏人民出版社，2012：316-317.

② ［瑞典］斯蒂芬·乔森. 普世主义的意识形态［J］. 孙海洋译. 国外理论动态，2012（06）：49.

南辕北辙，"诉诸普世主义来维护西方文化优先性的做法恰恰背离了普适性，相反，诉诸普世主义来取消西方文化的优先性却是一种实现其自身的方式"①。

（二）民族国家新形态中的二元对立思维

民族国家的观念最早产生于中世纪的欧洲，但"直到 18 世纪末，西欧从中世纪以来的普世主义思想才发生变化，出现了'欧洲列国'的概念"②。特别是美国《独立宣言》（*The Declaration of Independence*，1776）的诞生和法国大革命（The French Revolution，1789）的爆发，将民族国家意识置于欧洲人的政治焦点。国家是以边界为基准的法律实体，同属一个民族的事实基础，为生活在边境线以内的、拥有共同的语言和文化的人们提供了统一的价值标准。二者的结合——民族国家，既拥有了法律实体，同时也获得了民族主义概念为其注入的团结与统一的精神内核与价值。"民族国家的意思，就是大体上一种统一的语言，一种基本的文化，一种大体上的领土，然后一个国家主权"③。哈贝马斯区分了民族国家形成的两种形式。一种是基于历史上的国家实体，民族的构成正好与国家的边界重合。另一种是通过军事和政治的强硬方式确认国家的边界，从而在此基础上进行民族的建构。并且，民族国家"是欧洲文明史的一个特点，在其他地方没有"④。实际上，民族国家的形成具有鲜明的自上而下的建构意义与意识形态色彩，然而，"欧洲各国都从国家的观点来重新撰写历史，把国家说成是民族和社会在政治结构上的自然形式"⑤。因此，欧洲民族国家的观念就如同一把双刃剑，除了有凝聚和黏合相同文化、宗教、语言背景的欧洲人的作用，也具有排他性，将非我族类视作他者，或敌对，或冲突，或竞争。自 18 世纪末欧洲各国致力于构建民族国家体系以来，文学、艺术、历史等各领域中都掀起了民族文化运动。"这种民族文化运动的根本原因在于要保持国家内部的统一与安宁，然后才能推行某种对外政策，在日益扩大的国际市场上保持领先的地位"⑥。

民族国家的蓬勃发展和超群的凝聚力，也催生了民族主义的诞生。民族主义概念最早由德国哲学家约翰·戈特弗里德·赫尔德（Johann Gottfried

---

① ［瑞典］斯蒂芬·乔森. 普世主义的意识形态［J］. 孙海洋译. 国外理论动态，2012（06）：50.
② ［荷兰］彼得·李伯庚. 欧洲文化史［M］. 赵复三译. 南京：江苏人民出版社，2012：425.
③ 陈乐民. 欧洲文明十五讲［M］. 北京：北京大学出版社，2004：86.
④ 陈乐民. 欧洲文明十五讲［M］. 北京：北京大学出版社，2004：86.
⑤ ［荷兰］彼得·李伯庚. 欧洲文化史［M］. 赵复三译. 南京：江苏人民出版社，2012：425.
⑥ ［荷兰］彼得·李伯庚. 欧洲文化史［M］. 赵复三译. 南京：江苏人民出版社，2012：427.

Herder）和法国的奥古斯丁·德巴鲁尔（Abbe Augustin de Barruel）在 18 世纪末提出。进入 21 世纪，早期的文化民族主义思想传统，已经转变为"一种不可或缺的意识形态，表达了集体自治、文化认同、国家统一等多种目标和主张"①。民族主义与更古老的、诞生于西方政治哲学范畴中的世界主义，在历史上的大多数时期里都是相互对立的思想传统与意识形态。世界主义思想道德的终极关怀是人类个体，并将个体看作拥有平等价值与社会地位的世界公民。而民族主义则带有明显的排他性，并在民族和文明体系的比较中，形成了优劣之分。虽然现有的相关研究衍生出了具有差异性的民族化世界主义（参见王云芳一文）的观点，试图找到双方的共同之处，融合对立的两方，发展出更具有包容性的全球性战略，但是在历史上，尤其是在欧洲帝国主义发展如日中天的时代，欧洲文明的自我优越感和对他者文明的蔑视，完全凌驾于在西方已存在数千年的世界主义理念之上，又或是以帝国主义的所谓普世价值加以粉饰，来试图抹杀文明的多样性与相互平等的地位。帝国主义在全球范围的势力划分与财富争夺战，追根究底，是民族国家竞争白热化的体现。

三、普世思想与多元统一的欧洲认同观

在以《想象的共同体：民族主义的起源与散布》（*Imagined Communities：Reflections on the Origin and Spread of Nationalism*，1983）一书作者本尼迪克特·安德森（Benedict Richard Anderson）为代表的现代建构主义者看来，"国家和民族是一种想象的共同体，是一种构建的结果，并非客观的、先验的"②。民族国家在事实上已然形成一个政治经济文化的高度综合体，想要超越这一综合体的范畴，或是建构新的欧洲认同和制度化实体，亟须找寻到有别于民族国家认同的新的集体认同作为突破口。诸如马克斯·韦伯（Max Weber）、哈贝马斯（Jürgen Habermas）等，分别强调了政治领域中的"信仰构建"、合法性原则、宪法爱国主义、公共领域中的交往理论，都从文化的角度来试图建立欧洲认同。"欧洲文化认同的建立必然要面临多元文化的冲突、利益的冲突、民族和宗教信仰的冲突等诸多社会问题。不过，强调多元共存的理念或者普世的价值观，能否构建起稳定、具有持久性的欧洲文化认同，

---

① 王云芳. 民族化世界主义：理论、现实与未来［J］. 国际政治研究，2018（06）：74.

② 余冬林，任国斌，刘绪荣. 近十年欧洲认同研究综述［J］. 文化软实力研究，2018（06）：92.

学者对此意见不一"①。

欧洲本来只是地理概念，原生的欧洲一直处于生态组织的无政府状态里，其内部是由大大小小的文化个体集合组成，"所有通过理想化、抽象化和简化欧洲的做法都是对欧洲的损毁"②。极力倡导欧洲认同并为之躬身实践的知识分子精英们，对欧洲共同文化遗产的打造与建立，以及力图实现欧洲民族国家的整合与超越，带有一定的理想化色彩。他们期冀将多元的、差异性的欧洲历史、文化、社会、宗教等因素整合并纳入一套统一的制度体系之中，通过凝练出的统一的欧洲精神与认同来团结欧洲民族和人民。欧洲一体化理想体现在欧盟的制度层面上，便是倡导"多元统一"（unity in diversity）的欧洲认同观，欧洲认同旨在与各国民族认同相协调的基础上得到不断的加强和深化。那么，欧洲一体化建设的推进和欧洲认同观念的建构，始终萦绕着一个悖论式的问题：究竟是在抹去真实的欧洲历史与文化，还是一种顺应现实、未来可期的做法？

在现代欧洲认同与欧洲一体化的进程中，多元统一和所谓普世价值观已经成为越来越多的学者关注的焦点。"多元"指欧洲内部诸国林立、民族众多，再加上现代移民与难民大量涌入所形成的文化多元性，"统一"则是欧洲认同与欧盟进一步稳固发展的前提基础。随着欧洲一体化的推动以及程度的深入，欧盟，作为一个巨大的怪物，已经逐渐为欧洲人自身的观念所接受并为之努力建构。欧盟作为欧洲一体化的成果，也宣告"后民族国家结构"的形成和到来。为欧洲一体化做出努力的一大批政治精英和知识分子，希望欧盟成为真正超越民族国家边界的政治实体，推行普遍主义，包容他者，摒弃欧洲历史上长期存在的主体/他者的二元对立和欧洲中心主义观念。欧洲一体化过程中最棘手的问题，就是如何解决民族国家结构和超民族国家政体的矛盾，以及在现实中找寻到新的领域，用新的方式去建构欧洲一体化。

然而，这一认同观因为其思潮与概念本身存在的多义与争议，显得缺乏充分的说服力。一方面，从多元文化主义的内涵和对多元文化主义的批评来看，在很大程度上本是为了解决种族、民族历史矛盾的多元文化主义，被诟病为"仅仅是掩盖财富和权力的潜在不平等的一种假象"③。另一方面，多元与统一本身就是一组对立的概念。对文化多样性的保护与颂扬，必然与具有同化主义色彩的统一理想相互抵触。在全球化进程中彰显出的文化多元主义，如今正在

---

① 余冬林，任国斌，刘绪荣. 近十年欧洲认同研究综述［J］. 文化软实力研究，2018（06）：92.
② 徐龙第. 解读欧洲文化的特质——埃德加·莫兰的视角［J］. 欧洲研究，2007（01）：128.
③ 张欢. 多元文化主义的概念辨析［J］. 理论与现代化，2018（06）：106.

面临着去全球化浪潮下卷土重来的民族主义的冲击。民族国家的概念及实体已然成型数百年，民众对民族国家的忠诚与依赖等感情基础已根深蒂固。如此看来，从全球化浪潮再到如今的去全球化潮流，民族主义反而得到了进一步的加强。那么，"为了转移这些民族国家和民族的大多数民众的忠诚与认同，并使它们执着于一系列新的共享的欧洲神话、记忆、价值和象征符号，需要建立文化和社会心理的工程，辅之以相关的制度框架，从而在文化和情感空间中来发展一个新的泛欧洲层次上的超级民族的大众认同"①。例如，孕育了古希腊文明和古罗马文明的地中海地区，不仅通过人员、文化、物资、思想等的往来与交融，产生了富饶的物质财富、开放的思想和发达的技术，同时也创造了独特的地中海神话，为历史上亚洲和欧洲的诸多民族提供了重要的精神力量。如今，随着现代欧洲一体化和欧洲认同的建设与推进，古老的地中海神话也需要顺应时势，破除重造，以焕发新的生机和活力。

"二战后的多次移民浪潮，使民族主义的欧洲逐步转变为'多元文化'的欧洲，也使欧洲的传统民族国家逐步转变为多种族国家（polyethnic states）"②。在文化多元化和欧洲认同建构的过程中，欧洲的民族认同遭到了削弱，族群与社会的离心或分裂现象开始出现。因此，一大批欧洲本土的知识分子与社会精英人士，尤其是右翼保守分子，开始质疑并抨击欧洲各国采取的多元文化主义政策。在这一波反多元文化主义的浪潮中，强调主导文化的声音日益突出。"这一主导文化模式的核心是作为国家公民的身份认同，反对政府刻意追求文化的多元迥异……它要求不同文化尊重并接受普世价值观，以此来形成培养社会团结与国家认同的共同精神基础"③。而根据调查结果的显示，支持多元文化主义的哈贝马斯所倡导的宪法爱国主义，在宗教至上的穆斯林移民那里，也遭遇了滑铁卢。基督教文化传统中的四海以内皆兄弟的所谓普世思想，对于"促使欧洲人在经历了数百年的民族主义时期以后，又走上共同发展道路起到了极其重要的作用"④。只不过，所谓普世思想依旧摆脱不了欧洲中心主义思想的桎梏，以欧洲传统文化与价值观为中心的所谓普世价值，在这次现实的对垒中再次得到印证。

---

① 洪霞. 后民族时代的欧洲民族国家——一个难以超越的历史阶段 [J]. 学海，2019（05）：181.
② 鲍永玲. 欧洲国家民族认同之建构——以主导文化为核心的新移民文化政策 [J]. 学术界，2019（07）：171.
③ 鲍永玲. 欧洲国家民族认同之建构——以主导文化为核心的新移民文化政策 [J]. 学术界，2019（07）：173.
④ 李尔平. 论普世主义与欧洲一体化 [J]. 学术探索，2003（10）：37.

结语

所谓普世价值并非字面意义上的普世，而是带有西方中心论色彩的价值取向，并被西方国家利用来将文明定义的价值和规范强加于非西方国家与文明，成为区分自我与他者的工具，并以文明的普遍价值观念，赋予自我征服与同化他者的权力。

所谓普世和普世思想深深植根于西方的基督教传统之中，其最初的使用者和推动者都是基督教会。从宗教范畴上探讨所谓"普世主义"的源头时，"如何界定'自己'与'他人'是催生'普世主义'的核心问题，这是理解'普世价值'的关键"①。即使是宗教改革和启蒙运动，它们虽然抨击的是教会的垄断地位以及对世俗权力的支配，却也以各自的方式继承了基督教世界观和基督教信仰的所谓"普世性"。"中世纪时，基督教的信仰是'普世'的，在'理性时代'，理性及建基于理性的种种规则是'普世'的，这就是'普世价值'的由来"②。

随着地理大发现和大航海时代的开启，改弦更张的基督教信仰中的所谓普世思想逐渐世俗化，成为西方帝国手中的思想工具，服务于它们的多种政治、经济、社会和文化利益，并为帝国的殖民活动提供了合法性依据。因此，"自启蒙运动以降的世俗化过程中，'普世主义'被赋予了新的内涵，但是，它无法脱离基督教文明的背景，并继续承担着西方文化认同根基的功能"③。即使当代的欧洲认同与欧洲一体化思想与实践，依然从所谓普世思想与普世价值的文化传统中汲取营养。因为"一个政治共同体要存在，至少能把成员和非成员区分开来，'特性'是群体认同的核心内容。建立欧洲认同的关键是明确界定欧洲何以为欧洲"④。作为欧洲文化传统与文化认同历史中一以贯之的观念，所谓普世思想想象并塑造出了一个与欧洲文明相比，自始至终都有着缺陷并劣等的他者形象，然而，这同时也折射出了欧洲文化认同的先天不足与心理障碍。

（作者为四川大学外国语学院博士研究生，中国武警警官学院基础部讲师。研究方向为西方文化研究、加拿大文学文化、英语教育教学）

---

① 张泠. "普世价值"与双重标准：一个西方文化的悖论 [J]. 域外观察，2020（01）：131.
② 张泠. "普世价值"与双重标准：一个西方文化的悖论 [J]. 域外观察，2020（01）：132.
③ 张泠. "普世价值"与双重标准：一个西方文化的悖论 [J]. 域外观察，2020（01）：130.
④ 赵光锐. 哈贝马斯的欧洲认同思想评析 [J]. 国际论坛，2018（03）：50.

▶ "一带一路" 文艺研究

文学人类学视域中的印尼女作家阿尤·乌塔米小说探析

◎周启宇

【摘　要】　阿尤·乌塔米是印尼当代著名女作家，被誉为新时期印尼文化的传播者与代言人。她因 1998 年出版小说《萨曼》而轰动印尼文坛，小说带有浓郁的爪哇文化印记。2008 年，乌塔米凭借小说《数字"Fu"》获得赤道文学奖，小说根据她在爪哇山区的游历书写而成，包含大量流传于爪哇地区的历史故事与神话传说，书中也记录许多爪哇民俗文化与宗教仪式。因此，在文学人类学视域中审视乌塔米的文学作品，有助于我们从跨学科的视角探究印尼文化与社会。

【关键词】　文学人类学；印尼文学；阿尤·乌塔米；原始信仰

　　所谓人类学小说，与一般意义上的小说最大的不同就是它体现着一种人类学的思想，表现的主题是人类学所关注的原始、异族、文化他者等。西方人类学小说主要借助小说这一文学体裁来反观自身文明，其源头最早可以追溯到资本主义发展之初的小说作品，如《格列佛游记》《鲁滨逊漂流记》等。第二类人类学小说是人类学家以小说叙述方式撰写的人类学田野报告或深入异文化进行考察而做的田野笔记，如社会人类学家、结构主义人类学创始人列维·斯特劳斯的人类学著作《忧郁的热带》（*Tristes Tropiques*）。还有马林诺夫斯基在长期的田野工作（fieldwork）基础上以民族志的方式阐述理论主张的《西太平洋的航海者》（*Argonauts of the Western Pacific*）。第三类人类学小说以反映巫术、神秘主义，崇尚人的精神与自然和谐为主，体现了深刻的人类学思想，如詹姆斯·莱德菲尔德融灵性知识、惊险小说、神秘文明、冒险故事为一体的经典之作《塞莱斯廷预言》（*Celestine Prophecy*），卡洛斯·卡斯塔尼达记录自己跟从巫师唐望学习巫术的笔记作品《前往伊斯特兰的旅程：巫师唐望的世界》（*Journey to Ixtlan：the Lessons of Don Juan*）等。这类作品在极具神秘主义色彩的基础上，对现代资本主义工业文明充满反思，人类学意味浓烈。①

但人类学小说并不为西方所独有。阿尤·乌塔米（Ayu Utami，1968—）是印尼当代著名女作家，被誉为新时期印尼文化的传播者与代言人。她因于1998 年出版小说《萨曼》（*Saman*）轰动印尼文坛，小说因出版于苏哈托下台前十日且带有大量抨击时政、触碰宗教等禁忌话题的内容而被誉为象征印尼改革时代精神解放与自由的代表作。2008 年，乌塔米再次带来 500 多页的长篇巨作《数字"Fu"》（*Bilangan Fu*），并表示这部小说带有"批判的精神主义"（spiritualitas kritikal）的气息，小说荣获当年印尼赤道文学奖（Kusala Sastra Khatulistiwa）。小说根据乌塔米本人在爪哇山区的游历书写而成，包含大量流传于爪哇地区的历史故事与神话传说。小说主人公身边还发生了大量难以用常理解释的灵异事件，小说同时对爪哇地区的民俗文化与宗教仪式进行记录。乌塔米在书中提出三大批判的主题，即倡导功利主义的现代性、侵蚀原始信仰的一神论以及滋生贪腐的军人政治。② 此外，她还在书中以鲜明的人类学视角对爪哇山林的开垦与古老文明的远去表达慨叹。因此，《数字"Fu"》是一部人类学意味浓烈的文学作品，而乌塔米的成名作《萨曼》同样带有浓郁的爪哇文化印记，《数字"Fu"》的续篇《爪哇往事》（*Manjali dan Cakrabirawa*）承载了"批判的精神主义"的气息。因此，从文学人类学视角对乌塔米作品进行审视，有助于我们从跨学科的视角探究印尼文化与社会。本文将从神秘的原始信仰、远古的神话传说与批判的哲学思辨三个方面对乌塔米小说进行人类学视角的剖析。

一、神秘的原始信仰

印尼是一个以穆斯林为主体的社会。据 2010 年人口普查数据显示，印尼

---

① 何延华. 文学人类学视域中的阿来小说研究 [D]. 兰州：兰州大学，2015.
② 周启宇. 印尼女作家阿尤·乌塔米笔下的历史与现实 [J]. 当代外国文学，2018（01）.

2.3 亿人口中穆斯林约占 87%。[①] 但伊斯兰教并非印尼国教。印尼共和国建立之初，宗教以两种形式确立：建国五基（Pancasila）中的第一条即为"信仰唯一的神道"，[②] 同时 1945 年宪法中有着确保宗教和信仰自由的内容。[③] 因此，印尼社会有着以伊斯兰教为主体的多元化宗教信仰。除了伊斯兰教、天主教等世界性宗教以外，印尼还有"融合了印度教、伊斯兰教和东南亚本土元素的爪哇传统信仰"。[④] 爪哇传统信仰秉持兼容与和谐的价值观念，因而能够与伊斯兰教等多种宗教和谐共存。[⑤]

在印度教和佛教传入爪哇后，爪哇人便将这两种宗教与他们的原始宗教文化相结合，后来又将伊斯兰教、基督教等宗教兼容并包，形成了吸收多种宗教文化又带有原始的万物有灵论色彩的爪哇传统信仰。[⑥] 在小说《萨曼》中，萨曼母亲就似乎拥有爪哇传统信仰的神秘力量。[⑦] 她是一名有着天主教信仰的爪哇传统贵族妇女，她的精神信仰体现爪哇传统信仰兼容并包的价值观念。

> 萨曼的母亲是一位用常理无法解释的爪哇传统贵族妇女……他的母亲尽管会在周日去教堂，却也虔诚地供奉着克里斯剑和一些古老的物件。（Saman，46）

克里斯剑是爪哇传统信仰的体现。萨曼母亲并不是虔诚的天主教徒，因为她还秉持着爪哇传统信仰。学者蒂凡妮·曹（Tiffany Tsao）认为，萨曼母亲和屋后的森林世界似乎有着某种深邃而神秘的联系。[⑧] 她曾有三次怀孕都无疾而终，萨曼似乎发现了屋后的森林里住着她"看不见的情人"。萨曼相信，母亲一方面维持着与父亲的婚姻，在现实世界里忠诚于丈夫；另一方面与森林里

---

① 见印尼中央统计局官网，Badan Pusat Statistik "Penduduk Menurut Wilayah dan Agama yang Dianut" http://sp2010. bps. go. id/index. php/site/tabel?tid=321&wid=0. 2010－10－23.

② 原文为 kepercayaan kepada Ketuhanan Yang Maha Esa（belief in the Great and One Divinity）.

③ Julia Howell. Muslims, the New Age and Marginal Religions in Indonesia: Changing Meanings of Religious Pluralism [J]. *Social Compass*, 2005, Vol. 52, No. 4, pp: 473－493/474.

④ Clifford Geertz. Ritual and Social Change: A Javanese Example [J]. *American Anthropologist*, 1957, Vol. 59, No. 1, pp: 32－54.

⑤ 蔡金城. 论爪哇文化的兼容性 [J]. 东南亚研究, 1997 (03).

⑥ 朱刚琴. 试析爪哇伊斯兰教的和谐价值观 [J]. 东南亚研究, 2006 (06).

⑦ Karel Steenbrink. The Reformasi of Ayu Utami: Attacking the Monopoly of the Great Religions [J]. *Wacana*, 2014, Vol. 15, No. 2, pp: 30－41.

⑧ Tiffany Tsao. Postcolonial Life and Death: A Process－based Comparison of Emily Bronte's Wuthering Heights and Ayu Utami's Saman [J]. *Comparative Literature*, 2014, Vol. 66, No. 1, pp: 95－112.

精灵般存在的"情人"保持联系。^① 萨曼母亲相信精灵的存在，相信精神世界与自然世界能够在差异中实现和谐。

> 因为精灵和神灵住在森林里，它们几乎和我们一样。（Saman，49）

爪哇传统信仰中的神灵实质上是万物有灵论的体现。原始信仰中的神灵被认为影响或控制着物质世界的现象和人的今生和来世的生活，并且神灵和人是相通的。^② 然而信仰天主教的萨曼父亲却并不相信精灵的存在。在他看来，"屋后的森林中只有恐怖的蛇"（Saman，46）。

持有原始信仰的人们相信物质世界充满精灵的力量，从而敬畏山林，包括山林里的一切树木、湖泊、动物乃至精灵，因此，爪哇传统信仰使得人与自然和谐地分离而又共存。^③ 这正是爪哇传统文化包容性特点的体现。乌塔米在小说中将两个完全不同家庭出身、宗教背景的人相结合，正是为了展现爪哇传统信仰与世界性宗教和谐共融的局面，体现传统信仰的兼容性。

在小说《爪哇往事》中，乌塔米同样叙述带有印度教色彩的东爪哇传奇故事。玛尔雅追随加迪前往东爪哇卡瓦纳朗（Calwanarang）佛龛遗迹探寻古文物的奥秘。卡瓦纳朗是东爪哇传奇故事中的女性角色，带有浓厚的印度教文化色彩，她的故事在许多东爪哇和巴厘岛的佛龛和神庙中都有记载。

> 卡瓦纳朗的故事是流传于巴厘岛的黑暗故事，巴厘岛从古至今都坚守着印度教传统……然而更加令人敬重的故事版本保存于巴厘岛神庙的经典中。这些传奇经典不能被随意解读……卡瓦纳朗信仰湿婆教。（Manjali dan Cakrabirawa，23－24）

爪哇传统信仰融合印度教文化与万物有灵论等多种元素，倡导和谐共融的价值观念。小说《数字"Fu"》中，在发生洪涝灾害或者灵异事件时，瓦杜固农村（Watugunung）就会在村中巫师的主持下举行名为"Sajenan"的盛大襄灾仪式，以求祛除灾祸，风调雨顺。传统祭祀仪式体现爪哇信仰所强调的人与

---

① Widyasari Listyowulan. Narrating ideas of Religion, Power and Sexuality in Ayu Utami's novels Saman, Larung and Bilangan Fu [M]. Athens: Ohio University, 2010.

② ［英］爱德华·泰勒. 原始文化［M］. 连树声译. 上海：上海文艺出版社，1992：414.

③ ［澳］安东尼·瑞德. 东南亚的贸易时代：1450－1680 第二卷 扩张与危机［M］. 孙来臣，李塔娜，吴小安译. 北京：商务印书馆，2013：190.

自然的和谐，是人向精灵世界祈求庇佑的表现。① 瓦杜固农村的祭祀仪式是盛大的，村民们为了准备仪式不惜耗费大量的人力物力，成年人和孩童都乐于参与其中，表现出对自然和精灵世界的热爱与敬畏。

> 一对由白糯米制成的男女人偶被抬上了轿子。几个男人将轿子扛在肩上同时呼喊着号子。那两个人偶变成了祭祀用的新郎新娘，高高地抬在人群中。它们的脸被涂画过，它们的眼睛圆圆的，嘴唇红润，身上装饰着七朵花。妇女们从昨天就开始忙着打扮它们了，男人们今天则将它们抬到山脚下。孩子们焦急地等待着仪式巅峰的到来，那时两位新人将被"斩首"，它们的脖子将喷出红色的糖。这次仪式比平时要热闹得多……两位"新人"的身型也比往年要大得多，几乎和真的少男少女一样。装饰的花朵也成一团一团，陪祭的黄米饭和其他祭品也要多得多。人们又穿上了传统服饰。妇女们挽上发髻，穿上传统特色的长袖上衣，而男人们则穿上传统服饰或者巴迪克，小孩子们的着装则显得随意。(Bilangan Fu，139)

乌塔米在小说中书写混合着多种宗教元素的爪哇传统信仰，表现爪哇传统价值观所强调的人与自然的和谐，描绘爪哇传统文化所倡导的精神世界与自然世界的统一。爪哇传统信仰是带有万物有灵论的原始信仰。按照爱德华·泰勒的观点，万物有灵论构成了处在最低阶段的部族的特点，它完整连续地发展至现代文化之中。它既构成了蒙昧人的哲学基础，又构成了文明民族的哲学基础。而宗教教义绝大部分掌握在个人或经院手中，它是后来的智力阶段上的变化，与祖先的信仰相背驰或对立。② 乌塔米书写爪哇传统信仰正体现她对爪哇传统文化的关注与热爱。除了原始信仰，神话传说也是乌塔米关注的重点。

二、远古的神话传说

加拿大神学家和文学批评家、人类学家诺斯洛普·弗莱（Northrop Frye）认为，"神话主要是具有一种特殊社会功能的故事、叙事或情节。"③ 这里的特

---

① Wahaya Giri MC. *Sajen dan Ritual Orang Jawa* [M]. Yogyakarta：Penerbit Narasi，2009：15.

② [英]爱德华·泰勒. 原始文化 [M]. 连树声译. 上海：上海文艺出版社，1992：414.

③ [加]诺斯洛普·弗莱. 诺斯洛普·弗莱文论选集 [C]. 吴持哲译. 北京：中国社会科学出版社，1999：227.

殊社会功能主要指神话的仪式功能。对古老的爪哇民族而言，神话能够成为连接人与自然和谐的纽带。在小说《数字"Fu"》中，主人公尤达是一位游历爪哇山区的攀岩爱好者，在瓦杜固农山区结识了地理学专业的大学生加迪。加迪知识储备丰富，对爪哇文化、历史故事、神话传说和宗教哲学都有着深入的了解，在书中更像是乌塔米本人的化身，作者借小说人物表达个人思想是常见的文学创作方式。

在瓦杜固农山区，加迪带着尤达等人来到一座充满裂纹的山体前，山体有着一层层沉淀物形成的岩层。加迪说这些岩层就来自于"桑古里昂爆发"（Eksplosi Sangkuriang），在大约 16 万年至 20 万年前，距离 360 公里之外的火山大喷发形成了著名的"覆舟山"（Tangkuban Perahu）。

> 桑古里昂，也是瓦杜固农，讲述的是男孩和母亲不伦之恋的故事，像俄狄浦斯那样。……一则男孩想要回到母亲怀抱中的神话传说。（Bilangan Fu，50）

桑古里昂的故事在印尼已经家喻户晓，实际上在印尼也流传着这则神话的多个版本。赵宁晗撰写的硕士学位论文《印度尼西亚<桑古里昂>故事异文对比研究》对桑古里昂故事的异文版本有着较为全面的归纳总结。故事的主要模型都是主人公桑古里昂杀死了化身为狗的亲生父亲，爱上了自己的母亲，并向自己的母亲求婚，但最终失败。故事的最后或是桑古里昂踢翻了大船形成了覆舟山，或是桑古里昂引发了天神的愤怒导致洪水暴发，或是桑古里昂大怒破坏了水坝导致洪水泛滥，也有的是地下水喷出形成了湖泊。[1] 总之，故事最后都有人力或神力出现导致自然现象的形成。而对于桑古里昂故事的细节，《数字"Fu"》的表述则是一种常见的版本，即母亲达扬·宋碧（Dayang Sumbi）与儿子桑古里昂相爱后发现真相，遂设法为难儿子最终导致灾害的发生：

> 无论是桑古里昂传说还是瓦杜固农故事，他们都有着相同的主题。母亲与儿子在不知对方是谁的情况下相爱了，发展到甜蜜的一幕出现，母亲爱抚着爱人的头发，发现头上的伤疤。母亲于是问他，儿子回答说，伤疤是母亲打他后留下的……悲伤的故事就从这里开始了。母亲发现这个男人就是她的亲生孩子，于是设法想把他们分开。

---

① 赵宁晗. 印度尼西亚《桑古里昂》故事异文对比研究 [D]. 昆明：云南民族大学，2019.

在桑古里昂传说中，两个相爱的人并没有成婚。为了不让他们结婚，达扬·宋碧提出了难以实现的"礼金"。她让桑古里昂在湍急的吉塔罗姆·普尔巴河上建成水坝，用水坝拦截河流形成湖泊，所有的一切还必须在一夜之间完成。不仅如此，桑古里昂还需要建成一艘大船以让他们二人在船上相爱，这一切也必须在一夜之间完成，因为第二天他们二人将驾驶着大船在宽阔的湖水上相爱。但这一切也不过是滑稽的梦幻罢了。(Bilangan Fu，54)

故事最后，桑古里昂差点完成了"难以实现的礼金"，但是达扬·宋碧一直设法干扰他。故事的结局便是桑古里昂踢翻了大船，导致了覆舟山的形成。人力或神力的出现导致自然现象形成，实际上是远古人民对自然的想象。远古时代，人类生产力水平低下，对于一些自然现象无法用科学解释，只能借助幻想和想象，用拟人化的方式来描述客观世界。除了桑古里昂故事，《数字"Fu"》还记录了瓦杜固农山区版本。加迪在讲述时告诉尤达一行人，不能用现代的眼光看待古代的传说。当然，他也指出，瓦杜固农山区版本的桑古里昂故事应当只是一种"变体"（derivasi）。作为巽他族故事的桑古里昂传奇应当比爪哇大地流传的瓦杜固农故事更加久远。

瓦杜固农传奇和桑古里昂有些不同。在瓦杜固农传奇中，两个不伦之恋的爱人——普拉布·瓦杜固农和德薇·辛塔——已经成了国王与王后。也就是说，他们二人结婚了……为了分开彼此，德薇·辛塔，像达扬·宋碧那样，也向普拉布·瓦杜固农提出了不合常理的条件。虽然要求的内容各有不同，但同样引起了灾害发生。德薇·辛塔想要天国中所有的仙女做普拉布·瓦杜固农的妾。妻子愿意纳妾，这看起来是让丈夫高兴的事，但问题就出现在纳妾上。仙女们不会主动献出自己；她们需要通过战争的方式抢夺过来……于是乎，普拉布·瓦杜固农出征天国并引发了骚乱。(Bilangan Fu，55−56)

作为地理学专业的大学生，加迪会通过地理学的视角来解读神话。在他看来，桑古里昂故事是有地理学渊源的，它讲述了历史上不被记载的万隆附近的地表变化。除了现今存在的覆舟山外，桑古里昂故事中还有一处短时间内形成的湖泊，然而这个湖泊如今已经不存在了。

　　"没有一个石碑或是历史资料记载了万隆附近存在过大湖，只有桑古里昂传奇指出了这一点。"加迪满是兴奋地说。除了桑古里昂，事实上地表也是有记录的，并且地表的记录还证实了桑古里昂故事的真实性。地理学家和考古学家们后来发现了证据证明万隆在 16 万年到 1 万 6 千年前就是一处巨大的湖泊。并且，与桑古里昂故事相吻合，这个湖泊极有可能也是在火山爆发后的短时间内形成的。火山喷发的巨大威力几乎让一切都垮塌了，喷出的石头形成堤坝拦截住了吉塔罗姆·普尔巴河。这样一来，大湖就在短时间内形成了。而后，还出现了一座像是倾覆的船只一样的小山，现今就被称作覆舟山。在现代地理学中，那处大湖被称作万隆湖，形成于 16 万年前，在大约一万六千年前消退了。也就是说，从一万六千年前以来，都没有人亲眼见过那个大湖了。（Bilangan Fu，57）

　　了解桑古里昂故事地理学渊源后，尤达便思索桑古里昂传奇最早是什么人开始讲述的。在他看来，至少在一万六千年前就有这个故事了，甚至形成的时间更早。加迪仿佛看穿了尤达的心思，于是指出桑古里昂传奇形成的时间将会长期是个谜题。赵宁晗在他的论文中指出，他进行了田野调查同时收集了大量资料，对 9 种异文故事作了对比分析并探讨了其中原因，但是对于桑古里昂故事的起源则无法探寻。可见，尽管有着地理学知识的吻合，桑古里昂故事的起源确实是难以考证的难题。

　　除了家喻户晓的桑古里昂传奇之外，小说《数字"Fu"》还写出了另一则爪哇巽他民族的神话故事——姬杜尔女王（Nyai Ratu Kidul）传说，也常被认为是爪哇南海女王传说。与桑古里昂传奇相比，姬杜尔女王神话则充满了神秘、浪漫与政治色彩。

　　《爪哇史话》就是这样讲述的。据说，麻若巴歇王朝由巴查查兰的王子拉登·苏苏鲁建立，他的父亲做了恶行，愚弄并杀害了一位苦行者，而王子则输掉了战争。在逃亡途中，这位王子在科榜山遇见了另一位苦行者，如今人们已不知科榜山在何处。王子藏身在这位苦行者身边并拜他为师，但故事开始并没有说明他是男是女。（Bilangan Fu，45）

　　印尼语中的第三人称代词 dia 和 ia 都没有性别的区分，爪哇语中的第三人称代词则是 dhweke 或者 iku，也没有性别区分。因此，无论是加迪阅读的爪哇语版的还是尤达后来阅读的印尼语版《爪哇史话》都无法从人称代词上体现苦行者的性别。但是，加迪后来又讲述说，这位苦行者拥有变成任意性别的神力，而统治爪哇岛的王将成为她的丈夫，熟悉爪哇神话的人都知道她就是南海姬杜尔女王。

有关拉登·苏苏鲁的故事，小说《数字"Fu"》在后文中又进行了更为细致的讲述。加迪还提醒道，《爪哇史话》不是现代史书，不应当用现代的眼光来看待它，不能认为它是"空话、胡编乱造或无中生有"（Bilangan Fu，220）。加迪认为，在神圣经典中，内涵意蕴比资料的真实更重要。

《爪哇史话》记载，巴查查兰的国王热衷于打赌，有一次和苦行者打赌却在最后杀害了他。因为这一暴行，巴查查兰国王受到诅咒，他将被自己的嫔妃所生的儿子杀死。听闻这一诅咒，巴查查兰国王下令将他所有嫔妃所生的儿子都毒死、杀害、肢解。然而有一个婴儿长相英俊，仿佛闪烁着月光。宫女们不忍心杀了他，她们就将他放在箱子里，漂流在卡拉望河上。后来，婴儿被渔民发现，渔民因他小时候喜爱与鸟儿和猴子做朋友，便给他起名希甬·瓦纳拉（Siung Wanara）。希甬·瓦纳拉成年后，回到宫中杀死了他的父亲，替代他成为巴查查兰国的国王。然而死去的国王有一位王子，就是拉登·苏苏鲁。在一场战役中，希甬·瓦纳拉打败了拉登·苏苏鲁，而后驱逐他离开巴查查兰国。拉登·苏苏鲁于是离开西爪哇向东而行，在科榜山遇见了姬杜尔女王。

> 被巴查查兰王国驱逐，拉登·苏苏鲁向东而行，缓缓地离开了爪哇岛西部。在路上他来到科榜山，这个地点现已无处可寻，大概是神话中的山名。这座山绝没有塞梅鲁或是莫拉皮火山那么大，但它却是精灵、鬼魂和小妖精的王国。在山顶上有一片木麻黄树林——它说明这座山不高或是有火山口。在树林中有一棵树高高耸立。就在这片树林中，居住着一位拥有神力的苦行者，爪哇大地上所有的精灵都臣服于他。（Bilangan Fu，221-222）

这位苦行者告诉拉登·苏苏鲁，谁成为爪哇大地的国王，谁就是她的丈夫。那时，爪哇大地上所有的精灵也将效忠于他。而拉登·苏苏鲁将在爪哇岛的东部遇见"一棵只结有一个果实的苹果树，它的果实是苦涩的，因此他将自己在那里兴建的王国命名为'麻若巴歇'"（Bilangan Fu，222）。"麻若巴歇"（Majapahit），意为苦涩的苹果树。在加迪看来，人们已无从考证古人对爪哇南海的认知了，就像桑古里昂传奇一样，人们对姬杜尔女王神话的起源依然无法探寻。

麻若巴歇王朝信奉的是印度教和佛教，麻若巴歇王朝覆灭后其继承者们建立了马打蓝王朝，君主们皈依伊斯兰教。尽管改信了伊斯兰教，姬杜尔女王的传说和信奉依然保留在爪哇地区。在《数字"Fu"》中，加迪又讲述了《爪哇史话》所记录的马打蓝王朝的第一位国王巴楠巴汗·瑟纳巴迪（Penambahan Senapati）与姬杜尔女王相见的故事。

> 据说，为了取得作为国王的神力，巴楠巴汗·瑟纳巴迪在一处凸向南海的礁石上苦行……他的修炼让海洋波涛汹涌，南海女王从海底而来，乘着金车，带着风和雨。姬杜尔女王邀请巴楠巴汗·瑟纳巴迪到她的海底王宫去，他们于是破浪而行。（Bilangan Fu，256）

但是，伊斯兰教强调一神论，它的到来，似乎让姬杜尔女王神话也发生了改变。在印度教占主导地位的麻若巴歇王朝时期，南海女王被刻画为拥有强大神力的苦行者，不仅身份多样，而且可以赋予麻若巴歇国王的统治合法性。然而，也许是受到伊斯兰教的影响，南海女王的身份在马打蓝时期发生了简化，地位甚至被"降低"了。

> 但是，现在当南海女王再次展现在巴楠巴汗·瑟纳巴迪眼前时，文学创作者将她的形象简化为掌管海洋和精灵的美丽女王。她不再是赋予爪哇国王统治合法性的少女，而是爱上国王的一个女人，是巴楠巴汗返回马打蓝后饱受相思之苦的一个妻子。她不再是王权合法性的赋予者，她的地位被降低，她只是一位陪侍在旁的女王。（Bilangan Fu，258）

加迪表示，《爪哇史话》中姬杜尔女王与马打蓝第二位国王苏丹·阿贡（Sultan Agung）见面是最让他感动的部分。但在这一部分内容中，姬杜尔女王已不再是爪哇大地统治者权力的赋予者，而仅仅只是一位国王的王后，且以精灵的形式存在在南海海底的宫殿里。姬杜尔女王希望苏丹·阿贡与她在海底生活，苏丹·阿贡却以"他是人类，而女王与人类不同"为由拒绝了她。听闻自己与人类不同的说法，姬杜尔女王伤心欲绝。苏丹·阿贡离开姬杜尔女王回到马打蓝王国后便去世了。而伤心的女王也曾向国王祈求变回人类，但苏丹·阿贡说"一切已由真主决定"。在加迪看来，姬杜尔女王在爪哇国王皈依伊斯兰教后"身份被简化，地位被降低"，这是文化冲突后的结果。

姬杜尔女王是爪哇的传统神话，尽管在伊斯兰教到来后发生了些许变化，但在加迪看来，其中仍然包含着爪哇的远古智慧。像桑古里昂故事一样，加迪也开始想象着姬杜尔女王故事的起源。"谁又是南海女王故事的第一个创作者呢？是智人，还是现代人呢？抑或是尤金·杜波依斯在爪哇大地上苦苦寻找的直立行走的猿人呢？"（Bilangan Fu，261）对远古神话的再创作体现乌塔米对爪哇传统文化的热爱，同时，乌塔米也对现代文明笼罩下传统文化的远去表达了深沉的哲思。

三、批判的哲学思辨

乌塔米出生于传统的爪哇天主教家庭，天主教信仰使她成为穆斯林社会中的少数群体。此外，像许多爪哇天主教信徒一样，乌塔米也深受爪哇传统信仰的影响。① 而现代社会的发展却使得爪哇传统信仰日渐受到侵蚀与排挤，这成为乌塔米关注的焦点之一。一方面，随着世界性宗教在印尼确立了官方地位，一神论宗教观念的强化使得爪哇传统信仰逐渐受到排挤；另一方面，现代文明的发展带来了工业化和资本主义，但是功利主义思想却让人们盲目追逐利益，传统信仰的价值被忽视。因此，乌塔米在她的小说中不仅描绘爪哇传统民俗仪式、记录历史故事与神话传说，展现爪哇传统信仰的价值与魅力，还批判"现代性"对爪哇传统信仰的侵蚀，质疑一神论思想的狭隘性，抨击世界性宗教形成的信仰垄断。乌塔米的批判思维形成了她特有的哲学思辨。

前文所述的姬杜尔女王传说在一神论宗教观念中出现了争议。有学者指出，爪哇传奇故事的引入实际上是对印度教文化、伊斯兰教和爪哇神秘主义相融合的反映。② 姬杜尔女王受到爪哇社会世世代代的尊重，人们因而对爪哇南部海洋怀有敬畏之心，同时也常常用祭祀仪式的方式表达对神明的敬畏。但是小说中也提到不少人（主要是激进的穆斯林）将爪哇南海女王看作是"多神论"的偶像崇拜，是对一神论思想的亵渎。"向南海女王敬献是多神论的行为！"（Bilangan Fu，312）小说中一位名叫古布（Kupu）的年轻人在辩论中这样说道。作为"一神论者"，他坚定地反对村民敬献南海女王的传统仪式，认为那是违背伊斯兰教义的。

---

① Karel Steenbrink. The Reformasi of Ayu Utami：Attacking the Monopoly of the Great Religions [J]. *Wacana*，2014，Vol. 15，No. 2，pp：30－41.

② Listyowulan，Widyasari. *Narrating ideas of Religion，Power and Sexuality in Ayu Utami's novels Saman，Larung and Bilangan Fu* [D]. Master thesis，Athens：Ohio University，2010.

　　　　你不能信仰或崇拜除了安拉之外的一切，那么做不能为你带来益处……向爪哇南海女王敬献祭品和偶像崇拜是一个性质的。（Bilangan Fu，312）

　　伊斯兰教是一神论宗教，"认主独一"是伊斯兰教的核心思想，它强调的真主的唯一。① 在"一神论者"看来，敬献南海女王是一种偶像崇拜，是"多神论"的体现，是对世界性宗教的亵渎，应当遭到谴责和摒弃。随着世界性宗教在印尼官方地位的确立，一神论宗教观念被过度运用在宗教实践中，个人化的信仰遭到摒弃，爪哇传统信仰逐渐受到排挤。

　　实际上包括伊斯兰教在内的世界性宗教都带有一神论色彩。面对一神论观念对爪哇传统信仰的排挤，乌塔米在《数字"Fu"》中通过小说人物加迪表达她的宗教观念，她称这本书带有"批判的精神主义"，这也正是她批判的哲学思维的核心所在。在瓦杜固农山区的辩论比赛中，为回应"一神论者"的质疑，知识渊博的加迪利用历史实例进行反击，驳斥伊斯兰教不认同偶像崇拜的论断。亚历山大大帝就是加迪引用的人物之一。

　　　　亚历山大大帝是历史上的人物，是公元前300年的一名王者。他来自马其顿，他不是穆斯林，不是犹太人，也不是基督徒。他是一名偶像崇拜者，并且也不信仰唯一的神……亚历山大大帝是一位偶像崇拜者！然而他在伊斯兰传统中受到尊崇，就是这样。你想要说伊斯兰教不会尊崇一切来自其他传统的东西吗？希腊传统？或者是爪哇传统？（Bilangan Fu，313－314）

　　小说人物加迪的观点实际上正是乌塔米宗教观的表达。加迪认为，人们的宗教虔诚不应该因他精神信仰的形式而遭到质疑，因为各种宗教信仰都应当是开放的。面对世界性宗教与一神论思想对本土宗教信仰的否定，以及伊斯兰教与其他宗教的关系，加迪表示：

　　　　"认为伊斯兰教不能和其他传统信仰和谐共处的人是非常狭隘的！伊斯兰并不是唯一的宗教。我要开诚布公地说，让我们对其他的传统信仰都保持宽容吧"，加迪接着说，"在我们用自己的标准评判他人之前，我们应

----

① 兰顿. 伊斯兰的认主独一［J］. 中国穆斯林，2012（05）：30－32.

宽容地学习其他的传统信仰，这样我们才不会任由他人的标准评判"。
（Bilangan Fu，314－315）

加迪认为信仰宗教也应当对其他的宗教保持开放，尊重不同宗教之间的差异性。对一神论观念的过度强调使得伊斯兰教拒绝与包括爪哇传统信仰在内的其他精神信仰和谐相处，这实际上是非常狭隘的。爪哇传统信仰使得人们敬畏自然，"崇拜掌控自然的精灵能够让社会公众保护森林和水资源"（Bilangan Fu，316），原始的自然生态受到传统信仰的庇护，人与自然实现和谐共融，这对现代社会而言仍然是有益的，因此不应当遭到彻底的抛弃。但一神论思想往往被人们用以否认传统信仰，失去传统信仰庇护的自然山林遭到追逐利益的人们肆无忌惮地开发，原始的自然生态也遭到破坏。

加迪反对一味地强调一神论宗教思想。他认为，与东方的宗教相比较而言，排斥异教的教义在一神论宗教中体现得尤为明显。印度教、佛教、孔教、道教还有印尼本土的传统信仰等有着与一神论宗教不同的体系，它们甚至难以被虔诚的一神论者所理解。加迪认为，一神论宗教思想的根本问题就是对其他宗教价值观的排斥，一神论宗教思想倾向于"垄断真理"，排斥其他的"真理"。而这种排他性与东方的宗教相比就显得狭隘。

这种倾向在犹太教、基督教和伊斯兰教等宗教中尤为明显……它们都存在着将自己的思想和行为划为正确而否认其他宗教的理论……我们必须勇敢地承认，一神论宗教思想会垄断真理，容不下其他真理。（Bilangan Fu，320－321）

现代人将上帝或真主的概念理解为"唯一"。因为认同"唯一的神"这一观念，现代人忽视传统信仰的价值，甚至将传统信仰看作是一种迷信。可以说，现代思维侵蚀爪哇传统信仰，世界性宗教形成信仰垄断，一神论宗教思想将爪哇传统文化推向边缘化，原始的自然山林失去了精神上的庇护。

在小说最后，加迪在一家小型报纸上发表文章以表达批判的主题。现代文明将人类从"传统社会"中解放出来，人类从基于风俗、宗教和公有制的传统社会转变为基于法制、思想自由和私有制的现代社会，工业化和资本主义诞生。但是，现代文明不仅带来积极的、发展的一面，也带来了负面效应。现代思维将传统信仰看作是一种"黑暗的迷信"，将本土的祭祀活动看作是"无谓的浪费"，人们因而对自然丧失敬畏之心，在功利主义思维的作用下对自然资源过度开发，人与自然不再和谐共存，原始的生态环境遭到破坏。同时，世界性宗教不仅在印尼确立官方地位，还形成了对宗教信仰的垄断，一神论宗教观念被过度运用在宗教实践中，传统信仰因被认为是对世界性宗教的"亵渎"而遭受排挤。在现代思维和一神论宗教观念的侵袭下，古老的爪哇文化与原始的自然生态正在现代人的目光里逐渐远去。（Bilangan Fu，474—480）

结语

乌塔米提出的三大批判的主题是现代性、一神论和军人政治。现代性虽然带来科技进步和经济发展，但是功利主义思想却使人们将传统信仰看作是"无谓的迷信"，人们丧失对传统和自然的敬畏之心，在利益的驱使下盗窃文物、开发山林；一神论观念的过度运用使得印尼宗教观念变得狭隘，敬畏自然的爪哇传统信仰被看作是"多神论"的体现，崇拜爪哇文化中的神明被认为是对世界性宗教的亵渎，传统信仰的价值被人们遗忘；而苏哈托的军人政治规制宗教自由，一神论宗教观念被不断强调，个人信仰受到压制，军人政权和垄断公司的勾结又使得爪哇原始山林进一步失去了精神上的守护。乌塔米希望现代印尼社会能够实现宗教和谐，在一场讲座中她直接谈到，宗教的不宽容是伊斯兰教和现代文明进入印尼以后才产生的现象，古代爪哇人也需要面对宗教差异，但他们会通过宗教的包容性来维持和平。① 乌塔米实际上并不是批判某一种宗教，而是力图颠覆印尼宗教实践中一神论思想的过度运用，因为一神论思想强调分类与分裂，容易造成宗教之间的冲突，也忽视了传统文化的重要性，让现代印尼的宗教关系变得更加紧张。总的来说，乌塔米小说中渗透的人类学思想为改革时代印尼宗教价值观的构建提供了有益参考。

（作者为北京外国语大学亚洲学院博士研究生，研究方向为印尼文学文化）

---

① Frans Snackers. A touch of rasa to cure intolerance [O/L]. http://www.thejakartapost.com/life/2018/04/09/a-touch-of-rasa-to-cure-intolerance.html. 2018-04-09.

试论上海左翼大众抗战音乐运动的创作研究

◎仇红玲

【摘　要】　伴随 1930 年 3 月 2 日中国左翼作家联盟（简称"左联"）的成立，1933 年上海音乐领域也随即成立了"苏联之友社"音乐组织等。在这之后，以田汉为主又发起了左翼作家联盟等音乐小组。在他们的音乐作品中，既注重歌词书写的通俗性，又突出中国本土民族性五声音阶的运用。一场围绕鼓舞大众而展开的抗战音乐运动就此拉开了序幕。因为直面中国贫苦大众，抒发民族气节，加上民族音乐演唱为主体的创作主调，由此，我们可以说，1933 年至 1936 年发生在上海的大众抗战音乐运动是中国民族救亡音乐发展的重要组成部分之一。左翼音乐家们兼顾大众审美与民族音乐创作，并且大力推广群众歌咏运动，也使整个左翼抗战音乐运动的影响推广至全国，在当时社会背景下具有一定的影响力。也是代表了在中国新音乐文化建设中的重要组成部分。

【关键词】　左翼音乐；民族性；群众歌咏运动

一、上海左翼音乐运动的兴起与发展

1930 年随着上海左翼运动联盟的成立，国内外战争动荡的时代背景下，左翼文化联盟的各项文艺小组成立。然而在左翼音乐家们的积极努力带领下开展了一场抗战救亡音乐运动。

（一）左翼音乐运动的兴起

五四运动后，中国革命形势动荡不安，代表无产阶级的中国共产党成立了。1927 年国共两党的合作破裂是以蒋介石为首发动的"四·一二"反革命政变为标志，随之，国共合作彻底破裂，国民党对中国共产党发动了"军事围剿"和"文化围剿"。迫使许多文艺工作者开始组织和建立团体，用文学的思想和艺术的创作来宣传和鼓舞这场救亡的音乐运动。

随着国外文艺思想大量涌入中国，革命音乐和理论文艺的书籍获得传播，主要反映了普通劳苦大众的生活和思想，这对左翼文艺和左翼音乐的产生有直接的影响。1930 年成立了中国左翼作家联盟，随后中国左翼戏剧家联盟（简称"剧联"）、左翼电影小组、左翼音乐小组等革命文艺组织团体"中国左翼文化总同盟"（简称"文总"）相继成立，从而开始系统地介绍马克思主义文艺理论和苏联文艺革命思想。之后左联出版了《大众文艺》2 卷 3 期刊有专栏"新兴音乐的发展"。1933 年《生存月刊》上发表了《苏联的新音乐运动》讲述了苏联新运动大发展和成就，分析无产阶级音乐家的作品，提到了"无产阶级音乐运动逐渐普遍到全苏联"。正是因为有了大量的文艺运动思想的刊物传播到了中国，中国的左联同时联合许多工人音乐团体和阶级的音乐家联盟开始合作起来，"群众的努力的开始决定了整个无产阶级的音乐运动之主要原因"。[①]1933 年春田汉等人在上海成立了"苏联之友社"音乐小组。夏衍回忆："文委"同意田汉通过的"苏联之友社"和任光、张曙等组织"音乐小组"，这就为波澜壮阔的"救亡歌咏运动"打下基础。[②] 随着左翼音乐组织的成立，也标志着新的音乐运动登上了中国近代音乐的历史舞台。他们以马克思主义理论为指导和音乐作为武器的抗日救亡运动的思想，代表了群众的音乐创作开始如雨后春笋一样地出现。

（二）左翼音乐运动的发展

首先，在左翼音乐运动的理论发展过程中，"左翼音乐运动"是中国左翼文化运动的一个组成部分。在中国共产党的领导下，接受着左翼文艺思想的启发，左翼音乐家们积极地投入和创作代表了以爱国救亡运动革命阶级运动的出现在了历史的特定时期。在创作的形式与内容上追求大众化。这也是左翼音乐运动的重要特征。以聂耳为代表的左翼音乐家在理论上对抗战救亡音乐进行了阐述，聂耳说道：

> 音乐和其他艺术、诗、小说、戏剧一样，它是代表大众在呐喊……革

---

① D. Gachev. 苏联的新兴音乐运动［J］. 何连，译. 生存月刊，1933，vol. 4：3.

② 夏衍. "左联"60 年祭［C］//中国左翼戏剧家联盟史料集. 北京：中国戏剧出版社，1991：416.

命产生的新时代音乐家们，根据对于生活和艺术的不同的态度，贯注生命。①

你要向那群众深入，在这里面，你将有新鲜的材料，创造出新鲜的艺术。喂！努力！那条才是时代的大路！②

从以上聂耳的音乐思想中能看出，音乐的创作中要凸显大众音乐，为人民呐喊和创作音乐艺术，并且不断地坚信真正的革命音乐艺术。然而聂耳一生创作的作品中，大部分的音乐题材都是为了劳动阶层群众而写，有劳动工人歌曲如《苦力歌》《打转歌》，儿童歌曲如《卖报歌》、女性歌曲如《铁地下的歌女》《梅娘曲》等，这些都反映了大众的心声，给予了人民大众精神上的勇敢意志和不屈不挠的奋斗精神。

1936年，吕骥在《中国新音乐的展望》中总结了左翼音乐创作经验，认为新音乐是"大众解放自己的武器"和"表现反映大众生活，思想，情感的一种手段"，担负着唤醒、教育、组织大众的使命，为达此任务，新音乐工作者必须深入大众生活，"从广大的群众生活中获得无限的新题材"，运用新世界观和"新写实主义"（即苏联的"社会主义现实主义"）创作方式，以"民族形式、救亡内容"的新歌曲，才能抓住"中国新音乐的强固的基础"。③综上而论，吕骥的音乐理论强调了新的音乐形式要以反映大众的生活为基础，从思想和情感上出发，组织大众宣传和深入大众的生活方式去创作，并且要代表民族性的音乐救亡革命歌曲，体现出真实性的创作。

其次，左翼音乐是无产阶级革命性质的音乐，左翼的音乐家们在创作的过程中，为了抗战的需求，能够使大众们更好，更快地接受音乐，他们创作歌曲的旋律较为简单和朗朗上口，易于传唱，歌词的内容表达了现实性的生活和群众内心的声音，作为抗战中的音乐是非常能够鼓舞人心的。为了使革命歌曲的发展扩大化，音乐家们积极地投入到人民群众中去，走进夜校，走进工厂，去开展和宣扬歌咏运动。聂耳在创作《新女性》歌曲时，对工厂的生活，对妇女的在被剥削的劳动中所受的苦痛，以及在斗争中将获得怎样的胜利，都有着极深刻的体会和认识，因而"他能以充沛的感情思想赋予这歌曲以血肉生命，从

———————————

① 聂耳. 聂耳日记（1932）[C]. //聂耳全集（下卷），《聂耳全集》编辑委员. 北京：文化艺术出版社、人民音乐出版社，1985：511.

② 聂耳. 中国歌舞短论（1932）[C]. //《聂耳全集》（下卷），《聂耳全集》编辑委员. 北京：文化艺术出版社、人民音乐出版社，1985：48.

③ 吕骥. 中国新音乐的展望 [J]. 光明，1936，Vol. 1：5.

而完成了一个完美生动的创作"。① 能看出当时的左翼音乐家们走进群众的生活，才能了解他们的痛苦日常。以至于创作的歌曲才能代表群众的思想。也只有这样的创作才是人民大众的音乐。随着上海歌咏运动不断扩大，除了上海地区以外，周边的城市乃至全国的街头巷尾都开始组织和发展抗战救亡歌曲的群众歌咏运动。昂扬斗志的革命歌咏运动代表了时代的歌声开始踏上了抗日救亡运动的道路。

二、上海左翼音乐运动的音乐家代表

左翼音乐运动的创作研究都以聂耳、任光、吕骥等人的音乐创作开始，在抗日救亡运动中，以音乐为武器的革命歌曲唤醒了群众的思想意识并且使其积极地投入到抗战救亡运动中，然而音乐的创作是不容小视的，为了能够贴切大众的生活，能够真实地反映出当时所处地时代背景，音乐家们不断去努力的尝试和探索。

第一，聂耳（1912—1935），1931 年加入中国共产党，1933 年加入了苏联之友社音乐小组，并且为左翼音乐的建设和发展出了重大贡献。聂耳是中国无产阶级革命音乐的开拓者，用音乐表达了全新的工农群众革命形象，奠定了中国无产阶级革命音乐创作的基本原则。② 聂耳的一生致力于为劳苦大众发声，创作的歌曲内容贴切于大众的生活。聂耳以便于大众对抗日救亡的运动认知更加的清晰，聂耳的作品有以工人的角度创作的，例如《开矿歌》，为儿童创作的《卖报歌》，从女性角度创作的《铁地下的歌女》，等等，都是代表了不同的职业身份的视角去创作。聂耳所创作的革命歌曲涉及的群体多样，而其最具代表的作品是《义勇军进行曲》，是中华人民共和国国歌。而他的歌曲的创作特征主要有曲式的结构丰富，音乐富有劳动号子的节奏感，歌词和旋律短促有力。他的歌曲与所选歌词密切融合，表现抗战时期呼唤、呐喊、冲锋拼搏的时代气质。③ 因此他的每一首作品传唱度都相当高。

第二，任光（1900—1941），左翼作曲家、音乐家及社会活动家，留法回国加入左翼音乐小组，任光积极地投入到左翼音乐组织中，并成为左翼电影音

① 蔡楚生. 忆聂耳（1995 年 5 月）［C］//蔡楚生文集［M］. 北京：中国广播电视出版社，2006：216.

② 吕骥. 无产阶级革命音音乐的先锋—月一九六□年十月在首都聂耳、洗星海纪念音乐会上的报告［C］//中外音乐家纪念文选，中央音乐学院图书馆. 北京：中央音乐学院出版社 1980：47.

③ 孙继南等. 中国音乐通史简编［M］. 济南：山东教育出版社，2012：189，190.

乐的重要开拓者，他的作品有《打回老家去》《和平歌》《救亡进行曲》等，任光的作曲不同于聂耳，他的创作题材广泛，节奏平稳，旋律具有抒情性，配合电影音乐的人物和歌曲非常的贴合。其中最为著名的歌曲是《渔光曲》，描述的是劳苦渔民捕鱼的生活，为了能够写出作品的真实感受，任光亲自体验了渔民的生活，深入了解群众的生活，把握了渔民的心理和塑造了人物的音乐形象，才能够创造出唤起与大众共鸣的音乐。聂耳曾评价："《渔光曲》的成名，虽然作词安娥女士说这只是一种'偶然的侥幸'，但实际上这支歌内容的现实，节调的哀愁，曲谱的组织化，以及它配合这部影片的现实题材等，都是使它轰动的理由。"[①] 简单的曲式，动人的旋律是任光音乐作曲的沉淀和积累完成的，通过深入体验生活，把劳苦渔民的辛酸生活展现得淋漓尽致。

第三，吕骥（1909—2002），1930年考入上海国立音专学习。1935年春，吕骥加入中国共产党，并发起成立了歌咏合唱团。在1936年成立了"歌曲研究会"。主要以现实主义思想为指导，对音乐作品和词曲进行了探讨和分析。他一生公开发表的歌曲有175首，至1936年他发表的歌曲有28首。[②] 他十分注重左翼音乐运动的理论要与创作实践相结合。他的文章理论性很强，主要是围绕如何推动左翼音乐运动的发展，如《中国的新展望》等，他组织过业余合唱团和民众歌咏运动等，并推动了救亡歌咏运动，培养了大批的音乐干部。他对自己的观点有很清晰的认识，"我的观点，集中起来，中心就是人民。音乐创作应该歌颂人民的斗争和胜利，歌唱人民的欢乐和苦难，歌唱人民的希望和未来；而音乐理论则是应该研究人民的生活，音乐与人民、时代的关系，为人民当前的利益而思考，为人民的未来而思考"。[③] 综上吕骥对未来的展望，除了用音乐创作来鼓舞大众，也少不了理论思想的鞭策，左翼音乐的运动的宗旨是为了人民大众而创作。

综上而论，左翼音乐家们无论在音乐理论方面还是创作上犹如时代的号角，唤醒了大众的认知，左翼文艺的思想理论与真实的音乐题材相结合，表达出人民大众的心声，歌词内容简朴易懂，音乐旋律线条生动真实，铿锵有力的节奏感反映出为时代和人民大众的需求，在动荡时代的背景下，正因为有了中国的左翼音乐家们呕心沥血的创作，用音乐鼓舞大众，为劳苦阶层呐喊命运的

---

① 聂耳. 一年来之中国音乐［C］//聂耳全集（增订版中卷）［M］. 北京：文化艺术出版社，2011：88.

② 吕英亮. 吕骥声乐作品目录［C］//伍雍谊. 人民音乐家——吕骥传［M］. 北京：中国文联出版社，2005：322—324.

③ 吕骥. 吕骥文选·自序［M］. 北京：人民音乐出版社，1998：2.

不公，鼓励群众投入到救亡运动中，为了民族的责任感，为了革命的事业，始终站在抗战救亡的最前线，与人民大众同呼吸，共命运，贡献出自己的青春和热血，融入了音乐救亡运动中，为左翼音乐运动添砖加瓦，达到了众人拾材火焰高的团结精神。

三、左翼音乐的创作特征

回顾 20 世纪初以抒发个人情感的音乐作品相比，左翼运动期间创作的音乐题材丰富，有真实性的歌词内容和民族性的音乐元素特征，最重要的是为人民大众而呐喊的题材颇多，虽然作曲上没有复杂的技巧性，但是简单的旋律和节奏却符合了当时不同阶层的劳苦大众们的需要，简单易懂的音乐便于他们理解和传唱。这也是左翼音乐最重要的创作特征之一。有概括为音乐作为武器的功能；为政治服务的创作原则；现实主义的创作方法；大众化与民族化的美学要求（包括利用民间音乐的旧形式；继承一切优秀的民族音乐遗产、借鉴西乐创造新的民族形式）等。①

（一）现实性的音乐题材

当看到左翼音乐运动期间的作品时，从创作的歌名就能看出歌曲的内容的题材，如聂耳一生创作的歌曲大部分是为劳动人民所写，不同的作品代表了不同的劳动人群的心声，如歌曲《开矿歌》是通过电影的方式唱出了开矿工人们被压迫的呻吟和呐喊。《码头工人》《义勇军进行曲》《大刀进行曲》等都表达了中华民族斗志昂扬，同仇敌忾的呐喊声，以震撼人心的力量配合着抗日救亡的要求。《新女性》反映的是女工们在劳动中觉醒，英勇奋斗的革命女性形象。任光的音乐题材更多是为电影音乐而创作，以质朴的劳动人民的生活为主线，如《南洋歌》《燕燕歌》展现了女性恋爱至上的思想和少女的俏皮形象。为歌曲增添了不少新鲜的色彩。《新凤阳歌》反映了旧社会对底层人民的压迫。从创作的作品中看现实性的题材是左翼运动的目标之一，代表了大众的题材内容，现实性的内容也是时代背景下的写照，为了冲破旧的封建思想，为劳动人民发声和呼喊，鼓舞人民为自己为革命而英勇奋斗。

---

① 冯长春. 新音乐的理论基础——以救亡音乐思潮为背景［C］// 历史的批判与批判的历史——冯长春音乐史学文集，北京：文化艺术出版社，2012：271—287. 冯长春. 中国近代音乐思潮［M］. 北京：人民音乐出版社，2007：316—334.

（二）民族性的音乐特点

民族性的音乐特点是旋律贴切大众所熟悉的曲调，在左翼音乐运动的重要创作中，左翼音乐家们考虑到了民族的就是大众的，创作的精髓应该体现在中国的本土民族性的创作上，代表属于中国本土民族音乐的歌曲才能够被大众所接受。由于歌曲是为不同的劳苦大众阶层而创作，很少使用复杂的音乐旋律，反而用中国特色的民间音乐和小调改编，人民大众才会得心应手的传唱。熟悉的曲调和简单的节奏及质朴的语言构成了在救亡音乐运动的根基。熟悉旋律才是最终目的，如《大路歌》表达了建筑工人坚韧不拔的意志，使用了民间劳动号子的节奏贯穿整个音乐。劳动号子歌词不多，甚至是不断重复，但音乐性却很强，短促有力的呐喊，非常适用于工人们演唱。《塞外村女》有北方民歌特点，题材采用民谣分节歌的形式。民间歌谣具有口头传唱的效果，通俗易懂的歌词和旋律小调正是符合了内容的真实性，《新凤阳歌》根据安徽地方民间曲艺形式改编而成。民间的曲艺音乐具有一定的说唱相结合的方式，更容易被民众所接纳。《迷途的羔羊歌》是根据广东民乐改编，旋律采用了中国的五声调式，也符合了人民大众的审美需求。然而从诸多的作品中能看出当时的抗战音乐都是具有民族的音乐元素，是民族化更加地贴切于人民的生活。虽然左翼音乐家们学习了西方的作曲技法，但在创作中注重中国传统音乐元素运用，吸收西方的技巧和中国民族元素相融合体现出了本土化民族音乐特色，既在歌曲中体现出了民族性又不失时代特征。

（三）群众性的歌咏运动

通过群众的歌咏运动，传播民主思想，普及音乐知识、歌唱技能、艺术审美教育，使社会音乐教育与群众性的歌咏紧密结合，使左翼音乐运动与救亡运动不可分离。[①] 随着救亡运动不断的推广，全国地方学校和工厂都纷纷投入到了歌咏运动中。在当时聂耳创作的《新女性》组歌中，孙师毅谈到联华歌咏团演唱情形，他指出："沪东区的歌咏活动搞得最好，当时沪东公社是面向工人的组织。党就利用这些组织，发动歌咏运动。"[②] 能看出当时的歌咏运动非常有推广力。而在群众歌咏运动中影响最大的歌咏运动组织是 1935 年由刘良模

---

① 周钢鸣. 论聂耳和新音乐运动 [J]. 生活知识，1936（05）.

② 孙师毅. 论聂耳（1959 年 4 月）[C] //聂耳全集（增订版下卷），北京：文化艺术出版社，2011：254-255.

组织成立的，在成立期间青年们努力学习，他们过去从来没有参加过集体歌咏，是抱着试试看的心情来的，尝到了集体唱爱国革命歌曲的甜头，就继续不断地介绍朋友参加民众歌咏会。① 在成立歌咏会期间，刘良模为了提升水平，还邀请了左翼音乐家们为歌会上课，讲解音乐基础知识和了解抗日救亡的形势，歌咏会的人数后期达到了 2000 余人。然而在歌咏活动中，大家的音乐素养虽然不高，也没有高超的唱歌技术，但是作为群众歌咏活动重要的是要唱出团结一致的精神和抗争救亡的勇气。在不分年龄，不分性别，不分职业的歌会中大家踊跃地参加歌咏运动会，能够看出全民对于爱国革命的心情是非常积极的。也促使了歌咏运动不断地壮大。民众歌咏运动会的意义对于当时的社会形势非常的重要，而群众歌咏运动的开展也是左翼音乐运动中的重要贡献之一。

总结

以上海为中心成立的左翼音乐运动小组虽只有短短几年，但左翼的音乐家们为了抗战大众救亡运动做出了重大贡献，在文艺理论思想启发下，用本民族的音乐方式去创作和鼓舞人民大众积极的斗志，投入到抗战救亡的运动中，这场具有时代意义的音乐运动组织在当时环境背景下崛地而起。在动荡的年代里，有着一批满腔热血的音乐家为民族革命事业贡献出自己的力量，用音乐为武器的方式来普及和教育大众，用群众歌咏音乐的方式抚慰着劳苦大众的心灵，深入体验大众的贫困生活，组织成立各种音乐活动和社团为救亡活动传播。然而在回顾左翼音乐历史的时候深深感触的是以音乐为武器成为人民大众的精神食粮。为反帝反封建和民族压迫带来了斗争的勇气，也为 20 世纪初新音乐的风格和音乐思潮注入了新鲜的活力，为中国近现音乐史上探索新音乐建设和发展提供了丰富的经验，地为新音乐艺术的大众化、普及化、民族化的建立起到了深远的影响。

（作者为上海大学文学院中国语言文学博士后流动站研究人员，博士后。研究方向为文艺理论与中国音乐史研究）

---

① 刘良模. 上海抗日救亡的歌咏运动（1978 年）[J]. 刘良模先生纪念文集，中华基督青年会全国协会，2010；48—53.

▶巴蜀文化及其数字化

大文旅融合语境下的博物馆文化传播路径探析
——以三星堆博物馆为案例

◎杨萌雅

【摘　要】 本文旨在探讨在大文旅融合语境下，博物馆如何有效进行文化传播，以三星堆博物馆为案例展开研究。首先，通过分析文旅融合发展的政策背景，揭示博物馆在整个文化旅游产业链中的重要地位和影响力。其次，探讨了大文旅融合语境下博物馆文化传播的策略，包括找准自身特色、加强顶层设计和创新思路，以及注重参与性和数字化建设等。随后，通过对三星堆博物馆的深入研究，分析了其独特的文化传播路径。最后，对博物馆文化传播的提升策略进行了分析。通过这些研究和实践，以期为其他博物馆在大文旅融合语境下的文化传播提供借鉴和启示，推动文旅融合的进一步发展。

【关键词】 大文旅融合；博物馆；文化传播；三星堆；策略分析

在当下，大文旅融合已经成为我国乃至全世界文化产业旅游业的重要发展趋势。在这个背景下，博物馆作为文化和旅游的重要交汇点，其在文化传播中的角色和影响力也日益显著。特别是以三星堆博物馆为案例，其在文化传播方面的卓越成果引人注目，为我们探索博物馆在大文旅融合语境下的文化传播策略提供了宝贵的经验。本文将通过对三星堆博物馆的深入研究，分析其在文旅融合语境下的卓越表现，旨在为其他博物馆的文化传播工作提供借鉴和启示，促进文旅融合的进一步发展。

一、大文旅融合语境下的博物馆文化传播的理论框架

（一）文旅融合发展的政策背景

近年来，我国高度重视文旅融合的发展。政策上大力支持文旅产业的发展，不仅鼓励文化和旅游资源的共享，还加强了文化遗产的保护和传承。2012年，国家文物局在《博物馆事业中长期发展规划纲要（2011—2020 年)》中提出"为使博物馆成为所在领域重要的旅游资源，要满足文化休闲的所需，健全博物馆并归入文化旅游体系的政策制度，实现省级以上博物馆全部纳入国内旅游精品线路，并积极纳入国际旅游精品线路"的表述①。2021 年 5 月 24 日，中央宣传部、国家发展改革委、文化和旅游部、国家文物局等 9 部门发布的《关于推进博物馆改革发展的指导意见》中也指出：要优化传播服务，充分发挥博物馆在文旅融合发展、促进文化消费中的作用。这些政策为博物馆提供了发展的良好环境，使其可以更好地发挥其在文旅融合中的作用。

（二）博物馆的角色与影响力

博物馆是文化和旅游的重要载体，具有重要的社会教育功能，在文旅融合发展中起到了重要的作用。它们不仅保存和展示人类的历史和文化，也是人们学习、交流和娱乐的场所。近年来，博物馆的角色以及公众对博物馆的认知已经从纯粹的文化教育机构扩展到休闲娱乐、社交媒体、文化创意、数字信息、研学旅游服务等复合型公共服务综合体功能。同时，随着人们生活水平的提高，精神需求的增长，博物馆的角色也在不断演变，博物馆的社会功能不断拓展，它们不仅提供文化和历史的展示，还有背后文化价值的专业阐述，成为文化交流的平台。这种"博物馆＋"的模式正在不断丰富和延伸，进一步推动了博物馆与社会各界的联系，不断拓展博物馆的文化传播路径，进一步增强了博物馆的文化传播能力和影响力。

（三）大文旅融合语境下的博物馆文化传播策略

在大文旅融合的语境下，博物馆从简单的展览走向了体验、创造、娱乐的

---

① 柴子雲. 文旅融合发展下行业博物馆公共文化服务提升策略分析［J］. 文物鉴定与鉴赏，2021
（24）：31.

多元化发展，与此同时，新的技术，如人工智能、元宇宙等，也正在被应用于文化传播，推动文化供给变革，重塑文化需求。数字博物馆、无边博物馆等新的概念正在崭露头角，这些都是大文旅融合背景下，博物馆文化传播的新趋势。在此背景下，博物馆需要制定和实施有效的文化传播策略。

首先，博物馆需要发挥其在文化和旅游融合中的桥梁作用，提供富有吸引力的展览和活动，吸引更多的访问者。其次，博物馆需要利用新技术，如数字化、VR/AR 等，提升访问者的体验，使他们能够更深入、更直观地了解和欣赏展品。最后，博物馆需要建立有效的公众互动机制，通过社交媒体、线上线下活动等，与观众进行深入的互动和沟通，激发他们对文化的兴趣和参与度。此外，博物馆还应与其他相关机构合作，展开文化交流活动，扩大影响力和知名度。在制定和实施文化传播策略时，博物馆还需要注重多元和创新。不仅要满足大众的需求和兴趣，还要关注特定群体的文化需求。通过设置主题展览、举办讲座和研讨会等形式，满足不同层次和背景的观众的文化追求。

二、三星堆博物馆的文化传播路径探索

（一）三星堆博物馆的概述和特色

三星堆博物馆作为一座专题性遗址博物馆，以其高辨识度、特殊性和历史文化价值而享有盛誉，成为巴蜀地方文化的杰出代表之一。坐落于四川省德阳市广汉市的三星堆遗址，被誉为世界上的"第九大考古奇迹"，自 20 世纪 80 年代起，被公认为"20 世纪人类最伟大的考古发现之一""沉睡数千年，一醒惊天下"。2021 年开始，第三、四号祭祀坑文物出土发掘，三星堆文化"再醒惊天下"。这些三星堆文化和出土文物都赋予了博物馆浓厚的地域特色和独特的文化魅力。

（二）找准自身特色，深挖博物馆 IP

凭借丰富珍贵的文物收藏，代表着古蜀文明的卓越成就，三星堆博物馆因此享有盛誉并被广泛视为神秘的文化宝藏。令人惊叹的制作工艺，富于浪漫想象的文物造型，没有留下任何文字的文明，突然出现又离奇消失的未解之谜……这一个个谜团足以吊足世人的胃口，再加上与更加神秘的外星人产生联想，三星堆文化本身就自带巨大流量。正是基于这一独特特色，三星堆博物馆深入挖掘其潜在价值，以珍贵文物作为博物馆的核心资源，赋予了其神秘而独

特的属性，积极塑造自身的品牌形象，形成了独特的三星堆文化 IP。通过巧妙的展陈设计、策展理念和文化营销手段，博物馆成功地打造了与其珍贵文物相匹配的独特 IP 形象，进而引发了公众对于神秘三星堆文化的浓厚兴趣与巨大好奇心，为博物馆带来了广泛的关注度，从而自然地吸引了大量的观众。

这种 IP 的成功塑造为三星堆博物馆带来了内在的吸引力和影响力，使其成为备受瞩目的文化地标。公众对于三星堆文化的好奇心被激发，进而形成了一种自发的流量效应。人们纷纷前来探索博物馆所展示的珍贵文物，追寻着古蜀文明的秘密与魅力。这种 IP 所带来的流量，不仅是对博物馆的认可和追捧，更是对古蜀文明及其文化价值的广泛关注和传承。

三星堆博物馆在近年爆火的一大契机来源于中央广播电视总台全程直播播出的《三星堆新发现》考古节目。在 2021 年 3 月 20 日至 3 月 23 日中央广播电视总台在 CCTV13 围绕三星堆遗址三、四号祭祀坑文物考古发掘开展了为期 4 天的《三星堆新发现》直播特别节目，主要聚焦三星堆最新考古发掘成果，采用直播形式进行全景直播报道①。本次直播创新地运用拍摄直播的形式，并被赞誉为"直播编辑进行模式革新的重要标本"②。这种对文物出土过程的在场感展现创造了卓越的观赏效果和产生了深远的社会影响，吸引了大量受众，直播间观看人数伴随节目的播出不断增加。随后，《天下之谜三星堆》等延伸节目相继推出，官方权威媒体又进行线上跟踪报道、线下深度点评，再配合新媒体平台的主动传播与话题运营，三星堆受到了大众的高度关注，一时间爆火出圈。

究其爆火原因，我们可以将这一案例置于大文旅融合的语境下的博物馆文化传播理论框架内进行多方面讨论：一是文化传播的多层次性和多元性：三星堆博物馆的直播特别节目不仅通过传统电视媒体传播，还通过线上跟踪报道、线下深度点评以及新媒体平台的主动传播与话题运营等多个渠道进行传播。这体现了文化传播在大文旅融合时可以同时覆盖多个媒体平台和社交媒体，以满足不同受众的需求，强调了文化传播的多元性和多层次性。二是体验经济与文化传播：直播节目创造了观众身临其境的观赏效果，强调了体验经济在文化传播中的作用。这与大文旅融合的理念相契合，文化传播不仅仅是信息传递，更是观众与文化互动和体验的过程。这一观点与体验经济理论相联系，强调了文

---

① 雒国成，张平，凌中. 全媒体传播让文物"活"起来：析三星堆遗址考古发掘传播中的媒体作为 [J]. 新闻战线，2021（09）：105—107.

② 赵晓. 直播编辑的进路探索：以《三星堆新发现》等系列直播为例 [J]. 中国编辑，2022（06）：81—85.

化传播的体验性和情感共鸣。三是社会影响与文化产业：直播节目在社会上引起了广泛关注，这反映了文化传播对社会的深远影响。博物馆作为文化产业的一部分，通过直播节目成功引发社会热议，提高了知名度，进一步促进了文化旅游业的发展。这可以与文化产业理论联系起来，强调了文化产业对社会和经济的影响力。四是创新性传播与数字化时代：三星堆博物馆的直播创新地采用拍摄直播形式，这反映了文化传播在数字化时代的创新性变革。博物馆需要不断探索新的传播方式和工具，以适应不断演变的传媒环境。这一观点与数字化时代的文化传播理论相联系，强调了创新性和适应性的重要性。

总之，三星堆博物馆的直播节目成功经验为大文旅融合语境下的博物馆文化传播理论框架提供了多个有学术性深度的观点，强调了文化传播的多元性、体验性、社会影响力以及创新性，为博物馆文化传播研究提供了有益的理论支持和丰富性。

（三）加强顶层设计，促进文旅大融合

三星堆博物馆在文化传播方面取得的巨大成功，离不开政策支持与精心策划的顶层设计。2019年4月，时任四川省委书记的彭清华提出了旨在推动四川省文化和旅游发展的口号："天府三九大，安逸走四川"。该口号旨在将"三九大"打造成具备国际知名度的文旅品牌，即三星堆、九寨沟和大熊猫。在此背景下，对于代表四川历史文化的三星堆的宣传工作显得尤为重要。

然而，相对于旅游领域的热门景点九寨沟和大熊猫，三星堆的知名度相对较低，因此其宣传工作面临着较大的挑战。为此，四川省文旅厅、四川省文物局以及三星堆博物馆于2019年10月开始发掘三星堆遗址后，投入了大量的人力、物力和财力进行宣传工作，以促进文化和旅游的融合。为了协调宣传工作，四川省委宣传部主动与中宣部沟通，后者随即安排央视的专业直播团队前往三星堆遗址进行考古发掘直播，以配合宣传工作。得益于这支在中华人民共和国成立70周年阅兵庆典时负责直播工作的专业团队的参与，才有了备受瞩目的《三星堆新发现》直播考古节目的成功。

这一顶层设计和政策支持为三星堆博物馆的宣传工作提供了坚实的基础。政府部门的关注和投入进一步推动了文化和旅游的融合。通过与中央媒体的合作，特别是央视的专业直播团队的参与，成功地将三星堆的考古发掘过程呈现给了广大观众。这种精心策划的宣传活动为三星堆文化的传播和认知树立了积极的形象，并取得了卓越的成果。

综上，顶层设计在文旅融合中的作用变得格外显著。在公共政策和文化产

业研究的理论框架下，政府被视为文化产业的关键驱动者和塑造者。这一观点强调了政府在文化领域中的战略地位，其责任不仅仅是监管和管理，还包括了文化产业的促进和引导。政府的顶层设计和政策支持对于文化机构如博物馆的成功转型至关重要。

特别是在文旅融合的背景下，政府的角色愈加显著。政府部门可以通过制定相关政策，提供财政支持，组织资源协调，以及引导公共和私营部门的合作，来推动文化旅游的融合发展。在三星堆博物馆的案例中，政府部门的主动介入和组织协调为文化和旅游融合提供了重要支持：四川省文旅厅、四川省文物局等政府机构的积极介入，以及与中宣部和央视专业直播团队的密切合作，都是政府履行文化领域角色和责任的生动体现。这些合作不仅仅是为了提高文化机构的知名度，更是为了推动文化产业的创新和发展，同时促进地方旅游业的繁荣。因此，在文化产业和文旅融合的背景下，政府的顶层设计和政策支持不仅仅是一种管理手段，更是一种战略决策，以促进文化产业的可持续发展，塑造地方文化形象，提高吸引力和竞争力。

（四）创新思路举措，形成融合发展新动能

三星堆博物馆在文化传播方面采取了创新思路和举措，取得了显著的成果，推动了三星堆文化的热潮，进一步促进了文旅大融合。

首先，三星堆博物馆通过社交媒体的积极活动，形成了深度互动的特色，吸引了大量年轻游客的关注。例如，博物馆官方微博采用亲切的称谓"堆堆"和"我堆"，并展现出强烈的互动性。网友们赞誉其为"馆博界的一股清流"。这种积极的互动方式对于吸引公众，尤其是年轻人群起到了重要作用。此外，三星堆博物馆官方微博还推出了相关表情包，以增强与观众的互动体验。

其次，三星堆博物馆致力于将博物馆与旅游景点融合，打造了"馆园一体"的独特特色，使博物馆成为美好生活方式的一部分。这一理念在实践中得到了体现，例如，建设了仿古祭祀台、古典风格的附属建筑群以及供孩子们嬉戏的乐园等。这些举措将历史文化的厚重与现代休闲的轻松巧妙融合，为观众创造了全新的体验和参与方式。

此外，三星堆博物馆积极开展跨界合作，举办了多个与三星堆文化相关的活动，如酷跑、面具狂欢夜、世界超模总决赛以及三星堆主题灯会的全球巡展等。此外，博物馆还与腾讯、阿里等30余家企业开展跨界合作，拓宽了文化传播的渠道和方式。

与此同时，三星堆博物馆对丰富的文化资源进行创新转化，将传统文化真

正融入现实生活，并受到年轻人的喜爱。例如，三星堆文创馆推出了以三星堆出土文物为原型的 300 多种文化创意产品，备受游客喜爱的三星堆青铜面具雪糕便是其中之一，此外，三星堆还推出了以馆内文物为原型、具有现代设计感的"考古盲盒"，分为"祈福神官""川蜀小堆""考古挖土"和"三星伴月"四个系列，生动地展示了三星堆文化①。这种全新的展示方式为年轻人提供了更加贴近的文化体验。

另外，人民日报等官方媒体针对《三星堆新发现》直播考古节目连续多天进行跟踪报道，推出了一系列融媒体产品，如《天下之谜三星堆》。与此同时，四川观察联动全国 100 多家媒体平台同步直播了三星堆文物考古挖掘的全过程，并实现了台网跨屏联动播放，观众还能够实时弹幕互动。短时间内全网观看量达到了 17 亿次。此外，拥有超过 400 万粉丝的三星堆新浪微博平台也积极响应活动，相关话题在微博热搜榜上多次登顶②。三星堆博物馆还与四川日报和四川省文物考古研究院合作，共同推出了原创手绘动画《我怎么这么好看》的音乐视频，该视频结合了四川方言和电子音乐，以 rap 形式展现相关历史和故事③。这种创新的方式吸引了年轻观众的关注和参与。多媒体的参与为三星堆文化的传播提供了准确的数据反馈，而大数据分析则进一步增强了受众的黏性，引领了热点话题，实现了矩阵式的传播效果。

综合上述创新思路和举措，可以看出三星堆博物馆在文化传播领域的成功实践契合了多个理论性框架和概念，为博物馆文化传播理论提供了有力支持：首先，博物馆通过积极的社交媒体活动和互动性传播，体现了参与性传播的理念。这符合现代传播理论中对观众参与的强调，认为观众不再是被动接收信息的对象，而是能够积极参与和互动的主体。三星堆博物馆的成功实践表明，通过建立深度互动和参与的平台，可以更好地吸引不同年龄和背景的观众。其次，将博物馆与旅游景点融合的理念反映了文化旅游融合的重要性。这符合文化旅游理论，强调了文化和旅游之间的相互关联。通过将博物馆纳入旅游体验，三星堆博物馆创造了更丰富的文化旅游产品，提高了游客的满意度。再次，跨界合作和多渠道传播策略反映了文化产业理论。文化传播不再仅仅局限于传统的博物馆场馆，而是与企业、媒体、文化创意等多个领域形成互动，创造了文化价值和经济效益的双赢局面。最后，数字化时代的应用、大数据分析

① 林茜. 三星堆文化的再媒介化传播研究［J］. 广西科技师范学院学报，2023（02）：95.
② 林茜. 三星堆文化的再媒介化传播研究［J］. 广西科技师范学院学报，2023（02）：96.
③ 陈之奕. 三星堆博物馆的文化 IP 开发与运营探究［J］. 四川省干部函授学院（四川文化产业职业学院）学报，2022（03）：32—33.

和多媒体参与突显了现代传播理论的关键概念。通过数字技术和多媒体互动，三星堆博物馆实现了文化传播的精准度和互动性，而大数据分析则有助于更好地理解受众需求并制定更具针对性的传播策略。

三、文旅融合语境下博物馆文化传播提升策略分析

在文旅融合语境下，博物馆作为重要的文化传播平台扮演着关键角色。本部分将通过对三星堆博物馆的成功经验进行分析，探讨在大文旅融合背景下博物馆文化传播的提升策略。从拓展功能与深挖特色、加强顶层设计与创新思路、注重参与性与数字化建设以及更新版本与文化交流平台等四个方面，重点总结博物馆如何通过借鉴优秀经验，推动文旅融合的深入发展。

（一）拓展功能与深挖特色

博物馆在不断变化的社会需求下，需要不断拓展自身的功能，转变为一个提供多元化公共服务的综合能力机构，适应当下日益多样化的文化需求。为了提供更加丰富的文化体验，博物馆可以将休闲娱乐、社交媒体、文化创意、数字信息、研学旅游等元素融合在一起。这样一来，博物馆不仅可以满足观众对文化的需求，还能吸引更多的人群，特别是年轻人。通过与时尚潮流相结合，博物馆可以创造出更具吸引力的文化体验，激发观众对文化的浓厚好奇心。此外，博物馆应该找准自身的独特特色并加以深入挖掘，以形成吸引力强的文化IP。借鉴三星堆博物馆的成功经验，其他博物馆可以通过深入研究自身的特色文化资源，塑造独特的品牌形象。这样一来，博物馆不仅可以提升观众的参观体验，还可以吸引更多的观众来到博物馆。

（二）加强顶层设计与创新思路

博物馆需要加强顶层设计，并积极促进文化旅游融合的发展。在文旅融合中，政策支持和顶层设计的推动至关重要。博物馆应与相关部门和机构合作，制定有效的发展策略，推动文旅融合的深入发展。首先，博物馆需要与文化旅游部门合作，建立良好的合作机制和沟通平台。通过政策协同和资源共享，博物馆可以借助政府的政策支持，推动文旅融合的顶层设计。同时，博物馆还应积极开展与旅游企业、酒店、景区等机构的合作，共同组织文化旅游产品和活动。此外，博物馆需要不断创新思路和举措，形成融合发展的新动能。通过多元化的文化传播手段和活动策划，跨界合作和创意产业的融合，博物馆可以积

极探索适应时代需求的文化传播方式，推动融合发展的新动能，以打造更加吸引人的文化旅游体验。只有在政策支持和顶层设计的引领下，博物馆才能真正实现文旅融合的深度发展。

（三）注重参与性与数字化建设

博物馆应该注重观众的参与性和体验性，以满足观众个性化、多元化的文化需求。在过去，观众往往只是被动地观看展品，但现在观众更加期望能够积极参与、体验、创作和娱乐。为了满足观众的参与和体验需求，博物馆可以通过提供互动体验、线上线下参与和举办主题活动等方式来丰富观众的文化体验。博物馆可以设置互动展览，为观众提供更加沉浸式的参观体验，让他们可以亲自操作、触碰展品，并参与到展览的故事中。同时，博物馆还可以通过举办工作坊、讲座、表演等活动，让观众可以参与到文化创作中，提高他们的参与感和创造力。此外，博物馆需要加强数字化和智能化的建设，以满足现代观众的需求。利用新技术推动博物馆的数字化发展，可以打造数字博物馆、虚拟展览等新型文化体验。观众可以通过线上平台参观博物馆的展览，通过虚拟现实技术身临其境地感受文化的魅力。同时，博物馆可以结合智能设备和导览系统，提供更加个性化和智能化的导览服务，满足观众对信息获取和互动体验的需求。通过这些措施，博物馆可以与观众的需求无缝对接，提升观众的参与感和满意度。

（四）更新版本与文化交流平台

为了不断提升自身的价值和吸引力，博物馆应该不断更新自身的版本，从单一的展览模式转向提供更多背后文化价值、专业描述和文化交流平台的模式。首先，博物馆可以超越传统的单一展览模式，提供更多的背后文化价值和专业描述。除了展示展品本身，博物馆可以通过文字、影像资料、音频导览等方式，向观众提供更详细的展品解读和文化背景说明。通过专业描述，观众可以更深入地了解展品所代表的文化意义，增强对文化的理解和认知。其次，博物馆可以成为文化交流平台，促进国内外博物馆的合作与交流，推动跨文化的交流和多元文化的融合。博物馆可以组织国际文化展览、学术交流活动和文化项目合作，与其他国家和地区的博物馆进行文化资源的共享和交流。通过开展交流活动，观众不仅可以在本地博物馆中感受到来自世界各地的文化，还可以了解不同文化之间的联系和差异，促进跨文化的相互理解和交流。在这一转型过程中，博物馆需要加强自身的专业建设，培养具备文化研究和传播能力的专业人才。同时，博物馆还需要积极与其他相关机构合作，如大学、研究机构、文化创意企业等，共同推动博物馆的发展和文化交流。这样的转型将为博物馆带来更多的发展机遇，同时也能够满足观众对文化的多元需求。

四、结语

博物馆作为文化遗产保护与传承的重要载体，承载着传统文化的丰厚内涵和历史记忆。在未来，博物馆将继续在文化传播中发挥重要作用。为了实现高质量的文旅大融合发展，我们寄望博物馆能够持续弘扬中华优秀传统文化，加强文化遗产的保护与传承，将传统文化内涵传达给观众，唤起他们对传统价值、智慧和美学的认同与理解。这种文化传播工作对于提升公众对中国传统文化的认识和加深其理解具有重要的贡献，不仅有助于提升公众对传统文化的认知水平，也为文化旅游融合发展注入了新的活力和动力。

（作者为陕西历史博物馆助理馆员）

大熊猫国家公园背景下四川大熊猫文创发展的现状与对策

◎张鹭鹭　赖婷婷

【摘　要】　大熊猫因天然的萌态属性而风靡全球，成为讲好"中国故事"和构建"文明大国形象"的重要文化符号。大熊猫文化历经长期发展，已形成生态文化、友善文化和各种丰富的衍生文化圈层，在此基础上，大熊猫文创蓬勃发展。四川大熊猫文创产业经过近 20 年的积淀，取得了令人瞩目的成绩，同时也存在资源分布分散，品牌亮度不够，运营能力不足等短板。在大熊猫国家公园体制背景下，通过深化研究、制度保障、健全产业链、合作运营等路径，将加速四川大熊猫文创的高质量发展，从而进一步增强我国大熊猫文化的国际传播力和影响力。

【关键词】　大熊猫；大熊猫文化；大熊猫国家公园；文创

党的二十大报告指出，中国式现代化是人与自然和谐共生的现代化，尊重自然、顺应自然、保护自然是全面建设社会主义现代化国家的内在要求。2021年，国务院批复同意设立大熊猫国家公园，这是践行习近平生态文明思想的生动实践，也是有效助力大熊猫文化发展的重要举措。在大熊猫国家公园建设背景下，大熊猫文创对大熊猫文化的深化和推广、国家形象的塑造以及四川文旅的高质量发展都起着不容忽视的作用。

一、大熊猫文化的主要形态

"从 1869 年发现第一只大熊猫以来，围绕大熊猫已经形成了一种内涵深厚、外延丰富、吸附能力超强的文化形态"①，作为最具辨识度的"中国符号"，大熊猫文化的形成为大熊猫文化创意创作提供了基础，其文化内涵大致包含以下几个方面。

（一）生态文化

大熊猫被誉为生物界的"活化石"，在距今约 800 万年的晚中新世时期，地球上就已经有了大熊猫的足迹。1869 年，法国博物学家阿尔芒·戴维在中国四川进行科学考察时，发现了大熊猫，并将其标本带回法国国家自然历史博物馆，首次将大熊猫介绍给了西方世界，此后百余年间，大熊猫从中国的深山峡谷走向了世界。

自新中国成立以来，国家一直致力于大熊猫的培育保护工作。1963 年建立大熊猫自然保护区，坚持巡逻检查，抢救大熊猫；1987 年建立成都大熊猫繁育研究基地，提高对大熊猫的救治管理、救护研究、繁育等科研水平，同时开发大熊猫的教育展示功能；1989 年，《中华人民共和国野生动物保护法》施行，大熊猫被列为"一级保护动物"，进行立法保护；2013 年中央编办批复成立中国大熊猫保护研究中心。2021 年大熊猫受威胁程度等级从"濒危"降为"易危"，几十年来，围绕大熊猫展开的生物研究、保护区建设、救治繁育、保护教育工作，已经形成了深厚的大熊猫生态文化。

（二）友善文化

大熊猫一直被视为中华大地上的祥瑞之物，"是和解、建立友好关系的象征。"② 我国的熊猫外交历史悠久，武则天开启了我国最早的"熊猫外交"，曾将两只大熊猫作为"国礼"赠予日本天皇。新中国成立后，23 只大熊猫作为国礼赠送给苏联、朝鲜等 9 个国家。1972 年美国总统尼克松夫妇一行历史性访华，随后中方决定将大熊猫作为国礼回赠美方，赠送大熊猫是对中美关系改善的积极回应，它们抵达华盛顿，将中国人民的友好意愿带给了美国民众，受到了热烈的欢迎。1982 年后，因大熊猫数量骤减，我国停止了向国外赠送大熊猫。2007 年后，被送到国外的大熊猫主要是以科研合作租借的形式，一般租期为十年，期满后归还中国，其间生产的后代所有权归属中国。

---

① 游翠萍. 四川大熊猫文化发展现状及问题研究 [J]. 四川省干部函授学院学报，2020（01）：24—29.

② 邓云霞. 历史文献记载中的大熊猫形象 [J]. 保山学院学报，2017（01）：10—21.

"熊猫外交"是我国外交工作的有力手段，目前，以旅居、租养等各种途径"客居"在世界各地的大熊猫和当地民众产生深厚的感情，拥有数以亿计的粉丝。虽然龙作为中华民族的图腾，被国人广泛推崇，但龙并非现实存在的生物，对于非中华文化圈的人来说，具有一定的认知难度。且龙相比大熊猫的形象更具有攻击性，在西方文化中，龙也具有不同的文化属性，这样就较难被外国文化广泛接受。而大熊猫虽然在远古是食肉猛兽，但在百万年的进化中却主动选择了以竹为主要食物，和其他动物和谐共生。大熊猫身上既蕴含着中华民族绵延坚韧、包容应变、和平友善的文化精神，也顺应了当前生态文明建设与构建人类命运共同体这一全人类共同主题，呼应了中国和平崛起的外交理念。大熊猫友善文化成为一种特殊现象，传递了中国的文化自信与对世界的友好和平。大熊猫作为友好使者，为发展良好外交关系，做出了巨大的贡献。

"大熊猫的前后肢都是'内八字'，这在哺乳动物中是独一无二的"①，它拥有典型"婴儿图式"的萌物特征，头大身小、眼大脸圆、耳圆鼻短、体型圆软、四肢短胖，加上憨态可掬的动作、呆萌的性格、慵懒的习性，"具备萌文化语境中人们对于超越性别、年龄、物种的审美诉求"②，大熊猫之所以能受到全世界的喜爱，其主要的原因就在于这种天然的憨萌感。"憨态十足的外表，温顺素食的性格，令熊猫早已广受世界各年龄层人民喜爱"③。

（三）衍生文化

大熊猫叠加中国传统文化、四川地域文化、音乐、影视、艺术、美食等，又延展出了丰富多彩的各种衍生文化，成为大众参与度最高、覆盖人群最广的一种复合文化形态。

大熊猫文化与道家文化、佛教文化和儒家文化等有着密切的联系。大熊猫的黑白两色和道家的阴阳理念相和，且大熊猫作为古老的生物，其演化发展与大自然环境的变化息息相关，也符合道家"道法自然"的理念。大熊猫在远古是食肉的猛兽，但在演化中弃肉食竹，具有佛教的慈悲精神。大熊猫不攻击其他小动物，也不是其他动物的食物，这种不争也颇有儒家"仁"爱之风。

四川作为大熊猫最广泛的栖息地，"大熊猫故乡"已经成为四川的地域品

---

① 谭楷. 中国"文化大熊猫"纵横谈［J］. 四川省情，2020（09）：16－19.

② 成都市政府研究室与中国传媒大学亚洲传媒研究中心联合课题组. 深挖大熊猫城市品牌价值链 助力世界文化名城建设［J］. 先锋，2019（01）：50－52.

③ 曹雪，钱磊. 2022 年北京冬奥会吉祥物"冰墩墩"设计历程［J］. 包装工程，2022（10）：14－27.

牌，四川文旅吉祥物"安逸"就是大熊猫的形象，四川旅游国际形象标识也是用"四川"的英文字母幻化而成的熊猫图案。作为四川省会的成都市，结合地方特色，对熊猫文化内涵进行了深挖、延展。"历年来，成都市高度重视对大熊猫文化的全方位体验和大熊猫品牌的价值转化，取得了一定的成绩和影响力。"① 以大熊猫为载体，研发大熊猫形象的城市主题文化形象，衍生出了丰富的大熊猫地域文化。

二、大熊猫文创的发展现状

文化创意产业是大熊猫文化延展、深化的重要手段。尤其在大熊猫国家公园建立的契机下，"文化创意产业对环境几乎不产生任何污染，一个好的创意和策划，不仅能大幅度提高大熊猫国家公园知名度，增加产品附加值，扩大市场占有率，而且能使许多土特产品和文化资源焕发新的生机，对提高国家公园入口社区和周边社区人民群众经济、文化、社会和环境生活品质，增加群众就业岗位，扩大公园特许经营范围，都具有点石成金的作用。"② 目前大熊猫文创类别丰富，以其媒介形式大致可分为动漫游戏类、影视音像、平面设计、产品设计、艺术创作五大类。

（一）动漫游戏

2008 年美国梦工厂出品的《功夫熊猫》全球总票房超过 6.31 亿美元，是梦工厂票房最高的原创动画电影，也是中国内地第一部票房过亿的动画片。虽然在此之前，中国也有一些熊猫主题动画，但直到《功夫熊猫》的热映，才又掀起了大熊猫主题动漫的创作热潮。相继创作的熊猫主题动漫有：2012 年《我是大熊猫》、2015 年《音乐熊猫故事》《大熊猫传奇》、2016 年《熊猫与小鼹鼠》、2017 年《熊猫明历险记》《熊猫博士和托托》，不过受限于制作水平和受众定位等原因，这些作品的影响力相对较弱。经网络搜索，目前存在数十款以熊猫形象为主角的网络游戏，包括太极熊猫、熊猫博士的欢乐餐厅、熊猫博士识字、宝宝巴士等。其中少数为格斗策略类游戏，大多为儿童教育类的游戏。

---

① 曾登地，梅春艳. 成都实施"天府大熊猫"文化品牌战略研究 ［J］. 中华文化论坛，2017（09）：101−105.

② 马睿. 对大熊猫国家公园（四川）文创产业的思考 ［J］. 绿色天府，2018（11）：30−33.

（二）影视音像

1983 年上映的《熊猫历险记》是史上首部由熊猫真实出演的电影，后来的影视作品则主要以纪录片为主。除了中国制作的纪录片《大熊猫》《重返森林》等，英国、日本、俄罗斯、丹麦等国家也制作过大熊猫主题纪录片，这些纪录片主要以展示大熊猫及其保护繁育工作为主。进入新媒体时代，关于大熊猫的影视音像创作也产生了形式上的变化。央视 iPanda 熊猫频道是全球唯一7×24 小时全方位全时段直播大熊猫的平台，并以直播素材为基础，二次创作微视频、熊猫萌图等。北京金尚龙影文化传播有限公司的熊猫媒体频道"pandapia 熊猫乌托邦"也是大熊猫影视文创的主要创作者，主要在各平台投放以大熊猫日常为主要内容的短视频。这些文创作品以影视音像为载体、网络为媒介，达到了熊猫文化的大众传播效果。2008 年，熊猫基地与中国台湾音乐人许常德合作，定制了大熊猫代言歌曲《超口爱》，后又以 5 只三维虚拟熊猫，组成熊猫乐团，发行了史上第一张熊猫唱片《超口爱行大运》，这是大熊猫保护与大熊猫文化创意创作结合的一次大胆创新尝试。2021 年国庆，中国大熊猫保护研究中心利用大熊猫＋裸眼 3D 实拍技术，在成都太古里步行街融合呈现了全球首个巨物化实拍熊猫公益视频，以更创新的形式向广大民众宣传大熊猫生态文化。

（三）平面设计

自 1961 年，世界自然基金会使用熊猫"姬姬"的形象创作 logo 以来，以大熊猫为主题的平面设计层出不穷。1990 年，北京亚运会的吉祥物"盼盼"，2008 年北京奥运会吉祥物之一的"晶晶"和 2022 年北京冬奥会吉祥物"冰墩墩"，都是我国大熊猫文创的代表，在大众心中留下了不可磨灭的痕迹。2013年成立的成都小林文化传播有限公司以熊猫形象为主题创作了大量的原创插画，其创作除了应用在印刷品、产品上，还通过节气画历、表情包等新媒体形式进行传播。成都小林文化传播有限公司以熊猫为主要形象打造了自有 IP 品牌"熊猫同萌"，如图 1 所示，创建自有 IP 图库，构建基于内容产业的商业模式。2022 年，由成都大学中国－东盟艺术学院美术与设计学院设计团队负责优化的成都第 31 届世界大学生夏季运动会官方体育图标，将中国传统体育项目武术、中国水墨画与书法运笔、网红大熊猫"奇一"的形象相融，呈现出一组兼具文化性、艺术性、律动性的大熊猫主题运动图标，如图 2 所示。

图 1　成都小林文化传播有限公司自有品牌《熊猫同萌》

柔道 JUDO	田径 Athieletics	游泳 Swimming	篮球 Basketbal	艺术体操 Rhythmic Gymnastics	射箭 Archery
射击 Shooting Sport	跳水 Diving	赛艇 Rowing	水球 Water Polo	羽毛球 Badminton	网球 Tennis
乒乓球 Table Tennis	体操 Artistic Gymnastics	排球 Volleyball	跆拳道 Taekwondo	击剑 Fencing	武术 Wushu

图 2　第 31 届世界大学生夏季运动会官方体育图标

（四）产品设计

　　大熊猫形象一直是四川非遗创作中的经典元素，蜀锦、蜀绣、成都漆艺、四川竹编等非遗大师和传承人以大熊猫为主题创作了丰富多彩的作品，极具匠心之美。目前从企查查上查询，四川与大熊猫相关的企业有 17349 家。2006年成立的成都珍爱大熊猫文化传播有限公司是系统打造大熊猫文创开发和文化服务的专业机构，旗下有"GOGOPANDART 艺术熊猫""GOGOPANDA 巴郎熊猫"两个知名品牌。成都熊猫屋文化发展有限公司自 2008 年成立以来，致力于熊猫 IP 内容的开发和衍生，创造了数以千计的大熊猫文创产品。熊猫屋成功将"熊猫主题创意生活馆"做成了连锁店，在全国各地的机场、景区开店，如图 3 所示；其在商业运作上颇有建树，立志成为中国的"熊猫迪斯尼"。2019 年，四川古格王朝有限公司用极简的三个半圆将大熊猫符号化，结合四川的茶文化设计出"熊猫盖碗"伴手礼，为全球游客带来四川的问候，广受市场好评，如图 4 所示。随后，四川古格王朝有限公司继续探索与创新，其熊猫家族又添"熊猫旅行杯""绝匠熊猫"和元宇宙数字艺术藏品"侠客熊猫"。2020 年，成都麒童文化创意有限公司推出熊猫阿福文创盲盒，融合传统阿福娃娃和四川民俗元素塑造了 6 款粉萌色系的熊猫形象；同年，棕色的"莫西熊猫"等一众大熊猫品牌集体亮相第七届成都创意设计周。

图 3　熊猫屋成都锦里店

图 4　四川古格王朝有限公司设计的《熊猫盖碗》

（五）艺术创作

周孟棋，薛康等一批摄影艺术家创作了大量以大熊猫为主题的摄影作品，其中周孟棋持续 30 年关注大熊猫及其栖息地，累计拍摄超过 10 万张，用国际通用的图像语言讲述大熊猫的拟人化故事。著名艺术家许燎源运用抽象的艺术化表达设计了"金熊猫奖"奖杯和颠覆传统的熊猫公共雕塑。英国艺术家劳伦斯·阿金特创作的名为"I Am Here"的大熊猫雕塑，自安置在成都 IFS 建筑的那天，就成为成都著名的打卡标志。Heart Panda 以大熊猫白模为基础，让创作者充分发挥想象力和创造力，开展当代公共艺术的尝试，成为成都国际文化艺术中心熊猫文化代表品牌之一。2022 年 7 月，国内首次以大熊猫为主打元素的综合性艺术展"黑与白"在成都东郊记忆艺术展览中心展出。大熊猫与艺术创作，在大熊猫文化不断深化演变的过程中，也展现了新的风貌。

值得注意的是，以上各类文创之间存在较大的交叉、转化的利用空间，例如 GOGOPANDA 熊猫出发不仅开发各类型熊猫文创产品，还提供熊猫文创思维、IP 及营销理念的服务，如图 5 所示。2013 年成立的熊猫邮局是中国邮政旗下的特色文创品牌，以大熊猫 IP—YOYO 为载体，如图 6 所示；其文创活动既包括熊猫形象的平面设计，也涉及系列产品的设计、开发，甚至还包括了建筑设计、室内设计等多个领域，这也表明大熊猫文化的深厚与广泛，在此基础上的文创产业还有巨大的发展空间。

图 5　成都珍爱大熊猫文化传播有限公司的品牌《GOGOPANDA 熊猫出发》

图 6　熊猫邮局 IP YOYO

三、四川省发展大熊猫文创的优势与短板

（一）区域比较优势

1. 政策优势

（1）大熊猫国家公园。

2021 年，国务院发布《国务院关于同意设立大熊猫国家公园的批复》，这是中国践行生态发展的生动实践，也是有效助力大熊猫文化发展的重要举措。

（2）成渝地区双城经济圈。

2021 年，中共中央、国务院印发《成渝地区双城经济圈建设规划纲要》。这个国家重大区域发展战略，旨在打造带动全国高质量发展的重要增长极和新的动力源。

（3）践行新发展理念的公园城市示范区。

2022 年，国家发展和改革委员会正式发布《成都建设践行新发展理念的公园城市示范区总体方案》，从"首提地"到"示范区"，从理念到探索，从蓝图到行动，开辟了成都前所未有的发展格局。

2. 资源禀赋

（1）自然资源丰厚。

经过中国政府的大力保护，截至 2021 年 10 月 1 日，大熊猫全球圈养总数达到 673 只，其中 548 只圈养在四川。大熊猫自然保护区体系也不断完善，现已建立大熊猫自然保护区 67 处，野生大熊猫达到 1864 只。随着大熊猫国家公园的设立，大熊猫繁育保护进入新阶段。总区划面积 2.2 万平方公里的大熊猫国家公园区域涵盖川陕甘三省，其中，四川片区占公园总面积的 87.7%，国家公园内 91.6% 的野生大熊猫，共 1227 只都生活在此片区。作为全球生物多样性保护关键地区之一，复杂的地形地貌，造就了多样的气候类型，为大量野生物种提供了适宜的生存繁衍的环境。

（2）人文资源独特。

自古以来四川地区人类活动丰富，保留了独特的人文资源。从史前古城遗址群到以三星堆为代表的古蜀文明，从秦李冰治水都江堰到三国蜀汉，唐宋明清的遗址更是不胜枚举。一方面，四川一直是对外交流的历史重地，南方"丝绸之路"的起点；另一方面，四川是民族大省，在川西横断山脉地区，除汉族外，世居着彝、藏、羌、回等 15 个少数民族，有"民族走廊"之称。各民族风俗习惯、宗教信仰、民族文化、传统习俗多姿多彩，通过大杂居小聚居，在此地既融合又保留了丰富的本民族文化。四川还是一个宗教历史悠久、信教群众较多、宗教影响广泛、教派俱全的省份。"如何设计出具有差异性的文创产品，关键是看对地域文化的解读和利用。"[①] 四川各地丰厚的历史文化、民族文化、宗教文化、民俗文化、歌舞艺术、名优特产和特色餐饮等各类人文资源，都为大熊猫文创的内容生产提供了丰富的素材。

（二）存在问题

1. 对大熊猫文化的深度挖掘不够。

目前市面上"好多产品设计上没有巧思，工艺上欠缺精良，材料上亦很平常，美感上有待提升"[②]。这些问题与对大熊猫文化的挖掘深度不够息息相关，虽然对于大熊猫的保育研究已经进行了数十年，硕果累累，但对于大熊猫文化的研究尚处于起步阶段，目前在知网上以"大熊猫文化"搜索，仅有 36 篇学术期刊和 9 篇学位论文，对大熊猫文化的研究还有待梳理和完善，深挖大熊猫文化内涵是大熊猫文创发展的基础。"文创产品作为文化传播、传承的物质媒

---

① 马卉，傅德天. 基于游客视角下的博物馆文创产品差异性设计研究——以成都地区博物馆为例 [J]. 设计，2018（16）：117－119.

② 王丽梅. 大熊猫文化创意产品开发策略研究 [J]. 工业设计研究，2020（11）：31－36.

介，传递文化情怀成为产品功能的主体。"① 大熊猫文创的发展无疑需要"内外兼修"，一方面设计形式、工艺材料、美感上需要进行进一步提高和升级，另一方面在内容创作上也还需要进行深入的探索和实践。

2. 缺乏总体规划和监管、各地为政、力量分散

在四川省，大熊猫栖息地就涵盖成都、雅安、甘孜和阿坝4市州12个县，大熊猫栖息地较为分散，导致各个地区的大熊猫文创发展组织相当松散。"各自为政，大熊猫旅游资源整合度较差，资源分散未形成合力，缺乏统筹规划，品牌影响力不足。"② 由于行政区划与管理权限的限制，难以实现全域共同发展。另以成都为例，大熊猫文创的内容虽然种类广泛，但各种类之间缺乏联动、零星散乱，比较重要的原因是"成都大熊猫文创产品开发主体为大熊猫主题的成都文创品牌、成都文化公司、成都传统技艺工作室、高校师生、个人设计师、其他产品制造商等"③。创作主体数量多、层次多、产业分散，在这种情况下，其创作方向和资源难以整合，统筹难度比较大。虽然成都市随处可见大熊猫形象，但是这些形象缺乏关联性，外观、风格等都不统一，更没有故事性、内容性的联系，虽然数量庞大，但难以造就沉浸式的体验感。

3. 缺乏具有世界影响力的品牌和IP

IP形象在数字媒体时代，具有更好的表现力和传播优势。大熊猫本身是具有国际影响力的，但是基于大熊猫的文创还缺乏具有世界影响力的品牌。虽然盼盼、晶晶、冰墩墩等吉祥物形象，依托大型赛事达到了广泛传播的效果，但是由于赛事的时效性，往往只能在举办期间产生影响。例如冰墩墩，销售额达25亿元人民币，但是作为冬奥会特许商品，其总销售时长在6个月左右。对比2022年全球最赚钱的50个文化IP榜单，排名第一的"宝可梦"总收入达到1090亿美元。第二名的"Hello Kitty"和"米老鼠和他的朋友们"亦分别达到885亿美元和829亿美元。虽然冰墩墩已经是现象级的大熊猫IP形象，但和上述IP相比，其产值仍然较小。目前，还缺乏有持续内容产出的、内涵丰富的、有影响的大熊猫IP形象。

① 刘洋，门梦菲，田蜜，等. 文创产品的创新设计方法研究 [J]. 包装工程，2020（07）：288-294.
② 袁邦尧. 基于大熊猫国家公园体制的熊猫文化品牌建设的意义、现状及对策 [J]. 老字号品牌营销，2020（12）：15-16.
③ 彭雪梅. 成都大熊猫文化创意产品开发现状研究 [D]. 成都：西华大学，2021.

4. 市场运营能力不足

大熊猫文化和旅游一直深度绑定在一起，过去的市场运营方式以实体经营为主，但随着大熊猫文化内涵的不断衍生，大熊猫文创已经不仅仅局限于旅游纪念品，而发展出了多种形式，旧的市场运营思路已不再适应现有的产品和市场。另外，从大熊猫文创的创作主体来看，以中小企业为主，这些企业一般是以设计为主、兼顾生产，在市场运营能力上就稍显不足。

四、对策与建议

（一）深化研究

一方面，可以通过高校、研究机构、大熊猫保育机构、相关管理部门合作建立大熊猫文化研究院、研究基地的方式，加快对大熊猫文化的整理与研究工作。以创办大熊猫国际文化学术期刊等方式，普及大熊猫及大熊猫文化的相关知识，传播大熊猫文化，并宣传大熊猫文创设计等开发利用的实践。还可以继续建设大熊猫品牌管委会等组织，对进入公众视域的大熊猫形象进行监管，对大熊猫与各地的城市文化深度融合进行顶层设计。另一方面，可以通过创建"大熊猫学院"等实现人才培养，对大熊猫文化艺术资源进行政产学研的深度融合。校政企可在师资力量、专业设置、课程设计、成果转化等方面深度合作，有效整合高校、政府和企业的产学研用，实现共建、共享和共赢，以多方联动来有效推动大熊猫文创事业的发展。

（二）制度保障

成都自 2014 年相继发布多个文创产业相关政策文件，"十三五"期间，成都市文化创意产业增值由 2016 年的 633.6 亿元增至 2021 年的 2073.84 亿元，占 GDP 比重由 5.2% 增至 10.4%。可以看出，政策支持对于文创事业发展的推动作用明显。2022 年，《成都市"十四五"世界文创名城建设规划》发布，这样的指导性政策必将为大熊猫文创事业产生巨大的助力。而大熊猫国家公园的建立有利于创新体制机制，解决跨地区跨部门的体制性问题，助力跨区域政策的施行。

表 1　四川省成立的与大熊猫文创相关的行业协会

成立时间	协会名称	主要职能
2010 年	四川省大熊猫生态与文化建设促进会	加强国内外的大熊猫文化学术交流、开展咨询和策划等相关服务活动
2017 年	成都大熊猫旅游文化产业促进会	整合优质文旅企业、文创产品，打造大熊猫旅游文化产业集群平台
2019 年	大熊猫文旅发展联盟	建立"大熊猫"文旅品牌服务标准体系、区域间旅游市场互惠机制、资源共享平台与共享机制等
2021 年	四川省大熊猫国家公园文创专家委员会	大熊猫相关学术、行业活动的组织、评选等
2022 年	四川省大熊猫国家公园文化创意创新联盟	围绕大熊猫国家公园生态研究及文创开发，搭建文创平台、汇聚文创智库、服务大熊猫国家公园文创建设

2010 年以来，在政府相关部门的指导下，四川成立了多个与大熊猫文创相关的行业协会，见表 1；为大熊猫文创主体提供交流、展示的平台，为产业内实现优势互补提供了机会，并积极协调政、企、校、研资源，筹划开展相关活动，为大熊猫文创产业发展作出了积极贡献。2022 年卡塔尔世界杯开幕前，中东地区首对大熊猫"四海"和"京京"抵达卡塔尔首都多哈，开启了它们在卡塔尔 15 年的旅居生活，成都大熊猫旅游文化产业促进会精心组织，让 14 家成都文创企业的熊猫文创产品在卡塔尔熊猫馆和中国领事馆亮相。这样的成绩是单独一家文创企业很难做到的，正是有了协会的组织、整合、协调，才令我国大熊猫文创闪耀卡塔尔世界杯，如图 7 所示。2022 年 12 月，由四川省大熊猫国家公园文化创意创新联盟和成都市大熊猫旅游文化产业促进会主办的"绿设生活 熊猫家园·大熊猫国家公园主题文化艺术展"隆重亮相第九届成都创意设计周。展览以"生态＋文创"首度展示大熊猫国家公园正式设立以来，四川省大熊猫国家公园管理局和多个管理分局，以及 36 家本土优秀文创企业在自然生态保护和文化创意建设方面取得的成绩。

图 7 卡塔尔熊猫馆的成都大熊猫文创

（三）健全产业链

创意产业价值链不止于创造性艺术设计或创意内容设计，还包括文化产品和相关衍生文化服务及创意空间载体场景营造，如图 8 所示。比如一个熊猫 IP 形象设计出来，需要对其进行内容孵化，这是价值链的第一层。而这个 IP 不仅能以再设计文创产品方式进行销售，还能以授权经营等知识产权转让方式实现价值。这样的行业细分有助于市场主体充分发挥自身优势，精细分工，实现衍生文化服务。而且这些创意设计可以应用到平面、产品、建筑、室内装饰、公共艺术、影像产品等多种载体上，从而让受众实现沉浸式的体验，完成创意空间载体场景营造。尤其随着数字技术、互联网技术的不断发展，"通过推动线上、线下文化消费的双向互动与融合共生，形成了更大范围、更立体的文化推广，促进了整个文化 IP 产业在商业化、产业化、场景化、生活化等方面的消费升级。"① 可以说文创产业将整合多产业资源，打造沉浸式的大熊猫文化产业链，产生"1+1 大于 2"的协同效应。"文创产品更具备情感体验，满足本能层次需求，亦须在消费、使用和体验过程中满足情感层面乃至更高层面的自我实现与认同。"② 运用设计方法，通过创意产业链可以将这种体验转化为产品或服务，不仅满足大众的物质需要，更满足人民群众对美好生活的需求，产生更高价值。

---

① 刘潇，周欣越. 基于新文创视角的文化 IP 体系构建［J］. 包装工程，2022（10）：183－189.
② 翁宜汐. 地域性文创产品设计产业发展刍议——基于 SWOT 模型下的策略分析［J］. 南京艺术学院学报（美术与设计），2018（04）：201－205.

第一层
创造性艺术或创意内容设计，包括戏剧、工艺品、文学、多媒体艺术等内容创造。

第二层
文化产品和相关衍生文化服务，包括出版、影视、动漫游戏等文化创意产品制造与服务。

第三层
创意空间载体场景营造。

图 8　文创产业链示意图

（四）合作运营

在大熊猫国家公园建设的契机下，合作互通是把大熊猫文创成功经验复制扩散的最直接方式，优秀的大熊猫文创产品可以通过合作运营推广到全世界。"自古以来，闭塞是阻碍文化发展、致使思想交流匮乏的主要成因。"[①] 因此我们要加强国际联系，学习先进国家和地区的经验，借势而为。例如 2021 年，成都市旅游局通过 TikTok 以大熊猫为主题运作海外营销的成功经验，与国内外成熟的运营商合作运营大熊猫文创，这是推动大熊猫文化走出四川、走向世界的重要手段。

150 多年来，大熊猫经历了从被猎杀、被赠送、被保护到被追捧的坎坷命运。在中国和平崛起的大背景下，大熊猫扮演着友好大使的重要角色，凝聚着国人的民族认同。今天，它已经成为全球炙手可热的明星，从普通的动物形象上升为文化符号，成为国家形象的一种象征。如何深度挖掘大熊猫的生态、文化、学术和经济价值，构建完整的大熊猫文创产业链，让四川的大熊猫文创产业从"盆地"走向"高地"，是我们共同的使命担当。在大熊猫国家公园体制背景下，未来的大熊猫文创产业不光是自发的市场行为，而将会受到更多政策条件的助推，四川大熊猫文创产业必将迎来新的发展契机。

---

① 张歆. 地域文化视角下的文创产品创新设计策略［J］. 设计，2018（19）：54—56.

［作者张鸷鸷为成都大学美术与设计学院院长、教授、硕士生导师；赖婷婷为成都大学美术与设计学院硕士研究生。本文为教育部首批新文科研究与改革实践项目"新文科背景下'融合—融通—融汇—融智'的艺术创新人才培养"（编号：2021160058）；四川省2021—2023年高等教育人才培养质量和教学改革项目"新文科视野下'大设计'人才培养模式的研究与实践"（编号：JG2021-1091）；成都大学2021—2023年人才培养质量和教学改革项目"新文科视野下'大设计'人才培养模式的研究与实践"（编号：cdjgb2022017）阶段性研究成果］

▶学术会议综述

"文明互鉴与文学研究"学术研讨会综述

◎杨玉华　卿金凤　董　沏

2023 年 11 月 25 日，由中国文艺理论学会、成都大学、教育部"2011"计划·中华多民族文化凝聚与全球传播省部共建协同创新中心、成都市社会科学院主办，成都大学文明互鉴与"一带一路"研究中心、成都大学文学与新闻传播学院、成都大学期刊中心承办的"文明互鉴与文学研究"学术研讨会在成都大学顺利举行。来自四川大学、电子科技大学、北京大学、上海交通大学、湖南大学、北京外国语大学、四川省社会科学院、成都市社会科学院等高校和科研院所以及《四川大学学报（哲社版）》《中外文化与文论》《四川戏剧》等期刊社的 200 余位学者参加了此次会议。与会学者们围绕本次大会主题"全球文明倡议下的文明互鉴与文学多样性"进行了深入而又广泛的学术交流与研讨。

本次学术研讨会共设置一个主会场，八个分论坛。主要涉及中国特色哲学社会科学"三大体系"建构、文明互鉴与重写文学史、巴蜀文学研究与海外传播、文学研究巴蜀学派的建立、中国文学中的巴蜀经验、"蜀学"源流与现代振兴发展、"一带一路"沿线国家与地区文艺研究、交叉学科与新文科建设等议题的探讨。

一、文明互鉴视域下中国话语的建构与文学理论的多样性发展

四川大学杰出教授、欧洲科学与艺术院院士曹顺庆教授以"重塑文明观，

建构中国话语"为题，对中国文论当代发展的困境及其背后原因作了细致的分析。他指出中国文论"失语症"的问题正是因为我们在理解与阐释中国古代文论时会不自觉地采用"以西释中"的方法，因此使得中国古代文论术语范畴显得没有体系、混乱和不清晰。要想解决中国文论"失语症"问题，使中国古代文论获得新生，应当从文明观入手，重塑文明观，改变一切向西看的历史惯性，才能够"振叶以寻根，观澜而索源"。应当注重古代文论的古今通变，在文明互鉴视域下去积极探索中国古代文论的新生路径，建构走向世界的中国当代学术话语。

韩国成均馆大学教授、欧洲科学与艺术院院士西蒙·埃斯托克（Simon Estok）教授的主旨发言是"气候变化时代的跨国别文学研究"。西蒙·埃斯托克教授以环境人文学科作为切入点，对东西方交流的必要性进行了强调，并鼓励学术界之间的信息流动。他提醒应当警惕学术"霸权主义"，西方需要更多地倾听东方的声音。

北京大学彭吉象教授的主旨发言为"中国传统文化与唐代诗人"。他指出，以西方艺术理论来阐释中国艺术，导致中国艺术界同样遭受了"失语症"现象。站在中国传统文化的角度，统观中国艺术精神，彭吉象教授从三个方面对中国艺术精神作了概括。他指出中国传统艺术精神是由以孔子、孟子为代表的儒家美学，以老子、庄子为代表的道家美学和以六祖慧能为代表的禅宗美学三家构筑而成。他强调中国文人身上的艺术精神往往是儒释道三种美学精神、文化思想相互渗透，而并非处于一种截然分开的状态。

香港中文大学原教授黄维樑以"中英文学和文明互鉴——以'对句'和couplet为比较焦点"为主旨发言题目，对中国文学中的"对句"和英国文学中的couplet（偶句）进行了比较分析，阐释了其内涵中所存在的相似性与异质性，并探讨了两者之间的"互鉴"之道。黄维樑教授强调了对仗、对联之美"唯我国独尊"，指出对联是极具中国特色的微型文章，是"迷你"（mini）的美文，在中英文学的交流与互鉴中，翻译作为媒介承载着文化交流与传播的重任。他以杜甫的《旅夜书怀》《秋兴八首》及李商隐的《锦瑟》翻译为例，分析了汉学家在翻译律诗对句时所遭遇的困境。

四川大学张法教授的主旨发言题目是"在中国之文与西方文学的互鉴中展望当代文学的演进"。张法教授提出要重新思考"文学性"的问题。他通过系统地梳理中国之文与西方之文学两组概念的起源与流变，对"文学性"在不同文明、不同历史时期的演变过程中所展现出来的美的相似性与差异性做了比较。他还指出，西方现代、后现代理论还处在一个迷茫寻找出路的过程中。因此各种流派、理论非常多，并且由于它转向了泛文学的理念，因此西方的文学理论是"没有文学的文学理论"。通过中国之文与西方文学的交流互鉴，我们将总结出新的文学理论和美学理论，使新型的文学之文或文之文学产生出新的境界。

四川大学王兆鹏教授在以"数智时代文学研究的新路向"为题的主旨发言中介绍了他在数智时代背景下的几项研究。他首先指出文明互鉴既是中西文明互鉴，也是科学技术与文学的互鉴与互融。在数智时代，我们将会面临多样性的变化，那么文学研究应该走向何方？面对此类问题，王兆鹏教授提醒我们应当突破学科限制，转变学科思维，以问题需要为中心，融合各学科的知识去进行文学研究。他还提出将数据化和可视化作为文学研究的新路向的观点。文学研究的数据化是人文社会科学发展的趋势和必然要求，数据化的优势是可以改善结论的主观性、模糊性、不可比性和不可验证性。文学研究的可视化则可以从"数据的图形化"和"数据的地图化"这两个方面作详细分析。

四川大学金惠敏教授的发言题目为"习近平文化思想与中国文学研究"。他指出应将文化自信置于20世纪文化理论中来谈论。基于最近几年对于文化自信的相关研究与梳理，金惠敏教授指出"习近平文化思想"其实早在习近平总书记《在纪念孔子2565周年诞辰国际学术研讨会暨国际儒学联合会第五届会员大会开幕会上的讲话》就基本成形了。此外，金惠敏教授也对雷蒙德·威廉斯关于文化的定义进行了深度阐释。他在谈及文化对于文学研究的启发时回顾了他所提出的"文学文化学"，指出文学本身要进入日常生活。

浙江师范大学高玉教授主旨演讲题目为"论中国精神与中国文学的民族性及其世界性关系"。他认为"中国精神"是在中国思想文化走向世界的过程中突显出来的，属于比较文化的范畴。他将"中国精神"分为古代精神和现代精神两个层面，认为古代精神具有自足性，而现代精神则是中西方思想结合的产物，但中国古代精神与中国现代精神是具有连续性的，二者密不可分。

成都大学杨玉华教授以"天府文化对中华文明的贡献略论"为题，强调地方文化对中华文明乃至对整个人类文明都作出过重要贡献。天府文化孕育于古蜀文化，拥有着悠久的历史文化史源与独特的地域色彩，是中华文化的重要组成部分。数千年来，天府文化以其独特的地域特色、丰富的物质人文成果、强烈的创新创造精神、博采众长的兼容并蓄气度以及优雅时尚的蜀风雅韵焕发出持久的文化吸引力、感染力、征服力。他指出，自古蜀时代开始，成都就形成了文明交流互鉴的优良传统。杨玉华教授还从古蜀文化、丝路文化、治水文化、文学艺术等十一个方面向大家分享了天府文化对于中华文明的具体重要贡献，如都江堰水利工程、蜀地文艺与文化、交子的发明、道教文化、川菜、川酒、川茶、蜀锦与蜀绣等。

二、交流互鉴中文学的多样性发展与文学研究新路径

文学的发展离不开交流互鉴，文学的多样性也是在相互交流与互鉴之中发展起来的。不同文明之间文学的相互交流与互鉴不仅可以促进各国文学、文化的多样性发展，同时也推动着世界文学与文化的繁荣。

四川轻化工大学万燚教授将目光聚焦于北美汉学界对宋诗的政论性研究。她指出，与国内学界研究相比较，北美汉学界学者提供了不同的观照视角，从宽广的社会历史语境、文人身份意识变化等视角对宋诗政治性进行分析，以"文本细读"的方法揭示宋诗中的政治内涵，这种方法为文本的阐释提供了值得借鉴的途径。四川大学卢婕副教授对汉赋大家司马相如的海外传播与影响进行了研究，强调了"他者"视野在研究中的重要性，以期通过海外学者的研究及司马相如在海外的文学声誉能引发国内学者对其在中国文学史上的地位进行再思考。

西南交通大学董首一副教授以中国明清小说评论中的"闲笔"理论作为切入点，对西方文学及文论进行反观。他通过将金圣叹所提"闲笔"美学概念与西方文论中的"陌生化""复调""复义""张力""构架－肌质"等理论之间的关系进行分析，充分展现出了其叙事艺术魅力。除此之外，董首一副教授也强调了在文明互鉴时代引入"他者"视野对自身文化发展的重要性。四川大学刘诗诗博士以"人类世"概念作为切入点，探讨了东西方生态伦理观的发展，并强调了东西文明之间的互鉴与互融对于理论创新和思维创新的重要性。她指出传统西方"人类中心主义"价值观片面强调"人"的主体性，而忽略"自然价值"，导致"人"与"自然"之间产生道德断裂，这使得西方学者在面对近现代生态危机所导致的人—自然环境关系严重失衡而陷入了沉思。

四川大学王梦如博士对印度古典文艺理论"诗歌灵魂论"的演变与发展进行了系统梳理，向大家介绍了不同时期梵语诗学家对诗魂说的不同诠释。从8世纪伐摩那提出的"风格是诗的灵魂"一直到毗首那特的"诗是以味为灵魂的句子"，厘清了诗魂说在六个世纪中复杂的演变进程。王梦如从比较诗学视角切入，将印度诗的灵魂问题置于世界文论之中与不同对象进行对比，以期通过比较，挖掘其共性所在，能够更好地理解诗魂说。四川轻化工大学张黎黎老师探讨了中西"如画"美学问题。通过将威廉·亚历山大的中国运河风景画与明人同画的《水程图册》作比较，指出中西审美之间所存在的差异性。她认为西方如画

美学注重对物象及主体心灵的呈现，而中国如画美学则更加强调以生命体验为蕴藉的自然关照，前者是以"以镜观象"模式，后者则是"以境观象"模式。此外，张黎黎老师在探讨西方对如画美学范畴建构的同时也指出中国如画美学应当有一席之地。成都大学张睿睿副教授将中国作家林语堂的幽默文学与加拿大幽默家李科克的作品置于比较文学变异学之中进行研究，回溯了林语堂幽默观的起源与流变。她以林语堂对李科克作品的接受与变异作为出发点，试图探讨其对重写中国现代幽默文学史可能会产生的一些影响。成都大学邱岚副教授集中关注美国华裔女作家谭恩美小说中的中国文化书写问题，对谭恩美的小说《喜福会》《灶神之妻》《接骨师之女》中的"母女叙事"模式进行了研究。

在中西文学交流与互鉴中，翻译作为媒介发挥着重要作用。北京外国语大学顾钧教授以卫三畏元杂剧《合汗衫》全译本为例，比较了西方世界元杂剧译本之间的差异。他指出，卫三畏的翻译并非直接来自中文，而是根据法国汉学家巴赞的译本转译而来。从不同译本之间的差异性可以窥见不同汉学家的翻译策略，顾钧教授认为卫三畏的翻译不同于此前英语世界的元杂剧译本，因为无论是法译本转译的《赵氏孤儿》还是德庇时翻译的《老生儿》《汉宫秋》均属于节译本，而卫三畏《合汗衫》全译本的贡献就在于提供了英语世界最早的元杂剧全译本。四川大学刘颖教授通过将《文心雕龙》"颂"体英译阐释作为切入点来观照中西文类观的互应互鉴。首先她对"颂"这种文类进行溯源，指出其含义丰富多元非单一化的特性。随后，又将《文心雕龙·宗经》篇"赋颂歌赞，则《诗》立其本"之"颂"与《文心雕龙·颂赞》之"颂"体含义的演变进行比较分析。正是由于"颂"体本身包含十分丰富的历史意义，因此，译者在翻译过程中由于侧重点的不同也就造成对"颂"的翻译出现了多种译法。成都大学罗文军教授立足《丁格尔步行中国游记》一书，集中关注撰写者与译者之间叙述视角转换所产生的众多问题指向。在会议中，他主要围绕"西方文明话语下的卫生与风景""内地观察中的人与中国文明""翻译介绍中的改写与文明理解"三个方面与大家进行了探讨与交流。

文学研究方法的更新是时代与科技发展在人文社科领域的一种体现，它与时俱进。区别于传统文学研究的跨学科研究与数字人文研究成为一种新的研究趋势与研究路径。本次研讨会中亦有学者对这方面的研究成果进行分享。贵州师范大学龙仙艳教授立足文学人类学的跨学科研究范式，对沈从文《边城》的命名寓意进行了新的解读。上海交通大学吴美棋博士则从文学人类学及神话学方法出发，对中国古代"雄浑"观中的"天""道""气"等概念进行了分析。成都大学李斌副教授关注数字文学研究，对新文学生态建构和"数字批评"理论的完善进行了探讨。四川大学李歆薮博士则集中关注数字化时代经典作家爱·伦坡在当代美国网络空间、数字人文视域下的新研究。

三、巴蜀文学创作及巴蜀文化海外传播

巴蜀文化拥有多元而又丰富的地域色彩，是中华文化的重要有机组成部分。巴蜀地区具有浓厚的历史文化底蕴，也是巴蜀人民生活历史性的一种显现。四川师范大学阮怡副教授通过将陆游《入蜀记》与范成大《吴船录》中的巴蜀地理空间描写进行比较，详细地分析了两位诗人由于不同的人生经历与情感及文化的感知而产生了不同的巴蜀认知。西华大学王贞贞副教授以北宋时期"祈雨"仪式为切入点，集中关注苏轼在祈雨实践与祈雨心态之间的矛盾性。巴蜀文学创作及研究丰富多元，蜀中女性文学研究作为巴蜀文学研究的重要组成部分，亦是研究者关注的重点。本次研讨会亦有学者对蜀中女性文学研究成果进行了分享。四川农业大学王虎老师从文献学研究视角出发，对清人朱云焕所编纂的《浣花濯锦》的文学价值与文献价值进行了挖掘。尤其关注此集作为一部历代巴蜀闺秀总集对于研究蜀中女性诗人所具有的重要意义。王虎对其成书过程、编纂体例等进行了详实地考证。四川师范大学高祎曼博士则将目光聚焦于唐代巴蜀女诗人作品中的空间研究。成都市社会科学院冯婵副研究员重点关注了成都历史上的"十二月市"，对"十二月市"的商业文化底蕴与历史文化特征进行了分析，聚焦"新十二月市"的创新表达，以期促进成都文化传承与创新。巴蜀舞蹈文化是巴蜀文化的有机组成部分，它彰显了巴蜀地区多元丰富的人文色彩与历史文化底蕴。四川师范大学杨莹副教授以秦汉巴蜀舞蹈美学研究作为切入点，着手于秦汉巴蜀地区的舞蹈背景及现象研究，试图探讨其背后独特的美学规律。

巴蜀文化作为中华文化独具魅力与特色的组成部分，其海外传播与接受是文明交流互鉴的重要表现，亦是中华文化国际影响力的具体展现。延边大学安海淑副教授主要关注苏轼诗歌在朝鲜朝士大夫歌辞中的接受与书写。在本次研讨会中，她以两位朝鲜朝士大夫郑澈与朴仁老的歌辞创作为例，结合作品细致地分析了苏轼的诗文是如何对其产生影响的。此外，安海淑副教授也多个方面阐述了苏轼受到青睐的原因，她指出苏轼诗歌在朝鲜半岛的影响是一种跨国界的文化现象，它为我们提供了一个文学传播、接受、变形与可持续影响的范型。四川农业大学韩周琨、李清源老师主要聚焦于中唐著名女诗人薛涛在中国与美国的经典化建构。通过对比薛涛在本土传播与异域的跨文化接受过程中所呈现出的不同面貌，强调了读者的审美倾向、接受个体的主观想象在经典化生成中的重要性。四

川大学寇淑婷副教授则将目光聚焦于日本文学中的"成都"都市景观书写。

除了对巴蜀文学海外传播的关注，也有学者将目光聚焦于巴蜀艺术在海外的传播与接受，如四川省社会科学院唐林教授关注了南宋蜀僧法常的绘画在日本的流传与接受情况。唐林教授以法常的《松猿图》《竹鹤图》《六柿图》《龙虎图》等花鸟作品为例，对画作的艺术特色进行了分享。同时他也介绍了这些画作是由何途径传入日本，而开启了日本禅画的历史。唐林指出，法常本人及其画作在日本的影响堪称是海上丝绸之路中国文化传播的经典案例。推动巴蜀文化的海外传播，翻译作为媒介对文化传播的重要性自然是不言而喻的。成都大学王亦歌教授将目光聚焦于《成都通览》这部地方典籍的翻译，他指出《成都通览》这部晚清典籍，虽无载于帝王将相，却是以一沙见世界的微观历史和心态史去建构历史，可谓包罗万象。沈秉堃在该书《序》也说："浏览一通，举凡山川气候、风土人情、农工商业、饮食、方言、居家事物、凡百价目、水陆程途，靡不毕载，诚人生必用之书也。"然而要翻译如此重要的一部地方晚清典籍，将要面临诸多挑战。王亦歌教授从语境的变迁、诗意性和模糊性、文化特定、以讹传讹的问题、无定论之事、西学东渐带来的问题以及方言、俚语、谐音和歇后语的问题这七个方面出发，对翻译中所遭遇的具体困境作了分析。

四、中华多民族文学研究与文学经典阐释

玛纳斯奇阿巴克尔·居马拜对柯尔克孜族英雄史诗《玛纳斯》的学习、演唱技巧及表演风格等是西北民族大学阿布都外力·克热木教授所关注的焦点。阿布都外力·克热木教授指出歌手在《玛纳斯》的表演中扮演着至关重要的角色，他通过对《玛纳斯》歌手阿巴克尔·居马拜的演唱的程式技巧及表演风格进行细致分析，表示史诗歌手阿巴克尔的演唱风格具有深厚的艺术造诣及独特的个人风格。文艺起源论是文艺理论中的经典命题，少数民族文艺起源故事是中国文论的重要组成部分。四川师范大学邓永江老师将少数民族文艺起源故事置于比较视野中，探讨其故事叙事特质及价值传承。邓永江老师向大家分享了对少数民族文艺起源故事类型的资料整理，并将其故事类型归纳为四类，分别是"神创造"（或启示）型、"声音叙事"型、摹仿型及史实流变型。他将少数民族口头文论文艺起源故事与刘勰"原道论"相比较，通过对文本的具体分析，指出二者在一定程度上都体现了神秘主义色彩，并且都蕴含了摹仿论思想。此外，他还将少数民族文艺起源故事分别与古希腊柏拉图"摹仿论"、亚里士多德"摹仿论"进行比较，分析了其异同点。西南民族大学博士生令狐雅

琪指出在中国生态文艺学话语的建构中，中国传统汉文化中的生态资源焕发活力备受关注，而少数民族生态文艺资源却由于各种原因未能及时参与中国生态文艺学理论的建构。她以《彝族诗文论》作为切入点，对中国多民族生态文艺理论话语的建构进行了探讨。西华师范大学何城禁老师则对西南地区多民族格萨尔口头传说中的角色类型与特点进行了关注。

文学研究方法的革新是文学研究创新性的一种体现，是拓展文学研究路径的必然选择，而立足于文本的传统文学阐释与批评是文学研究的"根"，仍然具有阐释价值，也值得我们关注。湖南大学章罗生教授致力于中国现当代纪实文学研究的话语创新研究。他将中国现当代纪实文学作为考察重点，提出要重视中国文学的学科创新、学术创新和话语创新的观点。通过对"新五性""新启蒙""文学报告"等话语与概念的创建，以期为当代文艺理论的"重构"提供新的思考路径。西南交通大学胡志红教授集中关注了美国当代著名黑人女作家托妮·莫里森小说中对黑人族群复兴之路的思考与探索。他立足于少数族裔生态批评视野，对托妮·莫里森的三部小说《最蓝的眼睛》《秀拉》及《所罗门之歌》中主人公的成长历程进行了分析，揭示黑人族群在筑梦路上所遭遇的困境。通过对其主人公麦肯·戴德三的"寻金之旅"到"寻根之旅"的演变进行分析，强调了"回归"与"寻根"对于种族身份归属和民族文化认同的重要性。成都大学李天鹏老师立足认知隐喻理论，对认知诗学视野下的德里达研究进行了讨论。岭南师范学院毛明教授关注了中西不同版本文学史（外国文学史）教材中对同一作家作品的艺术评价所呈现的不统一现象，并对形成此现象的原因进行了分析，强调了重写作家作品的艺术评价的重要性。成都大学续静副教授将则对世界幻想文学史的书写进行了探讨。

此次学术研讨会积极响应习近平总书记提出的"全球文明倡议"，从多个议题视角对文明互鉴与文学研究进行了深入探讨与交流，并取得了丰硕的研究成果。这些学术交流成果无论是在理论上还是在实践上都具有前沿性，对推动文学及文学理论创新性研究具有重大作用。会议既探讨了话语体系的建构、文明互鉴视域下文学多样性发展，探索了文学研究新路径，又关注了地域文化与中华多民族文学的发展，为增强地方文化自信，促进中华多民族文化凝聚，筑牢中华民族共同体意识提供了文学的力量。

［作者杨玉华为成都大学原党委常委、副校长，文学与新闻传播学院教授；卿金凤为成都大学文学与新闻传播学院硕士研究生。董汭为崇州职业教育培训中心讲师］